불 멸

IMMORTALITY

3

불멸 3

IMMORTALITY

1판 1쇄 펴냄	2023년 2월 25일
1판 2쇄 펴냄	2025년 3월 15일

지 은 이	이각
펴 낸 곳	지혜의눈
편 집	지혜의눈 편집부
디 자 인	지혜의눈 편집부

출 판 등 록	2019년 5월 7일 696-82-00281
주 소	경상북도 상주시 공검면 오태지동길 185-15
이 메 일	wisdomeye@2gak.com
전 화 번 호	054-541-2057
팩 스	054-541-2059
홈 페 이 지	www.2gak.com

I S B N	979-11-87374-05-3 94220
	978-89-95894-3-6 (전3권)

값 30,000원

불멸

IMMORTALITY

3

이각

지혜의 샘

이 책은 영원히 사라지지 않는 정신의 위대함을 밝히고
나아가 세계와 정신의 동일성을 증명하는
전(全) 우주적인 설명서다.
죽지 않는 당신의 정신에 대하여,
그리고 이미 갖추어진 깨달음의 법칙에 대하여
낱낱이 밝혀낸 이 보배로운 글을 읽고
당신은 마지막 책장을 덮으며
반드시 말할 것이다.

"불멸(不滅)"

하얗게 쌓인 눈[雪]만 보는 자는
허공에 머물지 못하고 떨어지는
눈송이를 보지 못하듯

기억이 쌓인 마음만 보는 자는
찰나마다 사라지는
생각과 심정들을 보지 못한다.

마음이 존재한다고 보는 자는
어둠 속의 눈[目]과 같고
마음이 없다고 보는 자는
햇빛 아래서 모든 색을 보는 눈과 같다.

승. 이각

법회가 끝난 건 밤 10시가 넘어간 시간이었습니다. 긴 설법 끝에 목이 잠기신 큰스님을 뒷자리에 모시고 저는 도각사로 돌아가는 운전대를 잡았습니다. 안색은 밝으셨지만 피곤한 기색이 역력하신 큰스님을 뵈니 마음이 무거워졌습니다. 큰스님의 노고와 법회를 듣는 이들의 간절함을 저울질하며 속상함이 일었습니다. 이 감사함과 귀함을 얼마나 알고 있을까… 큰스님께 조심스럽게 여쭈었습니다.

"큰스님. 이렇게 피곤하시면서까지 저들을 위해 설법하시는 이유가 무엇입니까? 저 사람들은 법을 이해하는 건 고사하고 고마움도 잘 모르는 것 같습니다."

큰스님께서는 조금의 망설임도 없이 유쾌하게 말씀하셨습니다.

"나는 저 사람들을 위해 설법하는 게 아니야. 나는 내 세상을 맑히는 중이지."

내 앞에 모든 사람이 울고 있다면 나는 지옥에 사는 것입니다. 반대로 모두가 웃고 있다면 천상에 사는 것이겠지요. 남을 위해 설법하시는 것이 아니라, 내 세상을 맑히는 중이라고 하셨던 큰스님의 그 짧은 말씀에 저는 또다시 부끄러워졌습니다. 아직도 내 앞에 남이 있고, 그 남은 나와 관계가 없으며, 좋고 싫은 눈으로 분별하고 저울질하고 있던 스스로의 견해가 드러나는 순간이었습니다.

스승님께서는 온 우주가 나의 깨달음이라 가르치셨습니다. 또한 남이 아니라 남이라고 깨달을 수 있는 정신의 한 쪽 끝이라고 설명해주셨습니다. 모두가 선과 악, 옳고 그름을 논할 때 그 모두가 내 정신속에 드러난 환상일 뿐이니 심각하지 말고 가볍게 살라고 말씀해주신 유일한 스승이셨습니다. 그것에는 어떤 사연도, 원한도, 애증도 남아 있지 않았습니다. 악을 벌하고 선을 권하는 것이 아니었습니다. 나도 모르게 온몸에 배어든 이기심과 뒤틀리고 편마모된 자만심을 저 수풀 너머로 던져버리는 해방의 목소리였습니다.

큰스님의 법문집 『불멸1』을 출간한 지 어느새 17년이 되었습니다. 세 번째 불멸의 원고를 앞에 두니, 이제는 다시 들을 수 없는 스승님의 육성이 귓가에 들려오는 듯합니다. 개아(個我)를 존중하지 않는 무아(無我)의 기쁨이 어떤 것인지 직접 삶으로 설명하고 증명해주신 이각 큰스님의 금구성언(金口聖言)을 이렇게 정리할 수 있게 되어 실로 벅찹니다. 석가모니부처님의 가르침이, 그리고 큰스님의 법어가 삼척동자도 알고 있는 인류의 상식이 될 때까지 도각사 이각 문중의 제자들은 이 길을 떠나지 않을 것입니다.

큰스님께서는 언제나 당신의 글은 불경을 읽기 위한 다리일 뿐, 경전과는 결코 비교조차 할 수 없는 반딧불과 같다고 말씀하시며 누구나 올바로 공부하여 불경을 읽어야 한다고 강조하셨습니다. 하지만, 눈이 어두워 불경을 발견하지 못하는 저희들에게 당신의 가르침이야말로 기댈 수 있는 유일한 의지처였습니다. 부디 이 『불멸』이라는 세 권의 책을 통해 아무도 모르고 살았던 우리 정신의 진면목이 세상에 알려져 모든 유정(有情)이 아무래도 아무렇지 않은 꿈속의 삶으로 살아갈 수 있기를, 그리고 2,600년 전 성을 뛰어넘어 사지(死地)로 걸어 들어간 한 왕자의 용맹심을 잊지 않기를 엎드려 기도합니다.

위대한 발자국을 남겨주신 이각큰스님, 온 생을 자랑스러운 수행의 길에 던지신 도각사 열 한 분의 대중스님들께 두 손 모아 감사의 삼배를 드립니다. 짧디짧은 이 한 생을 불법이라는 고귀한 시계 속 작은 톱니바퀴로 살 수 있어서 참으로 영광스럽습니다.

불기 2567년 2월
편집부

일러두기

1. 모든 경전명은 겹낫표를, 경전 내 소제목은 홑낫표를 사용하여 통일하였습니다.
   예) 『금강경』「일체동관분」

2. 『불멸3』의 모든 경전 인용문은 <정혜대장경연구원>으로부터 제공받은 이각스님의 번역임을 밝힙니다.

3. 석가모니, 부처님, 석가세존, 세존 등의 명칭을 '석가모니부처님'으로 통일하였습니다.

4. 중생은 낱말 그 자체로 복수의 의미를 가지므로 '중생들'이 아닌 '중생'으로 통일하였습니다.

5. 한글과 한자의 음이 일치할 때는 소괄호를, 일치하지 않을 때는 대괄호를 사용하였습니다.
   예) 한글과 한자 음이 일치하는 경우 : 심신(心身)
       한글과 한자 음이 일치하지 않는 경우 : 마음[心], 깨달음[覺]

6. 말줄임표를 …(가운데 세 점)으로 통일하였습니다.

7. 3계, 5온, 6진 등 숫자가 포함된 불교용어는 삼계, 오온, 육진 등 한글로 표기하였습니다.

8. 본문에 많이 쓰이는 용어는 가독성을 높이기 위해 붙여 썼습니다.
   예) 일체중생, 천상세계, 찰나찰나, 생멸변화, 불교경전, 근본능력,
       정신속, 기억속 등

* 오탈자 수정 요청 wisdomeye@2gak.com

불멸 3
IMMORTALITY

차례

불멸 3
IMMORTALITY

영원한 〈지금〉의 메시지

IMMORTALITY

불멸

3

산하대지는 왜 내 뜻대로 못 움직이나요?

큰스님의 말씀처럼 모든 것이 마음의 능력인데, 왜 내 뜻대로 되는 것이 있고 그렇지 않은 것이 있나요? '나'라고 이름 지어진 몸은 움직일 수 있으나 산하대지는 움직일 수 없으니까요. 마음의 능력에도 한계가 있는 것일까요?

물심일여(物心一如)

 허공은 산하대지의 마음이고, '나'라는 생각은 육신의 마음이기 때문이다.

허공과 이 마음을 갈라놓고 있었고 지금도 그렇게 믿기 때문이며 산하대지와 육신을 남남이라고 무시이래(無始以來)로 수천억 만 번을 나고 죽으며 스스로 세뇌하고 남에게 세뇌되었기 때문이다.

만약 '나'라는 작은 생각을 떠나 허공이 된다면 반드시 산하대지를 움직일 수 있다. 즉 사상[아상(我相), 인상(人相), 중생상(衆生相), 수자상(壽者相)]이 사라지면 허공과 하나가 된다. 그러면 일체의 삼라만상과 육신도 하나가 된다. 그러면 그렇게 되는대로… 다 맞아떨어진다. 비가 오면 비가 오는 것이 이 무심(無心)과 딱 맞고, 눈이 오면 눈이 오는 것이 무심과 어김없이 맞아떨어진다는 말이다. 이러니 아무래도 아무렇지 않게 되며 때로는 한 점의 육신으로 들어가 놀고, 때로는 허공으로 빠져나가 쉬고… 이것이 도인(道人)의 무장무애(無障無礙)한 깨달음인 것이다.

203

모든 것이 공(空)하니 감정도 메말라 갑니다

큰스님 안녕하세요. 불교카페 혜안에 올라온 글을 거의 중독되다 시피 읽으니 이제 어느 정도 불교의 사상에 대하여 이해가 갑니다. 이렇게 초보자도 알기 쉽게 풀이해 놓은 곳을 찾기 힘든데, 논리적으로, 과학적으로 설명을 해주시니 감사할 따름입니다.

법문을 읽다 보니 의문이 생겼습니다. 이 모든 것이 공(空)하고 실체가 없으며 이 생각 또한 공함을 이해하였습니다. 이렇게 생각하니 한편으로는 삶이 편안해지다가도, 한편으로는 너무 허무하다는 생각이 듭니다. 저는 인간이란 자체가 감정의 동물이라고 생각해왔습니다. 기쁜 일이 있으면 웃고 슬픈 일이 있으면 눈물을 흘리는 것이 당연한데, 모든 것이 공하니 저절로 입을 닫게 됩니다. 아무리 꿈속의 일이라고 하지만 너무 감정이 메말라 버리는 것 같습니다. 그리고 공하다는 생각이 드니까 좀처럼 열심히 해야겠다는 의욕도 안 나고요.

공(空)하다는 말을 이해하지 못한 것이기도 하고, 불경이 가리키는 방향을 잘못짚은 것이기도 하다. 근본적으로는 스스로의 고정관념에서 벗어나지 못했다는 것을 알아야 한다.

불경은 무엇을 어떻게 하라는 '가르침'이 아니다. 지금까지 몸담고 살아오던 환경과 '자기'라고 하던 몸과 마음의 실체가 무엇이었으며 어떤 이치로 생겨나 흘러가고 사라지는가를 적나라하게 볼 수 있도록 가리키는 '손가락'임을 알아야 한다. 그러니 '내가 공해져야 한다'라고 생각하면 큰 오해고, 스스로의 관념을 벗어나지 못했음을 보여주는 것이다. 만약 '나'라는 것의 실체를 보았다면 이미 존재할 수 없는 것임을 깨달았어야 하기 때문이다. 그렇다면 자기가 공해져야 하는 것이 아니고 단지 지금까지 거친 생각으로 대충 '내가 있다'는 오해를 하고 있었음을 깨닫게 될 것이다. 그러니 공해져야겠다는 생각이 아니라 '공한 것으로 이렇게 세상을 이루었고 공한 것으로 몸을 이루었으며 공한 것으로 분노와 사랑을 하고 있었구나'라는 관념으로 바뀔 것이다. 그러나 끝까지 세상이 실제로 존재한다고 자기의 생각을 인정하면서 억지로 공해져야 한다고 생각했기에 이러한 질문이 나오는 것이다. 불경이든 소승의 법문이든 어느 곳에도 공해져야 한다는 말은 단 한 구절도 없다.

기쁨이 어디(공간) 있으며 언제(시간) 있는가. 끊임없이 흐르는 세월을 따라 이미 사라지지 않았는가. 그보다 먼저 재료를 보면 보이지도 만져지지도 않는 것이 '기쁨'이라는 것을 인정해야 한다. 재질이나 존재하는 시간과 장소가 없다는 말이다. 그것이 기쁨이고 슬픔이며 감정, 의욕이라는 이름이다. 감정이 무엇이고 어디에 언제 있는 것인데 메마르다고 할 것인가. 시간이 있다면 '지금'이라는 찰나뿐이다. 이 찰나를 지나면 모두 사라져 과거로 간다. 그러나 이 과거라는 이름도 결국 기억속에만 있을 뿐 영원히 드러날 수 없는 것이며 미래도 역시 그러하다. 심지어는 '지금'이라는 찰나도 관념에만 존재하는 것임을 깨달아야 한다. 마치 흐르는 물과 같이 잠시도 멈춤이 없는 것이 시간이라는 것인데, 과연 언제를 '지금'이라고 말할 것인가. 이 시간이 정지할 수 있다면 장소도 있고 존재도 있을 것이다. 그러나 찰나라는 관념만 존재할 뿐이기에 존재도 역시 관념에만 있는 것이고, '지금'도 오직 정신에만 있는 것이므로 결론은 일체 모두가 관념일 뿐이라는 말이 된다. 마치 꿈처럼… 이것이 현실이다. 관념에만 존재하는 것이 세상과 나, 그리고 마음이다.

이렇게 되라는 것도 아니고 이렇게 가정하라는 말도 아니다. 본래 이러했었고 앞으로도 이럴 수밖에 없다. 오직 정신세계였다는 말이다. 정신세계가 이렇게 실감 나게 존재하는 것으로 느껴졌던 것이다. 실감 나는 꿈처럼… 만약 지금 당장 세상을 떠나야 한다면 지금까지의 삶은 어디에 남을 것인가. 아무 데도 삶의 흔적은 없다. 단지 다른 사람이라고 하는 그 정신에만 기억으로 있을 뿐, 그마저 사라지면 아무런 흔적도 없어진다. 그러니 산다고 말하던 것도 결국 정신이었던 것임을 깨달아야 한다.

그러나 정신이란 것의 재질은 공하기에 죽고 살 수 없다. 단지 잠시 환상으로 만들어 타고 다니던 몸이라는 것을 벗어나 '새로운 몸을 얻는 과정'을 가질 뿐이다. 영원히 사라질 수 없다. 본래 없는 것으로 이루어진 것이 정신이고, 본래 없던 것은 다시 없어질 수도 없기 때문이다. 영원한 이 정신이 삶의 '주인공'이었던 것이다.

몸도 물질이라고 하지만 뼈를 이루는 흙[地]과 피를 이루는 물[水]과 체온을 이루던 불[火]과 호흡을 이루던 바람[風]이라고 하는 네 가지 요소[四大]를 빼고 나면 아무것도 '나'라고 할 것이 없다. 그리고 이 네 가지를 분해해 보면 모두 원소에 지나지 않는다. 원소란 허공의 성질이다. 그러니 환상이었을 뿐이다. 또한 이 환상은 과연 어느 찰나에 존재하는가. 지금을 잡으려면 이미 과거로 가고 다시 잡으려면 역시 또 과거로 가 버리는 것이 시간인데 과연 이 물질의 사대 요소인 지수화풍은 어느 시간에 존재하겠는가 말이다.

그저 어이없는 정신의 착각 현상일 뿐임을 알 수 있다. 공한 것으로 이루어졌기에 행복한 것이다. 욕심낼 필요도 없고 억지로 버리려고 할 이유도 없다. 본래의 모습 그대로 고정된 채 지속되고 있는 것은 단 한 가지도 없다. 모두 찰나마다 변화하다가 영원히 사라지기 때문이다. 허망할 이유가 없다. 아무리 공으로 이루어졌다고 해도 이렇게 화려하고 이렇게 실감 나기 때문이다. 그리고 이 법칙을 벗어난 곳은 어디에도 없다. 천상도 지옥도 모두 이 환상으로 이루어진 세상일 뿐이다. 이것은 거역할 수 없는 사실이니 아무리 부정해도 소용없음을 먼저 알아야 한다. 게다가 환상의 세계는 다시 이 정신속에 있으므로 내가 세상의 주인공인 것이다. 즉 세상의 왕이 바로 나였으며 투명인간이었으니 무엇이 두렵겠는가. 밥을 먹고 일을 하던 자체가 정신의 작용이었을 뿐임을 그저 깨닫기만 하면 된다. 이것이 삶의 실체를 깨닫는 것이다. 이러한 자를 '깨달은 자'라고 한다.

IMMORTALITY 불멸3

만약 세상 모든 사람들이 '모든 것이 공하구나!'라고 깨닫게 되면 스님들처럼 수양의 세계를 찾아갈 것 같습니다. 그렇다면 인간이 지금까지 이룩해온 눈부신 경제 발전은 무엇을 의미하고, 누가 경제 성장을 하려고 노력할까요? 사실 인터넷이 발달하여 큰스님의 법문을 접할 수 있게 된 것 또한 경제 발전의 좋은 면이라고 생각합니다. 이렇게 문명의 혜택을 받는다고 생각하면 한편으로 고맙기도 합니다. 제가 살아가고 있는 세계를 어떻게 바라보아야 할까요?

 만약 이 삶이 각자 나름대로 꾸는 꿈이라는 것을 안다면 이런 질문은 필요 없게 된다. 경제가 발전된다고 하지만 모두가 사라지고 있기는 마찬가지다. 한 달 걸려서 갈 길을 한 시간에 갈 수 있으니 편리하다고 하지만 정해진 시간에 더 많이, 그리고 더 바쁘게 움직인 것이지 삶이 길어졌다고 할 수는 없다. 즉 정신이 피로해지고, 꿈이 복잡해지기만 했을 뿐 달라진 것은 없다. 오히려 수고롭게 많은 사연을 만들어내고 있었다는 사실을 깨달아야 한다. 뒤돌아볼 줄 아는 중생이라면 죽음을 맞이했을 때 인생이란 오직 정신이 부여한 의미의 연속이었음을 어찌 절감하지 않겠는가.

그리고 인터넷으로 손해 보는 사람이 더 많지 이익을 보는 자는 극소수다. 60억이 넘는 인구 가운데 인터넷을 통해 진리를 알고자 하는 사람이 과연 얼마나 많겠으며, 그 가운데서 실제로 해탈을 얻는 이는 또 얼마나 되겠는가.

이 세상을 정신세계가 아니라고 가정하더라도 마찬가지다. 석유는 유한한 것이므로 곧 바닥날 것이다. 바닥난 석유 앞에서 무엇을 할 수 있는가. 일체의 움직이는 기계는 쓰레기가 되겠지만 치울 수도 없다. 불도 없다. 그리고 강물이 오염된 지는 이미 오래되었고, 지하수도 대부분 먹을 수 없는 물이다. 기계를 움직이지 못한다면 심층의 물은 또 어떻게 구할 것인가. 이런 어처구니없는 욕심과 한 치 앞도 못 보고 지어가는 마구잡이 행위를 문명의 발달이라고 볼 수 있는가. 또 자식에게 남겨줄 유산이라고 할 수 있겠는가. 지금만 잘 살고 나면 그만이라는 생각이 팽배하고, 마치 영원히 살 것 같은 생각으로 마취되어 있다. 그러니 이곳에서 먹고살 생각만 하지 다음 세상을 어떻게 맞이할 것인가는 안전에도 없다. 주변을 둘러보라. 다음에 다가올 생애를 공부하고, 지금의 실체를 깨닫고자 하는 이들이 얼마나 되는지. 이렇게 본다면 어찌 영원히 살 것이라는 생각에 취해 있지 않다고 할 수 있겠는가.

 깨달음의 최종역이 해탈이라고 하지만, 인간이 윤회를 하며 언어를 만들어 소통하고, 문자를 만들어 후대에 지식을 전하는 등의 문명을 발달시키지 않았다면 부처님의 말씀 또한 이어질 수 없었을 것입니다. 이것 또한 꿈속의 세계임을 부정하지는 않지만 해탈이라는 것을 이루기 위한 하나의 과정으로서 의미가 있지 않을까요? 저는 이 세상을 어떻게 바라보고 행동해야 하나요. 이각큰스님을 만나고 전에 없던 의문을 품게 되었습니다.

항상 부처님을 생각하는 미련한 25살 대학생의 생각입니다. 혜안을 나누어 주세요.

해탈이란 가져오는 것이 아니다. 역시 불행이나 생사의 일도 다른 곳에서 가져오는 것은 아니다. 꿈속의 모든 사연, 물건, 그리고 꿈의 세상과 그 속에 존재하는 '나'까지 모두가 꿈으로 이루어진 것이다. 꿈은 모두 정신이 만들었으며 그 정신이 실제의 '나'이므로 꿈속의 모든 요소들은 다른 곳에서 가져온 것이 아니고 '나'라는 '정신'의 작품이다. 그러므로 꿈 세계의 근본 재료는 정신이다. 이러함을 '공의 세계'라고 한다. 공이란 없애라는 말도 아니고, 없다는 말도 아니다. 단지 실체가 없다는 말이다. 생각처럼…

해탈을 하려면 먼저 지금까지의 감각을 믿지 말아야 한다. 지금의 감각은 어리석은 관념의 막, 즉 오해의 막이 씌워져 있기 때문이다. 실제로 존재한다는 착각으로 굳어진 어리석음의 막이…

그러니 이치적인 이해를 통한 견해로써 바라보고 듣고 감각하는 연습을 해야 한다. 색은 빛으로 이루어진 것이므로 더럽거나 무겁거나 불쌍한 것이 아니다. 그리고 소리도 허공의 떨림으로 이루어진 것이니 자존심이 상하거나 그리워하거나 두려워할 것이 아님을 깨달아 그 견해로 보고 듣고 만져야 할 것이다.

204

불교사상과 현실과의 괴리감

불교를 공부하는 대다수의 사람들은 수많은 현실의 문제를 가지고 있습니다. 그래서 '공(空)'이라는 불교의 사상을 공부하다 보면 속세를 버리지 않고서는 그 참뜻을 온전히 이해하기 어렵겠다는 생각이 듭니다. 사랑, 기쁨, 슬픔, 감정, 애욕, 애착, 정감, 인간미, 우정, 소중함 등이 저에게는 너무도 진실하고 귀하게 느껴집니다. 현실과 불교 사상의 괴리를 극복하며 해탈의 길로 접어들 수 있는 방법이 있을까요?

그리고 똑같이 '불교를 믿는다'라고 말하지만 저처럼 학문적 이치를 파고드는 사람이 있는가 하면 부처님을 신처럼 생각하며 믿는 사람들도 있습니다. 얼마 전에도 주변의 불자들에게 윤회와 연기의 이치를 설명해주었는데, 현실과 너무 동떨어져 있다며 듣기를 거북해 합니다. 불교를 깊이 공부하려면 머리 깎고 산으로 들어가야 하지 않느냐, 그렇게 모두가 공부만 하면 대가 끊어지는 것이 아니냐며 걱정을 합니다. 저 또한 아직까지 현실과 사상의 괴리감을 극복하지 못해 더 이야기를 할 수는 없었습니다. 이 괴리감을 극복할 수 있는 방법은 무엇인지 여쭙습니다.

고정관념적인 분별과 번뇌

생각은 주체와 대상의 사이에서 일어난다. 주체를 마음이라고 한다면 대상은 몸이고, 주체를 나라고 한다면 대상은 남, 즉 세상이라고 해야 한다. 눈을 주체라고 한다면 대상은 색깔이 된다. 그 둘이 만나면 더럽다, 깨끗하다, 아름답다, 보인다는 등의 생각이 일어나게 된다.

그런데 만약 이 마주하는 둘의 실체가 없다면 그 사이에서 나온 생각 또한 실체가 있을 수 없다. 눈도 있는 것 같지만 실제적으로 보니 없고, 색깔도 있는 줄 알았는데 그 실체를 보니 없는 것이라면 그 사이에서는 단지 '헛것을 보았구나'라는 생각을 할 뿐이다. 물론 그 생각도 어디에서 와서 어디로 사라지는지는 알 수 없다.

그러나 그 둘의 실체가 '분명히 존재한다'는 믿음이 있다면 절대 생각을 멈출 수 없게 된다. 서로가 서로를 부추기는 원리가 있기 때문이다. 눈앞에서 불덩이를 빙글빙글 돌리면 머리가 어지러워진다. 불이 돌아간 것이지 내 머리가 돌아간 것이 아닌데도 함께 돌아가는 느낌을 받기 때문이다. 한편 내 머리를 이리저리 흔들어도 앞의 벽이 물결을 치는 듯이 보이게 된다. 둘 다 같은 이치다. 이 말은 마주하는 둘 중에 하나만 움직이면 마치 나머지도 함께 움직이는 듯 느끼게 된다는 말이다. 구름이 흐르면 달이 반대로 움직이는 듯하고, 차를 타고 달리면 가로수가 뒤로 가는 듯한 느낌이 드는 것과 같다.

해탈은 일체의 움직임이 없음을 보았을 때 얻을 수 있다. 마음의 고요함을 얻으려면 일체가 멈춘 것을 보아야 한다. 그래야 번뇌할 것이 없어지기 때문이다. '자기'도 생기거나 사라지는 것이 아니었음을 보아야 하고, '세상'도 생기거나 사라지는 것이 아님을 보아야 한다. 그제서야 드디어 불안하고 궁금한 모든 번뇌가 끊어지게 된다. 자기의 생각이 먼저 멈추어져 있음을 바라보아야 한다.

세상의 모든 것은 움직인다. 생겨나서 변화하다 사라지는 것이 움직임이다. 그러나 그 움직임을 보고 있을 때 '보는 자'는 한 번도 같이 움직이지 않았음을 깨달아야 한다. 만약 차가 달리는 만큼 대지도 함께 같은 속도로 이동한다면 차가 움직인다고 느낄 수 없을 것이다. 눈이 움직이는 대로 세상도 따라 움직인다면 세상이 고정되었다는 생각이나 눈이 움직인다는 생각이 있을 수 없다. 그러니 변화하는 세상을 느끼는 정신은 변화하지 않았음을 알 수 있다. 정신은 본래부터 움직이지 않았던 것이다.

행여 없는 정신이 움직인다고 한다면 그것은 이치를 벗어난 말이다. 정신이 깨어난다는 것은 감각능력이 깨어난다는 것이고, 감각능력이 깨어난다는 것은 보이고 들리고 냄새나고 만져지는 등의 오감이 있다는 뜻이다. 잠을 잘 때는 정신이 있는지 없는지도 알 수 없는 완전한 무심(無心)이다. 그러나 감각이 살아나면 마음도 있는 것처럼 느껴지게 된다. 즉 세상의 움직임이 느껴지면 마음도 있는 것처럼 느껴지지만 감각이 흐려지고 졸음이 오게 되면 마음의 존재도 점점 사라진다.

세상의 모습이 비치게 되면 세상의 그림자가 생겨나게 되고, 그 그림자를 마음이라고 이름한다. 새 건물을 짓고 유리를 끼우고 나서 아무런 표시도 하지 않는다면 유리가 있는지 없는지 알 수가 없다. 그래서 공사 현장에서는 사고를 방지하기 위해 '유리주의'라는 글씨를 써 놓는다. 그러면 비로소 유리가 있다는 것을 알고 조심하게 된다. 이처럼 세상의 그림자(유리주의)가 감각에 의하여 인식능력에 들어왔을 때 비로소 마음이 있는 것처럼 느껴지게 된다는 말이다. 그러니 마음이란 본래 어떤 것이라고 말할 수 없는 공(空)한 것임을 알아야 한다.

그리고 앞에서 말했듯이 세상의 모든 것은 시간을 따라 함께 사라지는데, 과연 어느 시간에 물질이 존재할 수 있겠는가. 사라지려면 생겨나야 하고, 생겨나려면 사라져야 한다. 그런데 일체 모든 물질은 변화하고 있다. 바로 방금 전의 모습도 사라진다는 말이다. 색깔은 서서히 바래고 소리는 점점 사라지고 냄새도 흩어지며 맛도 여운을 남기며 사라진다. 닿았던 느낌도 손을 떼면 사라지고 사랑하던 뜻마저 점점 시들해진다. 모두 일 초 전의 모습과는 달라진다. 그리고 일 초 전은 다시 돌아올 수 없는 곳으로 이미 사라졌다.

시간이라고 할 것은 온 삼천대천세계를 통틀어 오직 '지금'뿐이다. 벌레들도 지금 움직이고 숨 쉬며 인간도 지금 움직이고 숨 쉰다. 그리고 모든 삼라만상이 지금에만 존재한다. 어제의 모습이나 크기, 향기는 어디에도 없다. 그러니 오직 존재하는 시간이 있다면 '지금'뿐인데, 지금은 모든 것이 사라지는 시간이다. 색은 바래고 소리는 흩어지고… 그렇다면 색이나 소리는 어느 시간이 또 있어 생겨났던 것인가. 항상 사라지는 것이 세월이라면 세월은 도대체 언제, 어디서 생겨나는 것인가. 이것은 모든 물질이 실제로 생겨나고 사라지는 것이 아니라 그저 꿈처럼 환영일 뿐임을 깨닫게 하는 논리다.

이제 마주하는 물질과 마음 모두의 실체가 없음을 알았을 것이다. 그럼에도 이렇게 믿어지지 않는 마음은 왜일까. 자꾸 의심스러운 것은 무슨 이유일까. 머리를 흔들기 때문이다. 다시 말해 머리를 굴리기 때문이다. 더 이상 생각할 것이 없어졌다. 마음이라는 주체와 물질이라는 대상이 사라졌다. 단지 꿈일 뿐이다. 그렇다면 꿈이라는 것을 알고 꿈을 꾸면 되는 것이다. 더 이상 번뇌할 일이 없지 않은가. 항상 물질과 마음이 실제로 있다고 생각하던 습관이 남아 있기에 꿈을 꾸는 기분이 들지 않는 것이다. 이 습관을 없애려면 더 확연한 설명을 듣고, 보다 확고한 믿음이 생겨야 한다. 거리가 문제가 아니니 직접 와서 들어야 한다. 글은 독자의 판단이므로 절대 필자의 마음이 그대로 전해질 수 없기 때문이다. 그러나 대화는 서로의 싸이클을 맞출 수 있기에 엄청난 차이가 있다.

속세를 떠나거나 던져 버리려면 그 모든 것을 손에 쥐고 있어야 하는데 질문자는 과연 무엇을 가지고 있는가. 애욕, 애착, 업장은 오직 생각속에만 있다. 물질이 아니므로 가질 수 없다. 하물며 버린다는 것이 가능한 일이겠는가. 너무 먼 곳으로 달려 나가 질문을 하고 있다. 많은 공부를 해야 한다. 소승의 글을 읽었다고는 하나 그 뜻을 스스로의 관념으로만 해석했을 뿐이기에 별 진전이 없었던 것이다.

또 꿈속의 일이 사라진다고 해서 정신마저 영원히 사라지는 것은 아니다. 정신이 사라지지 않는다면 꿈은 언제든지 다시 꾸게 된다. 그리고 꿈속의 사람들은 꿈을 꾸는 자에게만 느껴지는 것이지 실제의 존재가 아니다. 그러므로 '대가 끊어진다'라고 말하는 것은 꿈속의 대가 끊어질 것을 우려하는 것과 같다. 만약 인간의 실체가 진실하여 대가 끊어진다면 어찌 천상은 있다고 믿을 수 있겠는가. 정신은 절대 끊어질 수 없다. 그리고 물질은 허공으로 이루어진 것이므로 무너져도 도로 쌓이고, 무너져도 도로 이룩된다. 이것이 끝없이 이어질 수 있는 윤회의 법칙이다. 스스로의 견해를 믿고, 그 견해에서 벗어나려고 하지 않은 채 이 글을 읽기에 근본적 어리석음으로 자꾸 빠져드는 것이다.

속인이나 출가인이나 모두가 '지금'이라는 공통된 시간 속에 있고, 공(空)이라는 공통된 재료를 써서 심신을 이루며, 정신이라는 공통된 작용으로 사랑, 기쁨, 슬픔, 감정, 애욕, 애착, 정감, 인간미, 우정, 소중함 등을 지어낸다. 질문자가 앞의 여러 가지 단어를 나열했지만 이 모두가 정신속에 있는 이름이 아닌가 잘 보라. 모든 소리는 귀의 고막을 벗어날 수 없고, 모든 색깔은 눈의 망막에만 존재한다. 그리고 감촉은 피부에 존재하게 된다. 그러나 눈, 귀, 코, 혀, 몸은 정신을 떠나 존재할 수 없는 정신의 감각능력일 뿐임을 깨달아야 한다. 하물며 앞에서 나열한 사랑, 감정, 아름답고 소중함 등은 더욱 물질적으로 있을 수 없는 정신의 작용이고, 정신은 시간과 공간 등을 초월했다. 왜냐하면 과거를 생각한다는 것은 과거로 갔다는 것이고, 미래를 추측한다는 것은 미래로 간 것과 같기 때문에 시간을 초월한 것이며 앉은 자리에서 외국을 생각하고 달나라를 생각했다면 공간을 초월한 것이다. 또한 정신이란 물질이 아니므로 생겨났다고 할 수 없고, 생겨난 것이 아니면 사라질 수도 없다. 그러므로 생사마저 초월했다. 이 같은 정신이 여러 이름을 짓고 그 이름들에 의미를 부여해 스스로 고통을 받는 것이 중생의 삶이다. 아직 세상의 경험이 적어서 무엇이든 아름답다고 생각을 하는데 착각이다. 그리고 그 착각과 환상으로 결혼하고 자식을 낳으며 돌아설 수 없는 곳으로, 더욱 깊은 고통의 나락으로 빠져들어가는 것이 중생의 실생활이다.

이 세상의 모든 일은 결과가 항상 반반이다. 반은 뜻대로 이루어지고, 반은 의도를 벗어난다. 어떤 일을 하든 노력의 절반만을 얻는다고 생각해야 한다. 따라서 절반의 손해는 항상 보게 된다. 그뿐만 아니라 절반을 얻으면 그것을 잃지 않으려 고통을 무릅쓰고 집착하게 된다. 집착이 심해질수록 공하다는 사실을 알 기회는 멀어지고, 그로 인해 죽어야 하는 자기를 인정하게 된다. 이 세상에 온 최초의 마음은 세포 하나도 가지고 있지 않았다. 아버지와 어머니에게 세포를 얻어 점점 큰 몸을 만들게 되었다. 그러므로 몸은 자기 것이 아니고, 자기는 더욱 아니다. 진정한 '나'는 끝없이 몸을 얻고 버리는 정신이다. 그러나 이 몸을 먹여 살리려고 노력을 하다 보니 어느새 몸이 자기인 것처럼 느껴지고, 그러는 사이 죽고 사는 존재가 되어 버렸다. 이제는 두려움으로 가득 채워진 정신이 된 것이다. 이것이 우매한 중생의 어리석은 집착이다. 그리고 노력한 결과의 절반이 뜻을 배반하면 분노가 생겨나니 어리석음으로 짐승이 되고, 분노로 지옥을 가는 것임을 알 수 있다.

지금은 모두가 함께 살고 있는 것 같지만 과연 사람의 모습으로 이곳에 다시 올 수 있는 중생이 몇이나 되겠는가. 남들이 축생의 길을 가고 지옥의 길을 간다고 해서 나도 따라갈 이유는 없다. 그러나 남들과 같이 이미 몸을 자기로 삼았기에 서로가 동감하며 악도를 향한다. 이런 상황에서 도대체 무엇을 아름다움이라고 할 수 있을까. 지혜로운 자라면 근본이 잘못되었다는 생각을 먼저 해야 한다. 자기의 판단이 과연 옳은지 먼저 의심하고, 자기란 무엇인지 통달해야만 한다는 것이다.

어리석은 인간일 때 느끼는 감정과 의미를 가지고 축생이 되었으니 축생 또한 어리석은 감정과 의미가 있음은 당연하다. 어리석은 인간이 축생보다 더 나은 것은 없다. 교만하고 교활한 정신의 기교만이 더할 뿐이다. 욕심이나 음모, 번뇌, 자연의 파괴, 무분별하게 살생하는 인간이 변해 축생이 되었다는 사실을 깊이 보라. 사랑의 마음이 없다면 음욕이 없을 것이고, 음욕이 없다면 짐승의 번식도 이루어질 수 없다. 부끄럽게도 가장 무절제한 음욕의 주인공은 인간이기에 악업을 가장 많이 쌓는 존재도 인간임을 부정할 수 없다. 즉 질투와 증오, 그로 인한 악행이 가장 많이 저질러지는 삶이 인간의 삶이라는 말이다. 그러므로 『아미타경』에 이곳을 오탁악세(五濁惡世)[1]라고 이르신 것이다. 영원한 삶을 모르고, 일체가 공함도 모르며, 결정할 수 없는 번뇌에 빠져 고통스러워하기만 한다. 그 번뇌의 실체가 무엇이고 번뇌의 내용이 과연 실제로 존재하는 것인지는 더욱 모른 채 서로가 속고 속이며 모두를 악도로 끌고 들어가고 있다. 더 안타까운 것은 아무도 이런 상황임을 인지하지 못하고 있다는 사실이다. 자기도 살아가는 것이 너무나 피곤하고 곤란함을 잘 알 텐데, 그리고 죽음이 그렇게도 싫으면서 어쩌자고 다시 자식을 낳아 죽음의 두려움을 끌어안고 살아가게 하는가. 수행하여 이 모든 고통에서 벗어나지 않는다면 그저 악도로 향하는 삶이 될 것이다.

속인과 승려의 길이 따로 정해져 있지 않다. 속인은 지옥과 관계가 없으니 불도수행을 안 해도 되고, 승려는 날 때부터 승려였으니 당연히 수행해야 하는가? 한 나라의 모든 국민이 결혼을 안 하거나 승려가 되는 일은 있을 수도 없고, 있었던 역사도 없다. 그런 생각은 어리석은 추측일 뿐이다. 중요한 것은 한시라도 빨리 지옥행 열차에서 내려 해탈의 길을 찾는 것이다. 목이 마르면 물을 먹는 것이 가장 중요한 일이다. 물이 너무 많다거나 물이 모자란다거나 남들은 물을 먹지 않는다고 하여 스스로의 인생을 허망하게 보내며 물 마실 기회를 놓친다면, 그래서 어느새 지옥을 맞이하게 된다면 얼마나 안타까운 일인가.

1) 오탁악세(五濁惡世) 다섯 가지의 지혜가 혼탁하여 스스로 고통에 빠지게 되는 세계를 일컫는 말이다. 시간의 실체를 깨닫지 못한 겁탁(劫濁), 스스로의 능력인 견정에 의한 세상임을 깨닫지 못한 견탁(見濁), 이로써 대상을 남이라 착각한 채 분별과 고뇌를 벗어나지 못하는 번뇌탁(煩惱濁)과 머리를 흔듦으로써 생겨나는 번뇌의 수준대로 분별의 부류가 나뉘는 중생탁(衆生濁), 그리고 마지막으로 삶이라는 것을 가정함으로써 수명이 있다고 착각하게 되는 명탁(命濁)이 그것이다. 오탁악세에서는 불법을 알려고 하는 자도 드물고, 깨닫기도 어렵다.

이각스님, 「부사의품」, 『유마경 역해』(지혜의눈)

IMMORTALITY 불멸3

205

사람들과 꼭 어울려 살아야 하나요?

 저는 인간관계에서 큰 어려움을 느낍니다. 혼자 있고 싶은 욕구가 너무나 커서 가족마저도 함께는 싫습니다. 그런데 이런 제가 너무나 짧은 시간에 결혼이란 것을 선택했습니다. 매 순간 잘못된 선택이라는 걸 느끼며 살아갑니다. 그냥 아는 사람들, 나와 깊은 관계가 없는 사람들은 오히려 편합니다. 가족이라는 이름으로 묶여 항상 신경을 써야 하고, 챙겨야 하는 이런 마음이 생각보다 너무나 힘이 듭니다. 이런 생각을 하면 앞으로 남은 삶이 막막하고 벗어나고 싶다는 생각밖에 들지 않습니다. 성격적으로도 문제가 많아 가족들이 저로 인해 불행해지는 것 같습니다.

그냥 혼자가 되고 싶습니다. 혼자 살아가고 싶은 마음이 잘못된 건가요? 스님들은 모든 인연을 끊고 절로 들어가지 않으시나요? 저도 그렇게 혼자가 되고 싶어요. 내가 그렇게 함으로써 가족들이 상처받으면 어쩌나 하는 걱정은 머리로만 하고, 마음에 와닿지 않습니다. 이런 저를 사람들은 이기적이라고 말하겠지요. 내 마음을 불편하게 하고, 귀찮게 하는 모든 일을 받아들이기가 힘이 듭니다. 그 마음이 너무나 확실하고 큽니다. 사람들 속에서, 특히 가족이라는 울타리 안에서 저는 전혀 행복하지 않습니다. 자꾸만 마음에 짐을 얹어 놓은 듯 답답하고 막막하기만 합니다. 이런 제 마음이 나쁜 걸까요?

올바른 결정

세상과 나, 그리고 삶의 근본을 보면 아무것도 없다. 그리고 아무리 긴 세월을 산다고 해도 결국 남는 것은 전혀 없다. 그러니 중요한 의미를 두고 세상을 살아도 이곳을 떠날 때는 단지 기억만 가지고 가게 되어 있다. 이 기억이 전 재산이었던 것이다. 그리고 기억의 종류에 따라 각자가 맞이하게 되는 세계의 수준이 결정된다. 힘들게 살면 힘든 기억이 쌓이고, 그로 인해 힘든 세계를 맞이하게 되는 것이 당연한 이치다.

내가 힘들면서 남을 편하게 해줄 수 있는 법칙은 없다. 자식이 부모 대신 매를 맞는다면 부모의 마음이 어찌 편할 수 있겠으며, 슬픈 아내가 지어주는 밥을 먹는 남편의 마음이 어찌 편해질 수 있겠는가. 만약 남의 고통으로 하여금 편안함을 느낀다면 이미 남남인 것이니 같이 있어야 할 이유도 없다. 서로가 함께 피곤해지는 상황이라 해도 역시 함께할 이유는 없다. 그러나 나만의 괴로움을 먼저 말하면 상대는 나를 이기적이라고 생각해 미워할 것이다. 그것도 서로에게 악업이 되니 피해야 한다. 나로 하여금 남이 분노하게 되는 것은 분명 나의 악행이 되기 때문이다.

하지만 더 큰 악행이나 악업이 되는 것은 따로 있다. 곁에 함께 있으면서 상대방에게 스스로의 괴로운 모습을 보여주고, 그를 괴롭히는 것이다. 둘 다 고통스러워지기 때문이다.

누구나 첫 단추가 잘못 끼워진 것을 아는 순간 즉시 고치려고 한다.

그러나 부부란 이미 전생부터 지어온 인연이 깊기에 그 관계를 함부로 하지 못한다. 그만큼 심각한 의미가 많다는 것이고, 의미가 많다는 것은 지키려거나 바라는 것이 많다는 뜻이다. 의미와 지켜야 할 바, 그리고 소원이나 의무가 많다면 악연이지 호연이라고는 할 수 없다. 아직 지혜를 얻지 못한 중생의 입장에서 결정한다면 반드시 절반은 후회하게 될 것이라는 사실을 잊어서는 안 된다. 그러니 먼저 스스로의 눈을 현명하게 만들고 나서 결정해야 한다. 물론 부부와 자식의 관계 모두가 꿈속의 일임은 분명하나 이 꿈속에도 반드시 업은 남게 된다. 서로의 헤어짐으로 하여금 더 큰 악업이 생기지 않게 해야 한다. 무엇보다 부부는 합의를 했다 해도 자식을 이해시키기는 어렵고, 자식 역시 악업을 지을 수도 있기 때문이다.

승려가 되는 것은 스스로의 자유다. 그러나 수행을 목적으로 하지 않는다면, 단지 세상을 피하기 위해 승단에 들어와서는 안 된다. 후회할 뿐 아니라 그런 흔들리는 마음은 다른 수행자들에게 방해가 되기 때문이다. 물론 참다운 수행의 길을 가르치는 곳이 얼마나 있는가 하는 것이 더 중요하겠지만 만약 올바른 수행처를 찾았다고 하더라도 이 길을 왔다가 다시 떠난다면 그것은 가족과의 헤어짐을 후회하는 것보다 더 큰일이다. 왜냐하면 그렇게 되면 불도를 수행할 수 있는 기회를 잃어버리기 때문이다. 중생이란 한번 아니라고 결정지으면 다시는 돌이키고 싶어 하지 않고, 스스로의 판단만을 믿기에 다시 의심하지 않는 속성이 있기 때문이다. 그러니 환속하는 이들은 영원히 성불

할 기회를 놓치게 된다. 후회 중에서 가장 큰 손해를 보는 후회라고
한다면 '출가의 후회'다. 그런 의미에서 출가는 신중히 생각해야 할
고결한 일이다.

성인들도 자존심이 있나요?

자존심에 대한 질문입니다. 다른 글에서 자존심에 대해서 자주 언급하신 것을 보았습니다. 마음이 없다면 자존심이란 것 자체도 있을 수 없다고 말씀하신 부분이 자꾸 생각납니다. 아직은 마음이 없음을 알아가는 공부의 터럭 끝도 알지 못합니다. 먼저 자존심이란 것을 알고 싶습니다. 세상 살면서 자존심이 밥 먹여주냐는 얘기가 있듯이 자존심은 아무것도 아닌 것 같기도 하고, 오만의 지름길인 것도 같습니다. 저는 자존심을 너무 내세우지 않아서 무시당한 적도 있습니다. 옛 성인들도 자존심이 있었을까요? 옳지 않은 것을 보며 생기는 정의감(이것도 꺾이지 않는 뜻이라고 보았을 때 자존심의 한 종류인 것 같습니다)과 자존심은 어떤 관계일까요?

무아와 자존심의 결과는 천상과 지옥

자존심(自存心)이란 누구에게나 본래 있을 수 없다. 자존심은 '자기로써 존재하는 마음' 또는 '자기가 존재한다는 마음' 등의 뜻으로 해석할 수 있다. 그러나 자기도, 마음도 모두 실체가 없다. 착각한 마음에만 자기가 존재하는 것이다. 그 착각한 마음을 미혹한 마음 또는 무명심(無明心), 중생심(衆生心)이라고 한다. 만약 '나'라고 할 것이 있다면 그것은 원각(圓覺)만을 말하는 것이지만 원각이라는 것도 단지 이름일 뿐 그 실체는 없다. 꿈을 예로 들면 꿈속에는 세상도 있고 그 꿈속의 세상을 헤매는 '나'도 있지만 그 모두가 꿈이라는 배경 안에 들어 있는 것과 같다.

그리고 꿈은 정신속에 들어 있다. 정신에는 꿈을 꾸는 능력이 있고, 그 능력 속에는 세상과 나라는 존재가 함께 들어 있다. 원각도 역시 그러하다. 현실과 나, 즉 세상과 그 속을 살아가는 인간의 입장을 보더라도 꿈의 원리와 똑같다는 말이다. 원각인 정신은 온 우주에 다다른다. 그러므로 은하수를 볼 수도 있고 천둥소리를 들을 수도 있다. 또한 찰나에 과거와 미래로 이동하여 상상을 하기도 한다. 때론 꿈을 현실과 착각할 수도 있다. 이렇게 보면 현실이라는 것도 '혹시 정신의 착각이 아닌가' 의심해 보아야 할 텐데 그런 존재는 흔치 않다. 그로 하여금 엄청난 고통을 받으며 끝도 없는 윤회를 하게 되는 것이다.

어찌 되었든 세상을 느끼는 것은 마음이다. 그리고 마음의 앞에 있는 것은 물질이다. 작게 보면 육신과 마음의 관계이고, 크게 보면 나와 세상의 관계이기도 하다. 마음은 보이지 않는다. 그러나 물질은 보인다. 이 둘이 서로 통하기 때문에 느끼게 되는 것이라면 둘이라고 할 수 없으나 서로 그 성질이 배대되므로 하나라고 할 수도 없다. 이런 이유로 중생이 혼란스러워 하는 것이다. 꿈속의 세상과 꿈속의 주인공인 자기는 모두 하나의 꿈으로 통해 있기에 둘이 아니다. 그러면서도 하나는 꿈의 세상을 느끼는 놈이고, 하나는 그 느낌을 주는 놈이다.

물질을 존재하는 것이라고 한다면 마음은 비존재라고 해야 할 것이다. 마음은 세상의 색깔, 소리, 냄새, 맛, 감촉이 사라지면 함께 사라진다. 즉 태양이 없어지면 그림자도 사라지는 것과 같다. 감각이 깨어나 세상이 느껴질 때만 마음도 있는 것처럼 느껴질 뿐 감각이 사라져 세상도 사라진 수면 상태가 되면 '마음이 없다'는 생각마저도 없게 되는 것이 마음의 정체다. 마음의 본성은 '없음'이었음을 알 수 있는 것이다.

그렇다면 그 마음에 드러나는 색깔, 소리, 냄새, 맛, 감촉 등은 있다고 할 수 있겠는가. 모두가 허공에서 이루어진 것이고 즉시 사라진다. 잠시도 쉬지 않고… 물질의 재료도 허공이다. 수소도 허공이고 산소도 허공이다. 그 둘이 만나면 물이 이루어진다. 그러니 물도 허공이 분명하다. 또 그 물에다 다시 차가운 허공을 합하면 얼음이 된다. 그러니 얼음도 역시 허공일 뿐이다. 수소와 산소와 찬 기운 모두 허공이다. 그러나 감각의 앞에서는 허공으로 보이지 않는다. 아니, 마음 앞에서만은 있는 것으로 보인다. 있는 것으로 보이는 물을 다시 나누어보자.

물은 수소와 산소로 나뉘고 수소와 산소를 계속 나누면 허공이 된다. 그러므로 물질이 공한 것임은 누구나 알 수 있다. 마음 또한 공한 것임을 누구든 부정할 수 없다. 그렇다면 육신은 어떻게 있다고 할 수 있겠는가. 육신은 물질인데, 물질은 허공을 벗어날 수 없지 않은가. 그러니 육신과 마음 모두가 공하다. 즉 '인간'이라고 하고 '자기'라고 느끼던 것의 실체가 없다는 말이다.

그런데 이와 같은 논리적인 사유를 해보지 않기 때문에 자기가 존재한다고 착각하며 살아간다는 말이다. 그러니 어찌 죽는다는 생각을 하지 않겠는가. 존재하는 것은 변화하고 반드시 사라진다는 것을 이미 느끼고 있기 때문이다. 한 번의 착각으로 얼마나 두려운 삶을 살아가게 되는지 보라. 이것이 중생이다. 있지도 않은 자기를 있다고 착각함으로써 분노가 일고 억울하기도 하며 죽음 앞에서 두려워하거나 비겁해지기도 한다. 그 기억을 가지고 다음 생을 또 맞이하게 되니 죽었다는 말은 이치에 맞지 않는다. 죽은 것이 어찌 다시 태어나겠는가. 그러나 '죽는다'는 마음을 가지면 당연히 두려움의 고통을 기억하게 되고, 그 기억으로 맞이하는 세상은 지옥이 되니 지옥이란 자존심, 즉 내가 존재한다는 허망한 착각에 의하여 있게 되었음을 깨달아야 한다.

마음이든 정신이든 원각이든 이들은 허공과 같아서 자기라고 할 것이 없기에 영원히 사라질 수도 없다. 그러므로 자꾸 허공으로 이루어진 환상의 몸을 받게 되고, 키우고 운전하며 살아가게 된다. 완전히 꿈과 똑같이… 이렇게 허공의 법칙으로 윤회하되 착각하면 착각한 대로 업보를 받고, 이해하면 이해한 대로 업보를 받으니 무아(無我)를 깨닫고 기억을 쌓았다면 반드시 천상에 나게 되는 것이다.

자존심을 버리라고 한 말이 아니다. 본래 없었던 것을 착각하여 있는 줄 알고 있었음을 깨달아야 한다는 뜻이다. 없는 자존심을 어떻게 다시 버릴 것인가.

207

슬픈 감정을 어떻게 처리해야 할까요?

 저에게 찾아온 감정을 어떻게 처리해야 할지, 배운 것을 어떻게 응용해야 할지 잘 모르겠습니다. 나 자신도 공으로 이루어졌고, 감정 또한 찰나에 사라진 공으로 이루어졌으며 이 생각 또한 공인 것을 이해하였지만, 구체적인 상황에서는 생각만 많아집니다.

슬픈 감정이 저에게 왔다고 가정해 봅니다. 첫 번째는 모든 것이 공하니 슬퍼할 이유가 없으니 슬퍼하지 않는다. 두 번째는 일단 슬퍼하도록 내버려 둔다. 세 번째는 꿈인 것을 알기에 슬픔을 지켜보기만 하면 된다. 즉 중립적인 입장에서 어떤 생각이 올라오는지 지켜보기만 하는 겁니다. 감정이 올라왔을 때 이렇게 수행하는 것이 올바른 것인지요? 실생활에서 응용할 수 있는 방법이 있으면 알려주십시오.

보살의 동사섭(同事攝)

기뻐하든 슬퍼하든 이 모든 것은 이미 일체의 공함을 잊고 자기가 있다는 생각이 지워지지 않았기 때문에 생기는 현상이다. 모든 것이 공하다면 공한 것으로서의 움직임, 즉 꿈이 황홀할 따름이다.

만약 사랑하는 이가 죽었다고 해보자. 그 주검은 움직임이 없는 색깔이고 꿈의 일일 뿐이다. 그리고 그 색의 주인이며 영원히 죽을 수 없는 정신은 이미 다른 몸을 얻으러 떠났다. 그러므로 슬프거나 기뻐할 것조차 없다. 만약에 슬픈 생각이 든다면 이제껏 살아오며 쌓았던 무명으로 인한 생명의 의미가 끼어든 것일 뿐이다. 그러므로 의미에 대하여 깊이 생각을 해보아야 한다. 의미란 '있음'을 전제로 하여 드러난 것이기에 만약 있음이 어리석은 분별이었다고 믿어진다면 슬픔은 생겨날 일이 없으므로 슬퍼하지 말아야 할 것도 아니고 슬픔을 그대로 놓아둘 것도 아닌 것이 된다. 행여 눈물이 나거든 '이것이 전생의 업이구나'라고 바라보면 되는 것이다. 왜 눈물이 나는가를 바라보면 스스로 이해가 가지 않아야 한다. 기쁨 역시 이것이 전생의 업이었거니 생각하며 바라보면 된다. 즉 없는 것이 없는 것임을 깨닫지 못하여 의미를 담는 습관이 생겼던 것이었음을 바라보면 더 이상의 아픔은 있을 수 없다.

웃어라. 우는 녀석을 보고 웃어라. 그리고 웃는 녀석을 보고도 웃어라. 마음 깊은 곳의 견해에서… 이것이 수행이다. 오늘은 눈물을 바라보며 웃지만 얼마 가지 않아서 곧 울음이 자연스러워질 것이다. 마치 노련한 연극인이 슬픔을 지어내듯이… 그곳에는 수승(殊勝)한 견해가 있을 뿐이다. 흐르는 눈물이나 기쁨으로 활짝 웃는 입이 오직 그들의 상황에 맞추어 함께 지어내는 자비다. 이것이 허공의 눈물이고 웃음이며 보살의 동사섭(同事攝)[2]임을 알아야 한다. 그 모든 일이 허공을 누비는 바람과 같을 뿐이다. 움직이는 허공일 뿐이다.

허공은 어떻게 하려는 마음이 없다. 무엇을 해도 허공이지만 지혜가 없다면 당장에 감옥에 있게 될 것이다. 만약 허공이니까 도둑질을 해도 된다고 생각했다면 이미 도둑질을 해야 하는 자기는 허공이 아니기 때문에 도둑질을 한 것이고 그러므로 감옥에 있게 되는 과보를 받는 것이다. 허공은 도둑질도, 그리고 하려거나 끊으려는 노력도 하지 않는다. 지금까지 살던 대로 살면 되는 것이지만 잊지 말아야 할 것은 죽거나 사는 놈이 움직이고 있다는 어리석은 생각은 없어야 한다는 말이다. 쉽지는 않겠지만 그것은 습관을 버리는 수행의 부족일 뿐이고 견해의 하열함이며 일체가 허공임을 믿는 믿음이 부족한 것이다. 그것을 아직 지혜가 갖추어지지 못했다고 말한다. 질문 이전에 꾸준히 글을 읽고 침착하게 믿음을 키워나가야 할 것이다.

2) 동사섭(同事攝) 산란한 마음을 다시 제자리로 끌어들여 고요하게 하는 네 가지 법인 사섭법(四攝法) 중 하나. 일체가 찰나에 사라져 실제로 존재할 수 없음을 깨닫고, 내가 존재하며 내가 죽는다고 믿는 존재들에게 죽음이 있을 수 없음을 전하는 모습. 즉 똑같이 살아가는 모습을 보이지만 스스로는 이미 죽을 수 없음을 깨달은 채 중생을 생사라는 오해로부터 벗어나게 하는 법.

누구나 부처가 될 수 있나요?

제 마음이 문제인지, 불교에 접근하기가 용이하진 않네요.

모든 사람은 부처가 될 수 있다고 하는데 맞는 말일까요? 이 말이 옳다면, 왜 현세는 그렇지 못한 것일까요? 불교를 믿지 않는 사람들이야 부처를 이루지 못하는 것이 당연하지만, 불심이 깊은 신자들과 스님들도 부처를 이루지 못하니 오르지 못할 나무를 보는 것 같습니다. 그렇다면 부처가 될 수 있는 가능성은 가지고 있지만 결국 이룰 수 없는 꿈이 아닐까 하는 생각이 듭니다. 모든 고시생이 시험에 붙을 수 있는 가능성은 있으나 공부를 잘 한 사람만 시험에 통과하는 것과 마찬가지인 것 같습니다. 만약 시험에 통과하지 못한다면 남는 게 없는 헛공부가 아닐까요? 깨달음을 얻기 위한 수행 그 자체로 의미가 있는 것인지요.

중생과 부처

금광석은 비록 잡석과 함께 섞여 있지만 그 속에 분명히 금이 들었기에 금광석이라고 이름한다. 그리고 금광석을 녹여서 잡석을 제거하고 나면 금만 남게 되는데, 그 금은 세월이 아무리 지나도 다시 금광석으로 되돌아가지는 않는다. 이처럼 중생을 이루는 이치나 근본 재료를 부처라고 하고, 그 이치와 재료에 붙어 있는 어리석음의 이름을 중생이라고 한다. 중생에게서 어리석음만 제하면 나머지는 모두 부처라는 말이다.

그렇다고 어리석음이 부처를 벗어난 것은 아니다. 어리석음 역시 그 재료가 부처였으므로 함께 어울려 섞여 있었던 것이다. 다만 변화되었을 뿐 그 본성은 다 같다는 말이다.

그러나 허공의 이치와 허공의 재료로 만들어진 정신에 의하여 오해가 빚어질 수도 있다. 물론 아무리 오해했다고 해도 정신의 작용을 벗어날 수는 없지만 그러한 오해가 벌어지게 되는 것은 이치와 재료가 허공과 같아서 변화 또한 무궁무진하기 때문이다. 그러므로 오해만 풀리면 그대로 부처인 것이다. 어리석음만 벗으면 그대로가 부처라는 말이다. 때가 찌든 거울이기에 세상의 모습이 제대로 비추어지지 않았었지만 때만 제거하면 세상의 모습을 그대로 비추게 되는 것과 다름없다.

출가의 목적

스님이 되는 것은 도(道)를 닦기 위한 방편(方便)이다.

도를 닦는다는 것은 삶과 '나[我]'를 통달하는 것이다.

삶이란 수행(修行)이고 '나'는 '깨달음[覺]'이다.

수행은 본성(本性)을 익힘이고

깨달음은 본성을 증득(證得)함이다.

그러므로 본성을 증득하여

본성대로 행(行)하는 것이 도를 닦는 것이다.

본성은 가성(假性)이 멸진(滅盡)된 상태를 말함이고

가성은 찰나(刹那)에 이미 멸도(滅度)된 생멸법(生滅法)을 말함이며

생멸법은 생각[念]이고

생각은 물질(物質)이며

물질은 '있음[有]'이고

'있음'의 근원은 '나'지만

본래 무아(無我)임을 안다면 무념(無念)임을 알게 되고

무념을 안다면 본성만 남았음을 증득할 것이다.

209

분별 망상이 심하여 편안한 생활을 하기 어렵습니다

저는 누군가에게 제 능력을 인정받고 싶었습니다. 하지만 능력이 아닌 권력이나 돈으로 돌아가는 세상을 보며 좌절했습니다. 위선에 가득 찬 세상을 이해할 수 없었고, 그저 미웠습니다. 그러던 제가 철학에 관심을 가지게 되며 말장난으로 사람들을 혼란스럽게 했습니다. 그러다 저 스스로 만든 논리의 함정에 빠져 과대망상과 발작에 시달렸습니다. 하루에도 몇 번씩 인격이 바뀌고, 이제 하반신은 말을 안 듣습니다. 그나마 큰스님의 법문을 읽을 때는 평안함이 찾아오지만 제 생각속으로 빠져들자마자 고통이 시작됩니다. 이제 와서 고장 난 육신을 고칠 수는 없을 것이고, 정신만이라도 정상적으로 되돌려 자연 순환에 맞는 삶을 살고 싶습니다. 간절히 도움을 요청합니다. 이런 저도 부처님의 말씀을 이해하고 진정한 불제자가 될 수 있을까요?

윤전하는 번뇌로 이루어진 삶

중생의 '인생'이란 오직 생각의 굴림에 의한 고통뿐이다. 역으로 말하면 고통스러운 생각을 굴리기 때문에 마치 삶이 있는 것처럼 느껴지게 된다는 말이다. 눈을 뜨고 세상을 바라보며 제자리에서 뱅뱅 돌면 누구든 얼마 안 가 반드시 쓰러지게 되어 있다. 어지럽고 고통스럽기 때문이다. 생각도 역시 그러하다. 굴리면 굴릴수록 생각은 변화, 변태하여 어지러워지고 고통스러워지며 문득 분노심이 전신을 채우기도 한다. 그러나 아무리 극심한 분노라 할지라도 그 실체는 없다.

모든 고통은 생각의 굴림이 원인이다. 그리고 생각의 굴림은 애욕(愛欲)과 애명(愛命)이 원인이다. 애욕이란 '육진(六塵)을 향하는 마음'을 말하고 애명은 '육근(六根)을 향하는 마음'을 말한다. 육진은 느낄 수 있는 대상을, 육근은 대상을 느끼는 능력을 가리키니 '사랑[愛]'이란 곧 감각작용을 뜻하는 것이다. 즉 감각작용이 일체의 고통을 일으키는 근원임을 알 수 있다. 그러므로 '어떻게 감각작용을 제거할 것인가'가 편해지기 위한 제1의 명제(命題)라 할 것이다.

감각작용을 제거함에는 두 가지 방법이 있다. 하나는 감각작용을 방치하는 것이고, 다른 하나는 감각작용의 실체를 깨달아 해탈하는 것이다. 감각작용의 실체란 중생의 견해에 있는 것이 아니기 때문이다. 혹 어떤 이는 '자살'이라는 방법으로 감각작용을 제거할 수 있다고 생각하지만 그것은 윤회의 기본도 모르는 어리석음이다. 죽는다는 것은 육신의 존재를 믿는 상태에서 상상으로만 존재할 뿐 그 어디에도 죽음은 없다. 잠이 들면 꿈이 꾸어진다. 잠이 들었을 때는 육신의 감각작용이 일시적으로 제거된 상태이다. 그러나 꿈이 꾸어지는 것은 무엇을 의미하는 것인가. 육신이 없어도 감각작용은 분명히 일어나고, 꿈의 세계를 보는 내가 다시 나타나게 된다. 그러므로 사후세계에 이르기 전에 맞이하게 되는 중음세계가 있는 것이다. 이 중음에서 지금까지 판단한 스스로의 정신 상태에 따라 다음 세계가 주어지게 된다. 이승에서 고통스러웠다면 지옥계로, 이승에서 게을렀다면 축생계로, 이승에서 욕심을 부렸다면 항상 부족해 굶주리는 아귀계로… 그러므로 죽음으로 감각작용을 제거한다는 것은 법칙에 없는 착각일 뿐이다. 또한 수면으로 감각을 끊어지게 하는 것도 일시적인 방법이지 완벽한 해결법은 아니다. 감각을 끊기 위해 일부러 잠을 자는 것은 지혜를 끊겠다는 말이고, 무기(無記)의 업이 쌓이게 되므로 미물이 되고 마는 결과를 가져온다.

그러니 감각작용을 방치하는 것과 통달하여 해탈하는 이 두 가지 길이 가장 현명한 방법이다. 방치하는 것은 무시함이다. 생각을 무시하는 것이다. 예를 들면 '생각은 실체가 없어 허망한 것이고 또한 지나가면 사라지는 것이니 쓸데없는 헛수고일 뿐이고 세상이 있다는 것도 생각일 뿐이며 생각일 뿐이라는 이 생각도 생각일 뿐이니 더 이상 생각으로 스스로를 고달프게 할 필요가 없는 거야'라고 분명히 바라보는 것이다. 그리고 이후에 또다시 생각이 일어나는 것을 감시한다. 생각이 일어나는 것을 느끼면 얼른 알아차리고 다시 알아차린 생각

을 또 알아차린다. 그리고 바람이 멎은 허공을 상상하며 생각을 가라
앉힌다. 이것이 어느 정도 훈련되면 생각에서 벗어난 편안함을 느끼
게 되고 그에 따른 기쁨도 생겨나게 된다. 물론 생각이 많은 다른 이
들을 보면서 어리석은 자들이라는 증상심(增上心)[3]이 생겨나기도 한
다. 그때는 스스로의 서원을 세우면 된다. 중생을 구하겠다는… 이것
이 성문(聲聞)의 도를 얻는 것이다.

그리고 최상의 방법이란 감각작용의 실체를 보는 것인데 이 수행법
을 인지법행(因地法行)이라고 한다. 어떤 감각작용이든 모두가 둘이
만나야 한다. 육진인 색성향미촉법(色聲香味觸法)과 육근인 안이비
설신의(眼耳鼻舌身意)가 서로 만나야 생각이 굴러간다. 물론 이 둘이
만나면 육식(六識)인 안식에서부터 의식까지 일어나지만 이 인식
은 생각의 근원이 되어주면서 육진과 육근의 결과가 되는 것이므로
육근에 붙어 있다고 생각하면 쉽게 이해가 갈 것이다. 즉 육근과 육식
을 합하여 마음[心]이라고 일컫는 것이다. 그리고 육진을 물질이라고

---

3) 증상심(增上心) 탐욕이란 있지 않은 것을 있다고 착각함으로써 얻을 수 없는 것
을 얻으려고 노력하게 되는 어리석음이므로 이미 모순을 내재하고 있지만 모순 속
에서도 법칙은 흐른다. 악(惡)을 쓰면 쓰는 만큼 더욱 악해지고, 선(善)을 쓰면 쓰는
만큼 더욱 선해지며, 노력하면 하는 만큼 발전하는 것이 있게 되는 모습이다. 즉 노
력과 동반된 결과를 남들과 비교함으로써 우위에 있다고 생각하여 교만해지기에
증상만(增上慢)이라고도 한다. 그러나 가장 안타까운 것은 노력이 반복될수록 미혹
도 점점 더 늘어나 악도(惡道)를 윤회한다는 데 있다. 그러므로 모순 속에서의 노력
으로는 참다운 바람을 만족시킬 수 없음을 깨달아 탐욕의 근본인 '있음'의 미혹에서
벗어나야만 '하고자 하는 욕구'가 끊어지는 것임을 깨달아야 한다.

이각스님(2020), 「미륵보살장」, 『원각경 역해』(지혜의눈)

하는 것이니 세상이라고 해도 되고 가장 가까이 말하면 몸[身]이라고 해도 된다. 그러니 심신(心身)이란 감각작용을 일으키는 육진과 육근의 만남이라고 보아야 한다. 그리고 생각은 그 둘 사이에 찰나적으로 일어나는 인식능력을 바탕으로 굴러다니게 되는 작용이다.

그러니 육진의 화합이고 몸이라고 말하는 육신(肉身), 그리고 육근과 육식의 화합인 마음… 이 둘의 실체를 통달하면 감각작용을 통달하는 것이고 물질과 정신을 통달하는 것이며 나아가 생각의 실체를 통달하는 것이므로 세상의 모든 것을 통달함이다.

마음이란 대상을 느끼는 능력으로, 거울과 같다. 거울에는 어떠한 색도 있어서는 안 된다. 만약 다른 색이 거울에 있다면 대상의 본래 색이 비추어질 수 없기 때문이다. 마음이라는 것도 그와 같아 마음은 느끼려 해서 느낄 수 있는 것이 아니다. 마음 자체가 느끼는 놈이기 때문이다. 만약 마음이 불안하다고 느꼈다면 '불안'을 느낀 것이지 마음을 느낀 것이 아니다. 즉 마음에 느껴진 것이 불안한 생각이지 마음이 불안한 생각은 아니라는 말이다. 돋보기로 돋보기를 비추었다면 무엇이 비추어지겠는가. 마음이 마음을 비추어도 공(空)이 공을 비춘 것이기에 느낄 것이 없다. 그러나 마음은 하나뿐이기에 마음으로 마음을 비춘다는 것은 말장난이다. 마음은 공한 것이고 공한 것은 '있다'의 반대이므로 그저 '없다'고 표현하는 것이다. 이것이 무심(無心)이라는 의미다.

육진이라는 물질은 '없음'의 반대이지만 마음 밖에 있는 것이라면 마음이 느낄 수 없으니 마음에 느껴진 육진은 모두 마음속에 있다는 것을 깨달아야 한다. 그러나 저 앞에 있는 것처럼 느껴지고 몸도 마음 밖에 있는 것으로 느껴지므로 마음의 끝에 붙어 있다는 견해가 편할 것이다. 마치 막대자석의 양 끝이 음극과 양극으로 성질을 달리하듯이 '없는 마음'과 '있는 육진'이 양 끝을 점유하고 하나의 막대기를 이루고 있는 모양이다. 그러므로 이 둘은 하나의 양 끝인 동시에 양 끝으로 이루어진 하나이기에 둘인 하나고 하나인 둘이라고 해야 한다. 그러니 그 재질이야 당연히 같다. 한쪽 끝이 없는 것으로 이루어졌다면 반대쪽 끝도 '없는 것으로 이루어진 있음'이어야 한다는 말이다. 즉 꿈과 같이 재료는 없지만 있는 것처럼 나타나야 하는 이치다. 일체의 물질은 원소로 이루어지고 원소는 허공에 들어 있음이 그 증거다. 그러니 물질은 허공으로 이루어진 환영일 뿐이라는 말이다. 그러나 느끼는 능력인 마음을 만나면 보인다, 들린다, 냄새난다, 맛있다, 만져진다 등 여섯 가지로 감각작용이 드러나게 되는 것이다. 즉 이러니 육진과 육근은 꿈의 작용과 절대 다르지 않으며 꿈임을 알았을 때의 꿈은 별 의미가 없어지듯이 간절하거나 의미심장한 생각이 일어날 일이 없다. 오히려 생각이 일어나는 것이 우습고 재미있을 뿐이며 한편에서는 이러한 정신의 능력이 감당하기 힘들 정도의 환희로 다가오게 된다. 온 우주가 모두 '나'라고 하던 정신의 능력에 의하여 드러난 꿈의 세계이기 때문이다. 이러하기에 일체중생의 스승이신 석가모니부처님께서 '천상천하유아독존(天上天下唯我獨尊)'을 설하신 것이다. 이제 감각작용은 꿈이고 꿈속에서의 생각은 놀이일 뿐이다. 정신의 위대한 작용으로 마음에만 드러난 꿈의 세상을 진실하다거나 온통 위선에 찬 세상이라고 논하고 이 일은 이래야 하고 저 일은 저 래야 한다며 따지고 다툴 필요가 있겠는가. 유유하게 즐기면 되는 것 이다.

중생이 불심을 잘 내지 못하는 이유가 무엇인가요?

우리는 전생에 어떤 삶을 살았는지 기억하지 못하니 전생의 어리석음 때문에 다른 몸을 받더라도 계속 무명의 삶을 사는 악순환이 계속될 것 같습니다. 왜 이렇게 전생을 기억하지 못하고, 다음 생을 알지 못하는 구조로 윤회를 하게 되는 걸까요? 정신세계의 일들은 과학적으로 증명이 어려우니 윤회를 믿는 사람들이 많지 않은 것 같기도 합니다. 아귀세계 또는 지옥세계가 실제로 존재한다는 것만 증명할 수 있어도 무수한 살인과 악행은 사라지지 않을까요? 경전에서 표현하는 세계가 중생의 눈에는 보이지 않으니 성불(成佛)의 필요를 간절히 느끼지 못하는 것 같습니다.

게다가 전 세계 대다수가 기독교를 믿고 있는데, 기독교에서는 윤회론 자체를 부정합니다. 하지만 불자들은 윤회설과 인연법을 믿습니다. 믿는 것과 실제 사실은 다르다고 생각합니다. 과연 그들이 맞는 건지, 우리가 맞는 건지도 가끔씩 의문이 듭니다. 우주의 법칙과 진리는 하나일 텐데, 왜 이렇게 보는 관점들이 다를까요?

어리석음이 주류가 된 세상

윤회의 부정이란 현실을 부정함이다. 윤회를 기본으로 돌아가는 현실의 특징과 실체를 모르기에 현실의 모든 것을 밝혀 놓은 불경을 이해하지 못한다. 그러니 적나라한 육도가 펼쳐져 있음에도 보거나 느낄 수 없는 것이다. '나'라고 하는 정신을 전혀 모른 채 몸과 물질을 절실하게 존재한다고 인정하는 것에서 생겨나는 오류라는 말이다.

현실의 기본은 생명과 시간이다. 시간이 사라진다면 과거, 현재, 미래가 뒤섞여 순서라는 것이 없어진 혼돈의 상태일 것이고, 생명이 사라진다면 그 혼돈마저도 사라질 것이다. 생명이란 정신이 깨어있는 시간을 말하고, 시간은 깨어난 정신이 이런저런 생각으로 사연을 짓고 있는 과정을 말한다. 생명이 있는 동안이 곧 시간이고, 시간이 곧 생명이다. 시간은 해와 달로 반복한다. 그리고 생명은 들숨과 날숨, 식사와 배변, 분별과 기억의 반복이다. 모든 것은 반복되고 그 반복의 연속을 생명, 활동, 삶이라고 한다.

이 반복되는 법칙은 기본이 생멸이다. 즉 생겨나고 사라진다는 것이다. 밝음이 생겨나면 어둠이 사라지고 어둠이 생겨나면 밝음이 사라진다. 숨이 생겨나면 살고 그 숨이 나가서 더 이상 생겨나지 않으면 죽음이다. 포만감이 생기면 반드시 배변해야 한다. 배변하고 나면 다시 먹어야 한다. 그리고 보았으면 기억되고 기억되면 그 기억으로 다시 알아보게 된다. 이것이 생멸을 반복하는 생활이고, 이 생활의 기본

패턴을 윤회라고 한다.

그러니 윤회를 인정하지 않는다는 것은 생활의 근본적 이치도 이해하지 못하고 있다는 말이다. 이와 같이 거친 생각으로 세상을 바라보니 누가 살아가는지, 나의 실체는 무엇이고 어떤 이치로 생각하고 믿음을 가지며 활동하는지, 감각의 대상은 무엇인데 감각에 느껴지고, 기억이 어떻게 저장되고 어떻게 다시 꺼낼 수 있는 것인지, 이생이 끝나면 어떤 자리로 가게 되는지 등 근원적인 생각은 아예 할 수도 없다. 그러면서도 만물의 영장이라고 으스대며 모든 짐승과 벌레의 생명을 무시하여 짓밟고 영장끼리는 냉정하게, 그리고 정당하다는 방법으로 살육한다. 그러니 이러한 모든 삶과 생명 그리고 나와 세계의 생성, 변화, 시작, 끝의 진실한 이치가 들어 있는 불경(佛經)을 어떻게 이해할 수가 있겠는가. 당장의 삶이나 죽음에 대하여 생각도 하지 않고 무작정 살아가는 어리석고 추(麤)한 생각으로 어떻게 진리의 교과서를 바라보겠으며 바라본다고 하더라도 어찌 이해는 할 수 있겠는가. 어떻게 그러한 견해로서 이 세상에 펼쳐진 육도를 바라볼 수 있겠는가.

종합병원 응급실과 중환자실을 가보라. 꽁꽁 묶이고, 칭칭 감기고, 뚫리고, 끊어지고, 부러지고, 찢어지고, 꿰매고, 쪼개고, 죽고, 통곡하고, 싸우고… 이런데도 지옥이 없다고 할 것인가. 밥 생각, 옷 생각, 집 생각, 돈 생각, 직장 생각, 이성 생각, 그리움, 미움, 약속, 배반, 만남, 헤어짐, 이익, 손해, 자존심, 질투, 경쟁심, 차 조심, 걸음 조심, 몸조심, 물건 조심, 아까운 생각, 후회, 조바심 등 적어도 여기 적은 말의 백배

만큼은 생각을 하며 정신이 돌아간다. 과연 이런 정신의 분주함과 불안함이 고통이 아니라면 우리는 무엇 때문에 매일 잠에 곯아떨어지는가. 이것이 지옥이 아니면 무엇인가.

절대 다 쓸 수 없을 만큼 벌어도 아직 모자라서 탈세하고 형제간에 소송하는 자들… 아무리 노력해도 절반은 실패하고 절반은 성공하니 다시 시작하고 노력하다 지친 노인들… 목숨을 걸 만큼 사랑해 결혼하고도 새로운 남자, 새로운 여자를 만나는 사랑의 갈증, 온몸의 마디마디가 문드러져 소 무릎처럼 변해도 쉴 수 없는 헌신의 마음… 이것이 항상 모자라서 끝없이 채우려 노력하는 아귀의 모습이 아니겠는가.

온갖 구충제를 먹고 바이러스를 온몸에 끌어안고 살아도 마치 축생의 세계가 따로 있다고 착각하는 어리석음… 이러한 악독한 상황임을 미처 깨닫지 못하고 고통을 모르는 철부지 천상세계… 약육강식의 경쟁사회 속에서도 총칼을 들지 않았다고 전쟁의 아수라계를 느끼지 못하는 어리석음… 바로 이런 어리석음이 인간이라는 이름 아닌가. 이렇게 육도로 나누어 말하지만 어찌 그 부류를 가리겠는가. 누구든 하루에도 수백 번씩 육도를 골고루 헤맨다. 돌아보라. 과연 육도의 맛을 보지 못한 자가 있는가.

만약 내가 존재할 수 없다면 육도는 어디에 있을까. 육도를 도는 주인공이 없다면 어찌 육도가 있을 수 있을까. 물질은 원소의 모임이고 원소의 모임은 감각의 끝에만 존재할 뿐 그 실체는 모두 공이다. 역시 감각도 공하다. 바람 한 점 없는 허공처럼 공하다. 그래야 솔바람마저도 느낄 수 있는 센서의 역할을 할 수 있기 때문이다.

모든 물질의 본질이 원소기호에 불과하니 곧 이름뿐이라는 말이고, 물질의 하나인 육신 또한 예외일 수는 없다. 이름뿐인 세상의 물질을 입으로 씹고 마셔서 쌓아 놓은 것이 육신이니 육신도 결국 이름일 뿐이다. 그리고 마음은 감각된 것이 모이고, 생각한 것이 모였다고 하지만 그 실체는 물질도 아니고 확인할 수도 없다. 또한 잠들면 사라지고 깨어나면 어디서 나타나는지도 모르게 생겨나는 도깨비 같으니 역시 이름뿐이다. 그러니 '나'라는 것도 이름일 뿐이며 생각일 뿐이고 감각일 뿐이다. 감각은 마음의 느낌이니 실체가 없다. 간지럽다는 것과 만져진다는 것은 다르지 않다. '보인다는 생각'과 '색깔'도 둘이 아니다. 그러므로 모두 생각일 뿐이고 생각은 허깨비일 뿐이며 항상 벌써 지나가 버리는 기억일 뿐이다. '지금'이라는 찰나를 잡으려면 벌써 지나가 버리니, 생각은 그대로일 수 있겠는가.

실감 나는 꿈이기에 꿈속의 모든 것을 구하려 한다. 심지어는 행복까지 구하려 하지만 과연 행복을 구할 수 있겠는가. 구할 수 없는 것을 구하려 하는 것 자체가 이미 불행 아니겠는가. 물건이 행복인가, 노력이 행복인가, 아니면 구할 수 없는 '나'를 있다고 착각한 채 나의 행복을 추구함이 행복인가. 졸지에 급사하지 않는다면 누구든 '왜 살았는가?'를 한 번쯤 돌아보게 되지만 해답을 찾지는 못한다. 근본이 잘못되었기 때문이다. 첫 단추가 이미 잘못 끼워졌다는 말이다.

중생과 물질 자체가 공하여 인간이나 '나'라는 것의 실체가 없는데 무슨 신(神)을 찾고 있는가. '정신'과 '실체가 없는 물질' 그리고 그러함을 아는 '지혜'가 합해지면 그것이 곧 '부처'라는 이름이니 부처를 얻지 못하면 누구든 불행해지고 육도를 고단하게 흘러 돌게 된다. 그러니 뜻을 이루고자 하느님을 찾으며 비는 어리석은 행을 하게 되는 것이다. 꿈속에는 꿈으로 된 인간과 꿈으로 된 짐승, 꿈으로 된 산하대지뿐이다. 어리석은 이들의 세계에는 어리석음이 주류를 이루기 때문에 스스로가 어리석은 것을 모른 채 잘난 척하며 서로가 서로를 더욱 어리석게 하고 지옥과 아귀세계로 끌어들이고 있음을 분명히 알아야 할 것이다.

현실을 인정하고 살면 안 되나요?

이 현실을 꿈이라고 생각하지 않고 현실 그 자체로 받아들이는 것에 대해 어떻게 생각하십니까? 모든 것을 허공으로 받아들이지 않고, 보고 듣고 생각하는 그 자체로 받아들인다면 어떨까 하는 생각이 듭니다. 제 생각에 현실을 꿈으로 보는 것은 인간의 근본으로 돌아가는 것이 아니라 오히려 현실을 꿈으로 생각하여 정당화시키려고 하는 것 같습니다. 있는 것은 인정하고 살아야 하지 않을까요?

생사를 먼저 해결하라

생사(生死)가 없음을 알려주고 지옥과 천상, 그리고 인간과 짐승이 되는 이치와 방법을 알려주는 것이 불교의 가리킴이고, 뜻대로 육도를 선택하여 오가는 자유자재함을 안겨주는 것이 목적이다.

질문자는 '실제로 있는 것을 없다고 생각하자'라고 했는데, 아주 큰 오해를 하고 있다. 중생의 불행이란 실체가 없는 것을 있다고 착각하여 얻으려 함에서 비롯되는 것이다. 그러므로 악해지고, 생로병사(生老病死)의 윤회를 하게 된다. 아무리 행복해도 언제 죽을지 모르는 불안한 상태에서의 행복이라면 마치 집행을 앞둔 사형수가 식사하며 즐거워하는 처절함과 다름없다는 것을 보아야 한다. 이러함을 보지 못하고 초라한 꿀 몇 방울에 취해서 시간을 허비하면 해탈할 수 있는 기회를 잃게 된다. 어느새 늙고 병들어 정신마저 없는 상태가 되면 그때는 아무리 해탈을 주려 해도 알아듣지 못할 뿐 아니라 스스로가 죽음을 인정하는 마음이 굳어져서 들으려고 하지도 않는다. 그렇게 되면 그다음 생은 지옥, 귀신, 짐승 중의 하나가 되기 쉽다. 이곳에서의 어리석음보다 그 어리석음으로 받을 업보가 더 걱정이라는 말이다. 어떤 행복이라도 생사가 없는 것보다 더 근원적인 행복은 없다. 부모와 자식, 그리고 형제가 모두 죽음에서 영원히 벗어난다면 무엇에 대해 걱정하겠는가. 지금까지 '도각사'에서 전한 모든 글은 바로 이러한 행복을 설명하고 있다. 그리고 물질의 실체가 없음도 적나라하게 펼쳐놓았다. 만약 물질이 있다고 착각한다면 몸도 있다고 착각한 것이고, 있는 것은 반드시 무너져 사라지게 되니 몸을 자기로 삼고 사는 중생은 죽어야 함이 당연하다. 이렇게 항상 죽음의 공포를 끌어안고 살아가는 인생이 어찌 행복인가. 죽음을 약속해놓고 어찌 웃음이 나오겠는가. 생사를 먼저 해결하라. 그래야 진정 행복함이 무엇인가를 얻게 되는 것이다.

212

뇌가 죽어도 정신이 있을까요?

감각이나 생각 모두가 뇌의 역할 아닌가요? 우리 몸의 신경세포를 통제하는 시스템이 다 뇌 속에 있잖아요. 감각신경도, 생각도 그런 것 같고요. 뇌가 죽으면 사망이라 하고요. 뇌가 죽었는데 생각이 있고 정신이 있을까요? 감각신경도 생겨난 것이라 생각합니다. 불생불멸에 대한 말씀을 다시 한번 부탁드립니다. 제 사유로는 결론에 이르기 어렵습니다.

뇌와 정신의 관계

손과 발을 움직이려면 뇌의 명령이 있어야 한다. 그렇다면 뇌의 움직임은 누구의 명령에 의하여 있게 되는가. 만약 뇌 혼자서 모든 일을 명령한다면 뇌를 다치지 않았을 때 뇌의 작용은 영원히 지속되어야 할 것이다. 그러나 뇌를 다치지 않아도 호흡을 멈추면 자연히 두뇌 작용이 사라진다.

TV가 고장 나면 방송을 볼 수 없다. 마치 시체처럼 아무런 작용도 일어나지 않는다. 중생은 머리(뇌)가 있으면 정신작용이 저절로 일어난다고 생각한다. 방송국에서 전파를 보낸다는 사실을 모르는 어린이들이 TV에 사람이 들었다고 생각하듯이, 정신작용과 물질의 원리를 공부하지 못한 중생은 뇌에서 생사가 비롯된다고 생각하므로 뇌가 삶의 주체라고 생각하는 것이다.

뇌는 TV처럼 물질로 이루어졌다. 그러나 정신은 물질이 아니다. TV에서 나오는 모든 색깔, 소리 그리고 의미도 물질이 아니다. 또한 정신이 만들어내는 감각도 물질이 아니다. 딱딱하다는 생각을 했다면 그것은 '생각'일 뿐이고 또 무엇인가를 딱딱하다고 느낀 것이니 '느낌'이다. TV나 뇌는 물질인데 왜 물질 속에서 생각이나 느낌 같은 물질 아닌 것이 나오는가. 방송국에서 보낸 전파는 물질인가 비물질인가. 설탕으로 만든 과자는 어떠한 모양이나 감촉으로 변화시켰다 해도 설탕일 수밖에 없고, 밀가루로 만든 과자가 밀가루 과자에서 설탕 과자로 바뀔 수도 없다. 그렇듯이 전파가 이미 물질이 아니므로 TV를 거쳤다 해도 물질이 될 수는 없다. 이와 같이 호흡을 통해서 들어온 허공의 능력이 뇌를 거치더라도 물질이 아닌 생각으로 드러날 수밖에 없는 것이다.

호흡을 하지 못하면 정신을 잃는다. 그러다가 인공호흡을 하면 정신을 차리게 되는 이치도 정신이 허공에 의하여 드러난다는 것을 알려주는 예시다. 즉 뇌는 물질이지만 뇌를 작용하게 하는 것은 호흡이라는 것이다. 이 호흡이 나가서 다시 들어오지 않으면 물질로 이루어진 뇌나 몸은 망가진 TV와 같다. 마치 생명이 없는 음식과 같은 것이 된다. 원래 음식으로 만들어진 것이었기 때문이다. TV가 망가져도 방송국은 관계가 없으니 TV를 새로 사면 방송을 다시 볼 수 있듯이 뇌나 육신이 망가져도 허공은 관계가 없으니 다시 육신만 얻으면 생명은 다시 시작되는 것이다. 결국 정신은 허공의 작용이라는 말이고 허공이 육신으로 들어오면 산다고 하고 나가서 안 들어오면 죽었다고 표현할 뿐이다. 그렇게 보면 살고 죽는 것은 허공의 작용이었으나 허공은 죽고 살 수 있는 물질이 아니므로 실제로는 죽고 사는 것이 아니었음을 알 수 있다.

그리고 죽으면 생각이나 정신이 없다고 했는데, 이것은 죽어보지 않았기에 그렇게 생각하는 것이다. 물론 시체는 아무것도 모른다. 허공이 들어오지 않기 때문이고, 생각이 없는 음식으로 만들어진 것이기 때문이다. 조금만 시간이 흐르면 인공호흡을 시켜도 소용없다. 왜냐하면 허공이 나간 후 시간이 오래 지나면 뇌라는 기계가 기능을 상실하고 부패하므로 다시 허공의 정신을 받아들일 수 없기 때문이다. 늦기 전에 인공호흡기를 장착시키면 오장육부와 뇌는 제 기능을 한다. 그러나 이미 인연이 다한 생명이라면 정신이 돌아오지 않는다. 중환자실에 가면 혼수상태에서 몇 년씩 보내고 있는 환자가 있는데, 정신은 이미 다른 짓을 하고 있느라 전에 가지고 있던 육신은 돌아보지 않기에 정신이 돌아오지 않는 것이다.

허공은 눈에 보이는 것이 아니라 그 움직임을 알 수 없듯 허공과 재질이 같은 정신 또한 허공으로 빠져나가는 모습을 확인할 수 없다. 그러니 음식으로 이루어진 육신에서 정신이 빠져나갔을 때 '죽었다'라고 말하지만 죽은 것이 아니라 새로운 몸을 얻기 위해 허공에서 인연을 기다리고 있음을 알아야 한다. 만약 어리석게 사느라 불도 공부를 하지 않았다면 짐승이나 벌레의 몸을 얻을 것이고, 도를 많이 닦고 깨달음을 얻었다면 생사의 이치를 모두 알고 있으니 당연히 인간이나 천상을 마음대로 선택할 수 있게 된다.

213

화살을 연꽃으로 변화시키는 신통력

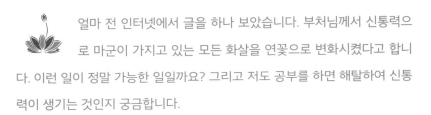 얼마 전 인터넷에서 글을 하나 보았습니다. 부처님께서 신통력으로 마군이 가지고 있는 모든 화살을 연꽃으로 변화시켰다고 합니다. 이런 일이 정말 가능한 일일까요? 그리고 저도 공부를 하면 해탈하여 신통력이 생기는 것인지 궁금합니다.

신통력(神通力)

 신통력(神通力)이라는 말을 잘못 이해하고 있다.

신통력이란 '정신으로 통한 능력'이라는 말이다. 그러므로 신통력을 얻는다고 하는 말은 '정신으로 통해져 있음을 깨닫게 되었다'는 뜻이다. 중생은 육신을 물질이라고 믿기 때문에 정신이 없어도 존재할 수 있다고 생각한다. 하지만 물질은 정신에 의해서만 느껴지는 헛것이라는 사실을 알아야 한다. 그것을 알면 온 우주가 오직 정신의 작용에 의해 존재한다는 것을 깨닫게 된다. 그것도 오직 '나'라는 정신에 의해서만 존재한다는 것을…

생각은 물질이 아니다. 그러니 순간에 과거로도 가고 미래로도 간다. 또한 아무리 먼 거리라도 상상력으로 순간이동한다[神足通]. 또한 꿈을 꿀 때처럼 오직 정신으로 색깔을 보고 소리를 듣는 것이므로 실제적 눈은 정신으로 이루어진 눈이고, 귀도 정신으로 이루어진 귀라는 사실을 깨달아야 한다. 그러면 그것이 바로 천안통(天眼通)을 얻는 것이고 천이통(天耳通)을 얻는 것이다.

육신으로 이루어진 눈이나 귀만을 믿고 산다면 자기가 정신이라는 사실을 절대 깨달을 수 없고, 물질이 공하다는 사실은 더욱 깨달을 수 없다. 나아가 정신은 죽을 수 없기에 정신인 '나'는 영원히 생사에서 초월된 것이었음도 알 수 없게 된다. 따라서 삶은 더더욱 악착같아지니 남을 죽여 내가 살아야 하는 악독한 마음이 되지 않을 수 없다. 본래 아무도 죽지 않는 세상이라면 도대체 무엇 때문에 악착같이 서로를 밟고 올라서야 하겠는가. 선의의 경쟁이라는 허울 좋은 말을 앞세우며…

정신은 하늘과 같다. 그것을 깨닫고 하늘로서 살면 그대로 천상이 되는 것이다. 그러나 아무리 정신은 하늘이고 하늘은 '나'라고 생각해도 죽음을 두려워하고 살던 습관이 남아 있다면 저절로 악착같아지므로 하늘이 되기는 그렇게 쉽지 않다. 그러므로 이치를 공부해서 하늘이 될 때까지 스스로의 어리석음에서 벗어나야 한다. 신통력은 이미 모든 이에게 갖추어져 있지만 스스로가 깨닫지 못하여 얻지 못할 뿐이다. 그러므로 불도수행을 하면 얻게 된다고 표현한 것이다.

그리고 이렇게 일체중생의 마음이 얼마나 어리석은지, 얼마나 악착같은지, 그리고 무엇을 믿고 살아가는지를 모두 안다면 이미 수행이 높아진 상태인 것이고, 이러한 정신 수준을 타심통(他心通)을 얻었다고 이름한다.

모든 물질이 공함을 알고 보는 눈을 얻으면 천안통, 모든 말이나 의미는 허공과 같은 마음의 놀이이고 하늘과 같은 감정이 오가는 것이므로 하늘로서 통하는 귀가 곧 진정한 귀였음을 깨닫는다면 천이통이라 한다. 일체중생의 마음을 알아 모든 질문에 답을 줄 수 있다면 타심통, 지금의 모습을 보며 지난 과거의 업이 어떠했음을 볼 수 있고 일체중생의 실제적 생명이 무엇인지를 통달한다면 숙명통(宿命通), 항상 온 우주에 정신이 꽉 채워져 있음을 깨달으면 신족통, 정신은 하늘과 같고 허공과 같으며 그 정신이 곧 자기라는 사실이 믿어져서 생사가 두렵지 않고 모든 삶에 있어서 다가오는 일체의 우여곡절이 아무래도 아무렇지 않게 느껴진다면 누진통(漏盡通)을 얻은 것이다.

위에서 말했듯이 일체중생의 생각은 찰나에 목표물에 다다르는 하늘의 활이며 허공으로 만들어진 화살이다. 이 정신작용이 모두 하늘의 작용이고 이 하늘이 모두 나의 능력이며 나의 생각임을 알아 이미 여섯 가지 신통이 얻어져 있음을 안다면 더러움이나 악이 묻지 않는 깨달음을 얻게 된다. 즉 스스로의 본성이 얼마나 맑고 깨끗한 것이었고 지금도 그러한지를 얻게 되는 것이니 이를 비유하여 '마니보주를 얻는다'고 한다. 그리고 일체중생의 '본성'과 '깨달음'을 표현한 것이 연꽃이니 결국 생각이라는 화살을 이용하여 온 우주가 정신으로 '통일(通一)'되었음을 깨닫고 그 정신이 곧 스스로라는 사실을 얻으면 '화살이 신통력을 받음으로써 연꽃을 이루는 것'이다.

처음의 만남

마음은 모든 것을 언제나 처음 만난다.

중음(中陰)을 지나 태(胎) 속에 들 때는 어머니를 처음 만났고

마음이 자기의 몸을 만날 때는 아버지도 처음 만났다.

하루하루 커가는 몸을 날마다 처음 만나고

어느 날 이 세상의 허공을 처음 만나 울음을 터뜨리며

색깔도 처음 만나보게 되었으며

소리, 냄새, 맛, 감촉들도 처음 만나보게 되었다.

장난감의 뜻을 처음 만나며 의미도 처음 만나서

나와 남을 처음 느끼니 사랑도 처음 만난다.

단 하루도 같지 않은 날짜를 처음이자 마지막으로 만나고

눈 돌리고 귀 기울일 때마다 처음이며 마지막인 삶을 만나고

그 속에서 지식과 죽음이라는 이름을 처음 만나며

공포와 용기와 다행과 불행들을 항상 처음 만난다.

아침에 본 하늘과 낮에 본 하늘의 모습도 언제나 처음 만나듯

그렇게 언제나 처음인 마음으로 스승과 도반들을 처음 만날 뿐이다.

모든 사연은 처음이자 마지막의 세월처럼 언제나 처음의 만남이지만

이 '처음 만난다'는 사실은 항상 변하지 않는다.

마치 나날이 변화하는 육신을 아침마다 처음 만나지만

그 육신을 맞이하는 이 마음은 항상 '나'로서 변치 않듯이…

집착하는 마음이 사라지지 않습니다

저는 어렸을 때부터 '내 것'에 대한 집착이 컸습니다. 물건뿐만 아니라 사람에 대해서도 마찬가집니다. 눈앞에 보이지 않으면 불안하고, 제가 사랑하는 사람들이 제 곁을 떠날까 봐 무서운 마음까지 듭니다. 큰스님께 법문을 들으면서도 그 마음은 쉽게 사라지지 않고 제 발목을 붙잡고 있는 것 같습니다. 집착을 끊으려고 많이 노력했지만 안 된다는 좌절감만 맛볼 뿐입니다. 집착이란 과연 뭘까요?

고통의 원인

 집착(執着)이란 마음이 한곳에 달라붙어 떨어지지 않거나 마음이 항상 그쪽으로 쏠려 잊히지 아니함을 이름한다. 자신도 모르게 감각기관을 통해 들어온 모습, 소리, 냄새, 맛, 감촉, 마음의 느낌, 이 여섯 가지 가운데 어느 곳에 마음을 빼앗기고는 거기에 시간을 허비하게 되므로 과거도, 현재도, 미래도 언제나 그 생각으로만 채워진다. 이것은 끝이 없이 이어진다.

이 세상은 크게 두 가지로 나눌 수 있다. 한 가지는 눈이나 귀, 코, 입, 촉감, 뜻으로 느낄 수 있는 것이고, 다른 한 가지는 앞의 여섯 가지 감각으로 느낄 수 없는 것이다. 이것을 '있음'과 '없음'으로 표현하지만 있다는 것은 아무리 분해하고 분해해도 그것의 실체를 찾을 수 없고, 있지 않은 것은 처음부터 당연히 실체를 찾을 수 없다. 세상에 있는 것 가운데 어떤 것이든 아무리 추적해도 그것의 실체를 알 수 없는 이유는 일체의 만물은 모두가 여러 가지 물질의 집합이기 때문이며, 물질 역시 여러 가지 성분의 집합이기 때문이다. 또한 만물은 스스로의 성품이나 모습을 일정하게 유지하지 못한다. 생겨나서는 점점 허물어지며 마침내 흩어져 버리기 때문에 정체가 없고 그 실체를 알려해도 끝을 볼 수가 없다는 말이다.

그러므로 끝이 없이 이어지게 되는 것을 집착이라 한다. 이 집착으로써 얻어지는 것은 결국 아무것도 없어 결과는 모두 허망할 뿐이다. 고통이란 얻을 수 없는 것을 얻으려 하는 데서 나타난 것이고, 얻으려

하는 자기 또한 얻으려 하는 그것과 마찬가지로 속히 변해 허물어지고 사라져 버리기 때문이다.

그러므로 고통의 원인은 집착이었음을 깨달아야 한다. 그리고 집착할 대상이 없음 또한 깨달아야 한다. 현재의 생활 모든 것을 버리라는 것이 아니다. 단지 일체 모든 것은 실체를 세울 수 없는 것이며 곧 사라져 버리는 것이라는 사실을 깊이 알고 가자는 것이다. 그러면 당연히 바라는 바가 이루어지지 않더라도 크게 고통스러워하지 않게 된다.

그리고 이렇게 허망함이 우리의 현실이기 때문에 진실이 따로 있는 것도 아니며 사실이 멀리 있는 것도 아니다. 즉 현실을 바라보아 지금의 허망함을 이해한다면 더 이상 허망해질 수 없는 것이 또한 당연한 이치다. 이미 모두를 알고 있었고, 그다음 일까지도 알고 있다면 어떠한 일이라도 허망하거나 두려울 것이 있을 수 없지 않겠는가.

215

말세가 온다고 합니다

요즘 심심찮게 말세에 대한 이야기가 들립니다. 저는 아직 목표도 이루지 못했는데, 세상이 끝난다고 하니 너무 두렵습니다. 언제 말세가 올지 모르는 상황이라 불안한 마음에 일상생활도 즐겁지 않습니다. 만약 말세가 온다면 인간들이 없어지고 영혼 또한 소멸할까요?

모두가 허망한 사념

세월이란 보이는 것도 아니고 들리는 것도 아니기에 증명할 수도 없다. 단지 보이고 들리는 것들에 대한 생각이 움직인 만큼 시간이 흐른듯하게 느껴지는 것이다. 산천초목이 변화하여 사계절의 변화가 보이고 천둥과 빗소리가 들리고 아침을 알리는 참새 소리로 하루를 시작하고 피곤함을 전하는 하품 소리로 하루를 보내며 느끼는 것이 세월일 뿐 생각마저 사라진 수면 속에는 세월의 흔적을 찾을 길이 없다는 말이다. 그러므로 말세(末世)라는 뜻을 다시 생각해보아야 한다.

시간은 언제나 '지금'이다. 과거도 모두 '지금'을 지나쳐서 기억으로 간 사연을 말한다. 만약 사연이 없다면 과거도 없다. 일체의 추억이 없다면 기억상실증에 걸린 사람과 같을 것이고, 그렇다면 그 시절은 없는 것과 같기 때문이다. 그리고 미래란 항상 미래일 뿐 다가오면 지금이 되어 버리니 오직 관념 속에만 있는 이름이다. 이렇게 볼 때 과거나 미래는 생각속에만 존재하는 것이지 따로 있는 것이 아니고 또 과거나 미래가 없는 것이라면 세월이란 것도 관념일 뿐 실체가 없음을 알 수 있다. 그리고 과거나 미래를 생각하는 시간이란 바로 '지금'이기에 지금이라는 시간도 따로 있는 것이 아니라 단지 '생각하는 찰나'임을 알 수 있다. 만약 생각이 없다면 정신이 없는 무의식의 상태일 것이므로 시간을 느낀다는 것은 불가능하기 때문이다. 따라서 세월은 사실상 '지금'이라는 '생각'에만 있는 것이기에 실제로는 정지해 있다고 보아야 한다. 마치 자동차를 타고 달리면 땅이 뒤로 움직여가는 듯한 착각을 하듯이 자기의 생각이 굴러가기 때문에 세월이 움직여 과거로 가는 것과 같이 느껴질 뿐이다.

생각이란 과거, 현재, 미래의 대상인 육진(六塵-색깔, 소리, 냄새, 맛, 감촉, 뜻)과 그 대상을 느끼는 지금의 감각능력인 육근(六根-눈, 귀, 코, 입, 몸, 의미)이 만날 때만 생겨나는 환상과 같은 것이다. 바이올린의 줄과 활이 서로 비벼지며 나오는 소리처럼 눈과 색의 사이에서 보인다는 생각이 나오고 소리와 귀 사이에서는 들린다는 생각이 나온다. 그러므로 보인다는 생각이나 들린다는 생각은 중간에서 홀연히 나타난 환상이다. 이것이 곧 생각이다. 이것이 곧 '지금'이며 '실제적 세월'인 것이다.

생각은 찰나적으로 변화하는 육진을 따라 일어나고 사라진다. 그렇다면 그 출처는 어디였을까. 생각의 발상지는 어떤 상태였느냐는 말이다. 아침에 일어나면 세상인 육진과 감각능력인 육근이 만나게 된다. 그때 생각이 살아나게 되고 세월이 느껴지기 시작한다. 그러니 생각은 무념(無念)인 수면으로부터 생겨나게 되는 것임을 간단하게 느낄 수 있다. 생각의 근본은 무념이라는 말이다. 그러면 생각과 무념의 사이는 어떠한 상태일까. 잠이 든 상태도 아니고 생각이 굴러가는 상태도 아니다. 생각도 아니고 생각이 아닌 상태도 아니다. 비념비비념(非念非非念)의 상태가 곧 정념(正念)인 것이다. 즉 무념에서 정념, 그리고 사념으로 달려 나와 온갖 의미와 번뇌를 이루니 이 의미과 번뇌를 이름하여 말세중생(末世衆生)이라고 한다. 다시 말하면 무념의 반대편 끝[末]이 생각이고 이 생각이 굴러가는 시간을 세월[世]이라고 하니 말초신경에 닿아 있는 생각을 이름하여 곧 말세중생(末世衆生)이라고 이른다는 말이다.

그러나 시간이 일 초도 머물지 않고 알 수 없는 기억이라는 곳으로 사라지듯 그 시간을 따라 일체의 물질도 사라지며 변화한다. 일 초 전의 색깔이 사라지고 남은 색은 일 초 전보다 조금 더 바랜 색깔이다. 그러니 시간이 멈추지 않는 한 색깔은 항상 사라진다. 육진 모두가 시간을 따라 영영 사라지는 것이다. 그리고 그 사라지는 육진을 따라 생각이 구르지만 역시 생각도 시간을 따라 그때그때 사라진다. 아무것도 남는 것이 없다. 그런데 인간이란 과연 어디에, 어느 시간에, 어떤 형태로 남아 있을 수 있는가. 생각에만 존재하는 세월처럼 인간 또한 생각으로만 존재하는 것이며 이 생각도 사라지니 결국은 인간이라는 실체는 없었음을 깨달아야 한다. 그러니 말세나 인간이란 허망한 오해로 인한 어리석은 생각에만 들어 있는 이름이고, 생각만은 존재하는 것처럼 착각하는 그 착각에만 남아 있는 또 하나의 관념일 뿐이다. 이렇게 생각으로 이어지는 세상과 세월, 그리고 몸과 마음, 이 모든 것은 어느 날 한꺼번에 사라지는 것이 아니고 항상 찰나마다 사라지는 환상이었다. 그리고 그러함을 이렇게 깨닫고 있는 정념은 절대 사라지지 않음을 깨달아야 한다. 왜냐하면 정념의 본성은 무심(無心)이고 무심이란 없음으로 이루어진 마음이라는 뜻으로, 더 이상 사라질 수도 없는 것이기에 무심에서 드러나는 정념도 사라질 수 없는 것이다. 단지 정념이 오해를 하면 사념이 되고 사념은 생멸법을 따르니 이 사념만이 항상 사라진다는 것을 깨달아야 한다.

무념에서 나온 생각이라서 그 생각의 재질도 공하므로 사라져도 사라지는 것이 없는 것을 이름하면 '인간(人間)의 영혼(靈魂)'이라고 할 수 있을 것이다. 그러나 인간이 있다고 생각하는 영혼은 말 그대로 어리석은 정신이기에 혼이라고 하고, 일체가 오직 정신의 깨달음[覺]뿐임을 증득(證得)한 정신은 그대로 '깨달음'이라고 한다. 온 우주가 모두 깨달음일 뿐이기에 이 정신을 원각(圓覺)이라고 부른다. 여기에는 시작, 끝, 생겨남, 사라짐, 앞, 뒤, 있음, 없음, 모임, 흩어짐, 일어남, 멈춤, 자전, 공전, 오고 감, 갖고 버림이 환상처럼 항상 드러나게 되니 꿈과 조금도 다르지 않다. 그러므로 스스로의 생각을 멈추어 보지 않고는 일체의 염려가 공연한 헛수고였음을 깨닫기는 불가능하다[不可思議]. 생각이 있으면 자연히 생사와 염려가 따르기 때문이다. 머리를 흔들면 세상이 흔들리는 것처럼 느껴지듯…

무엇이 정법(正法)인가요?

마음 공부를 하려고 여러 곳을 찾아다니던 중 공통적으로 하는 이야기가 있었습니다. 바로 '정법'이라는 말이었습니다. 마음을 내려놓으라는 곳, 마음을 고요히 하라는 곳, 기도를 열심히 하면 부처님께서 응답하실 거라는 곳, 온 마음을 다해 108배를 하면 3000배까지 할 필요도 없다는 곳… 모두가 정법이라고 하니 그저 끌리는 곳에서 열심히 수행해볼까 하는 마음도 듭니다.

도각사에서 공부하시는 분들을 보면 한 분의 스승님 아래에서 하나의 방향으로 가고 있다는 느낌이 듭니다. 저도 여기서 공부하면 스승님이라고 해도 될까요? 올바른 방향을 알려주셨으면 좋겠습니다.

정법과 선지식

정법(正法)이란 마음을 찾는 것도 아니고 마음을 내려놓는 것도 아니며 마음을 고요히 하는 것도 아니다. 또한 기도를 하는 것도 아니고 뜻도 모른 채 불경을 읽어대거나 108배, 3000배를 하는 것도 아니며 아무런 생각도 없이 그저 다리 꼬고 앉아 참선을 하는 것도 아니다. '이렇게 수행하라'라고 한다면 이미 정법을 벗어난 것이다. 왜냐하면 불경에서 드러내는 석가모니부처님의 말씀은 '본래 일체가 공하며 마음의 모습이란 어떤 것도 아닌 것으로 이루어졌으므로 무심(無心)이며 무아(無我)라고 한다'라고 분명히 명시되었기 때문이다.

없는 물질이고 없는 마음인데 이 마음으로 무엇을 하려 한다면 이미 근본적 실제에서 벗어난 일이 어찌 아니겠는가. 일체세계(물질계)와 일체중생(정신계)이 둘이 아님을 확연하게 알려주는 것을 정법이라고 한다. 과거와 미래가 현재와 다르지 않음을 깨닫게 하고 자타(自他)가 동등(同等)하며 유무(有無)가 평등(平等)하고 동정(動靜)과 생사(生死)가 둘이 아니어서[不二] 오직 열반(涅槃)만이 존재하고 있음을 깨달을 수 있게 자세히 안내하는 것이 정법을 펴는 것이다. 즉 중생의 고통스러운 마음을 버리거나 바꾸려는 어리석음 없이 그대로 깨달음과 하나가 되도록 해주어야 스승이라고 할 수 있다는 말이다. 아무리 고통스러워도 그 마음마저 존재하는 것이 아니고 오직 생각에만 느껴지는 환상이기 때문이다.

IMMORTALITY 불멸3

그러므로 내생(來生)을 위해 도를 닦으라고 하는 자도 외도(外道)며 무엇을 위하여 도를 수행하려는 자도 외도이고, 본래 찾을 수 없는 마음인 것을 찾으라고 하여 허망한 번뇌의 시간을 보내게 하는 자도 외도다. 마음이라는 것은 공하여 절대 볼 수도 없고 알 수도 없으며 생각으로 도달할 수도 없는 것임을 알려주신 석가모니부처님의 말씀이 곧 '불가사의(不可思議)'라는 말씀이셨다. 그런데 어떻게 내려놓을 수 있으며 고요하게 할 수 있겠는가. 만약 이 말이 이해가 가지 않는다면 '지금 이 글을 읽는 자라고 할 수 있는 마음'이나 '정신' 또는 '생각'을 당장에 소승의 앞에 내놓아 보라. 내놓을 수 없다면 내려놓거나 고요하게 할 수도 없다는 말을 이해할 것이다.

방편을 펴는 선지식에 의하여 함께 편안해질 수 있게 되는 것이 정법의 길이다. 어린아이가 마음을 내려놓으려 해서 잠드는 것이 아니라 어머니의 자장가를 들으며 저절로 마음이 놓여 잠이 드는 것과 같다. 그리고 이 모든 세계가 오직 깨달음[圓覺]뿐임을 이해시켜주는 것이 스승으로서의 정법이니 물질과 마음이 모두 '나'라고 하는 '깨달음' 속에 있는 환상임을 알려주어야 하는 것이다. 또한 세월도 역시 자기의 '깨달음'임을 가리켜 주되 오직 '지금'임을 알려주고 지금만이 온 우주와 삶이 들어 있는 시간이므로 이 찰나의 시간이 곧 삼천대천세계임을 알려주며 수천억만 겁이 흘러도 변치 않는 시간임을 알려주어야 한다. 아무리 오래전의 일이라도 '지금' 생각하는 것이며 미래의 일이라 할지라도 '지금' 상상하는 것이기 때문이다. 이렇게 '한 티끌과 다름없는 찰나' 속에 펼쳐진 광대무변한 능력[妙法]을 깨닫도록 해주지 못하는 자라면 믿고 따를 이유가 없다. 정법이란 '지금인 깨달음의 무궁무진한 능력'이므로 이것을 명확하게 설하는 자를 올바른 스승이라고 해야 함을 알아야 한다.

217

아는 것과 깨닫는 것의 차이

아는 것과 깨닫는 것의 차이가 무엇일까요? 아는 것은 단순히 문자를 보고 이해하여 기억속에 집어넣는 것이고, 깨달음은 자기 안에서 깨우침을 얻어 탁 트이는 것입니까? 불교를 배워도 고통이 사라지지 않으면 그것은 아는 것이고, 하나하나 글자를 익혀가며 가슴으로 느끼는 것이 깨닫는 것입니까? 체득이라는 말과 비슷한 의미가 아닐까 예측해봅니다.

체득

알고, 느끼고, 인식하고, 감수하는 일체의 일이 바로 '깨달음'의 일이다. 그러므로 '삶' 자체를 '깨달음'이라고 해야 한다. 깨달음이란 말 그대로 깨달아지는 현상을 의미하므로 이해를 하든 오해를 하든, 강하게 느끼든 약하게 느끼든 이 모두가 깨달음의 작동이다. 그리고 남에 의해 깨달음이 생기든 스스로에 의해 깨달음이 생기든 단지 남과 나라는 것만 다를 뿐 그 역시 똑같은 깨달음의 작동이다. 정신이 깨어나면 그것이 깨달음의 작용이고 정신이 깨어있는 시간을 생활이라고 하니 정신활동이 있는 삶 자체를 깨달음이라고 해야 한다.

안다는 것에는 이해와 오해가 섞일 수 있다. 그러나 '앎[知]'이라는 정신활동을 일으켜주는 '깨달음' 자체에는 이해나 오해가 있을 수 없다. 그리고 허공인 원소의 화합 현상을 물질이라고 알든 육신이라고 알든 그 내용에 상관없이 깨달음이 드러내는 알음알이 가운데의 하나일 뿐이다. 물질의 실체가 있는 것으로 착각한 것도 깨달음에서 나온 정신활동이니 물질 또한 깨달음에서 드러나는 것임을 알아야 한다. 마치 허공에는 아무런 색도 없지만 허공에서 무지개가 생겨나는 것과 같다. 그러므로 '깨달음'은 물리와 심리의 근원이고 물질과 정신의 근원이니 만유의 근본이라는 것이다.

이러함을 알고 있는 스승을 만나 깨달음이 자기였음을 알고 '아는 작용[知力]'에서 벗어나 지력(知力)의 본원(本源)이며 지력의 근원인 원각에 합일된다면 원각과 수순하는 여래라고 할 수 있다. 즉 깨달음이 깨달음을 깨달으니 깨달음과 비로소 하나가 된다는 말이다.

거울은 항상 세상을 비추므로 거울 속에는 세상의 모습이 항상 있게 된다. 그러므로 거울이 자신의 모습을 알지 못하다가 자기의 모습을 알게 된 다른 거울을 만나 서로 마주한다면 비로소 세상의 모습이 없는 거울 자체만을 비춰보게 될 것이다. 이래야만 거울이 거울에 의하여 스스로의 본 모습을 깨닫게 될 수 있다. 이와 같은 법칙으로 중생이 중생의 본래 모습인 부처를 깨달을 수도 있게 된다는 말이다. 그러고 나서 '깨달음'인 스스로가 스스로에게 본래 갖추어져 있었던 '지력'을 다시 변화시켜 발생시키면 이를 '보살행(菩薩行)'이라고 하고 무애도인(無礙道人)이라고 한다.

이러한 과정, 즉 물질과 마음을 지력으로써 오해하여 그 사이에서 번뇌하는 일체중생을 돌이켜 원각과 합일케 하고 그로써 생사를 벗어나게 하며 온 우주가 스스로의 능력임을 실감케 한 후 지력을 도구 삼아 자유자재한 길을 갈 수 있게 되는 과정을 이름하여 불도수행(佛道修行)이라고 한다.

물론 '도각사'는 불도(佛道)를 수행(修行)하는 도량(道場)이지만 스스로의 생각에 의해 일체중생으로 가지가지 길이 갈라질 수밖에 없다. 같은 글을 보고도 수없는 견해가 생길 수 있으니 반드시 찾아와 가는 길을 점검받는다면 근기에 관계없이 반드시 깨닫게 될 수 있음을 장

담한다. 즉 삶의 막막함과 죽음의 공포인 생사의 고통을 벗어나 완전
히 편안하고 날듯이 가벼운 삶을 즐길 수 있게 됨을 장담한다는 말이
다.

천성은 가지고 태어나는 건가요?

어른들이 '저 아이는 천성이 참 착해'라는 표현을 쓰시잖아요. 성격이 좋다는 말과는 조금 느낌이 다른 것 같습니다. 천성은 내가 이미 가지고 태어나는 것이니 변할 수도 없는 것일까요? 성격이 절대 바뀌지 않는다는 말이 천성을 가리키는 것 같기도 합니다. 천성의 뜻을 어떻게 생각하시는지 궁금합니다.

천성과 선천성, 그리고 본성

　　천성(天性)이란 일체중생의 본성(本性)이고 본성이란 선천적(先天的)으로 타고난 성품을 말함이다. 또 선천이란 지금의 모습이 어떠하든 이 모습을 갖기 전의 모습은 모두가 하늘이었다는 의미다. 그러므로 모든 중생의 형상과 성질이 각각으로 드러나지만, 그 근원의 성품은 하늘이었다는 말이기에 선천이라는 말과 천성이라는 말은 같은 말이며 모두가 본성은 하늘이라고 하는 것임을 알 수 있다. 그러나 중생 스스로가 그러한 이치를 모르기에 작은 육신을 자기로 삼은 채 초라하게 사고하고 비굴하게 스스로를 인정함으로써 작은 소망을 가지고 다툰다. 심지어는 죽을 수 없는 하늘의 본성을 깨닫지 못하기에 끊임없이 죽고 살며 윤회하게 된다.

석가모니부처님께서도 출가 이전에 사문(四門)을 유관(遊觀)하시며 처음 알게 된 생사의 모습을 보시고 큰 허망함을 느끼셨기에 생사를 해결하려고 처자식과 부모를 뒤로하고 성(城)을 뛰어넘으셨다. 그 아무리 진지하게 사랑하고 행복했다고 하더라도 이 모든 의미가 죽음 앞에서는 물거품으로 돌아가니 죽음을 전제하고 본다면 과연 이 삶이라는 것이 얼마나 허망한 일이며 부질없는 일이겠는가. 잠시 후면 죽어야 하는 개가 그러한 인간들의 의도를 모른 채 인간에게 꼬리 치고 밥을 태연히 먹고 있음을 보면 얼마나 참담한 마음이 드는가 말이다. 인간의 삶도 그것과 하나 다름이 없다.

곧 죽을 사람임을 모르기에 미워하고 사랑하고 기대하며 다그치기도 했지만, 찰나에 예고도 없이 사라지게 되면 얼마나 황당한가. 그러나 원망도 할 수 없으며 되돌이킬 수도 없고 다시 만날 가망도 없기에 재회의 약속도 못하고 그저 잊어야 하는 것이 삶이다. 이 죽음이 없다면 다툼이나 조급함과 두려움, 나아가 일체의 슬픔이 있을 수 없게 된다. 영원히 산다면 잃어버리는 슬픔도 있을 수 없다. 언젠가는 반드시 얻을 수 있게 되기 때문이다. 그러나 죽어야 한다면 죽기 전에 가져 보아야 한다는 생각에 악착같이 노력을 하게 되지만 이 또한 얼마나 허무한 일인가. 아무리 좋은 것을 가진다 할지라도 이룰 수 없는 처절한 미련만 남을 뿐이다.

그러므로 이 삶에 있어 생사를 해결하는 것보다 더 중요한 일은 생사가 본래 있을 수 없다는 사실을 확실히 깨닫는 것이다. 그러나 누구든 이것을 해결하려 들지는 않는다. 무조건 해결할 수 없는 일이라고 생각하고 오직 살아 있는 동안 무엇이든 이루려 하고, 행복해 보려 악착같이 발버둥을 치다 인생을 마감한다. 항상 죽음을 저변에 깔고 살아가면서 어찌 진정한 행복이 있을 수 있겠는가. 누구나 매 찰나 죽음의 그림자를 바라보기에 깜짝깜짝 놀라는 습관이 있는 것 아닌가. 정말 비참하고 아슬아슬한 것이 삶이다. 그러나 석가모니부처님께서는 그 목적을 달성하신 것뿐만 아니라 그 사실을 인정할 수밖에 없는 설명과 생사에서 벗어나는 방법까지 남겨놓으셨다. 그것이 바로 불경이며 한국에도 '고려대장경'이라는 이름으로 남아 있다. 이 많은 분량의 경전에 들어 있는 내용은 모두가 생사를 벗어남으로써 얻어지게 되는 해탈의 마음을 설명한 것이고, 이미 생사가 없는 것이 삶이었음을 표현하는 열반의 모습을 드러내는 것이다. 그리고 일체중생 누구든 차별 없이 본래 죽음이라는 것과는 상관도 없었음을 깨닫게 해주신다. 즉 죽지 않는 방법이 있는 것이 아니고 본래 죽음이라는 것은 있을 수 없었다는 사실을, 진실을 알려주신다는 말이다. 그러니 해탈하고 생사를 초월하며 비참한 삶을 벗어나고 악한 소행을 던져 버리는 것이 과연 어려운 일이겠는가.

죽고 사는 것은 물질과 정신이 모여 있거나 흩어지는 것을 보고 하는 말이다. 몸이 흩어져도 죽은 것이고, 몸은 그대로 있지만 정신이 몸에서 떨어져 나가도 역시 죽은 것이다. 그러니 항상 물질이 합해져서 몸을 제대로 이루어야 하고 거기에 정신도 제대로 갖추어져 몸과 어우러져야 살아 있다고 할 수 있다. 그러나 만약 물질이 실제로 있는 것이 아니고 그러므로 몸도 실제로 있는 것이 아니며 정신도 실제로 존재하는 것이 아니고 마치 꿈에서처럼 임시로 있는 듯이 착각된 것이라면 과연 생사를 무엇이라고 해야 할까. 모두가 실체가 없이 착각에 의한 신기루와 같은 것이라면 죽음이나 삶이라는 것도 역시 신기루와 다를 바가 없다. 그렇게 된다면 비로소 죽음의 공포에서 처음으로 벗어나 보는 것이며 악한 마음을 던지고 조급하거나 처절하여 초라한 소인배의 마음에서 해방되는 것이다. 말 그대로 자유자재와 불생불멸이 실현되며 생사 탈출이 이루어지니 해탈감이 무엇인지 절감하게 된다.

물질은 본성이 원소라는 것은 누구나 알게 되었다. 이미 화학기호를 제시함으로써 증명했다. 원소라는 것을 쉽게 표현하면 물질의 근본적 재질이라는 말이지만 그 견본을 보여줄 수는 없는 것이므로 기호로 표현했다. 곧 허공 속에 들어 있는 찰나의 성질이라는 말이다. 물질이 녹아 흩어지면 원소가 되고 원소가 모이면 물질이 되니 물질이 산화(酸化-부식)되거나 소화(燒火-태워져)되어 사라지면 허공이 되고 허공이 모이면 물질이 되는 것이었다. 그러니 물질의 본성은 허공이고 이 말을 바꾸면 물질의 선천적인 면은 천성이었다는 말이 된다. 즉 물질을 이루기 이전은 하늘이었으니[先天] 본성이 곧 하늘[天性]이라는 말이 되는 것이다. 반드시 과학이 아니어도 물질의 본성이 허공이라는 것은 수도 없이 주위에서 확인할 수 있다. 물질은 부서지는 성질이 있다. 끝도 없이 잘게 부서진다. 그렇게 부서지면 결국 무엇이 되겠는가. 이 사실만 보아도 물질은 본래 허공이었고 허공이 모여서 이루어진 것이므로 허공으로 돌아가는 것임을 깨달을 수 있다.

또 물질의 특성은 여섯 가지로 나뉜다. 육진(六塵), 즉 색깔, 소리, 냄새, 맛, 감촉, 뜻을 말하는 것이다. 그러나 이 여섯 가지 티끌도 감각에 느껴지기만 할 뿐 그 실체는 구할 수 없다. 꽃을 놓아두고 어떻게 색깔만 가져갈 수 있겠으며 촉감만 가져갈 수 있겠는가. 이 허망한 육진이 합해진 것이 꽃이니 역시 꽃도 감각에만 느껴지는 것이지 그 실체는 허공과 같다는 것을 이미 알려주고 있었다. 그러므로 물질로 이루어진 우리의 육신도 육신을 이루기 이전은 하늘인 허공이며 허공인 하늘이 모여서 육신을 이루었다는 사실을 알 수 있다. 물은 아무리 모아도 물이듯이 허공 역시 아무리 모아도 허공이니 일체의 물질과 육신은 모두 허공이었다. 단지 그 물질을 느끼는 감각에만 실체가 있는 것처럼 착각될 뿐이라는 사실을 깨달아야 한다. 마치 꿈에서의 모든 것은 환상이지만 그것이 정신의 감각능력에는 실제로 느껴지는 바람에 실감 나게 고생하는 것처럼.

감각은 정신이 없으면 사라지는 것이다. 정신의 능력 가운데 하나가 감각능력이었다. 그리고 정신은 허공과 같이 물질이 아니다. 허공은 보이지 않지만 움직임은 있다. 대류 현상이나 물질의 움직임으로 일어나는 바람이 그저 텅-빈 허공이 아님을 증명해준다. 그러하듯 정신도 보이지 않고 만져지지 않지만, 생각을 하는 작용이 있으니 텅-빈 것만은 아님을 알 수 있다.

이러하다면 육신도 허공, 정신도 허공이니 이 두 허공이 화합되어 살고 있었다는 말이 된다. 그러나 '허공이 산다'라고 하면 말이 되는가. 허공은 살거나 죽는 것이 아니다. 그저 허공이 변화되어 무지개처럼 육신을 드러내고 바람처럼 생각을 지어내는 것이니 이것은 환상일 뿐이다. 환상은 꿈이라고 하는 것이 옳다. 그리고 꿈에서 죽고 사는 것은 죽고 사는 형태만 있을 뿐이지 실제로 죽고 사는 것이 아니다. 이것을 깊이 깨닫는 과정을 이름하여 불도수행이라고 한다. 즉 착각함으로써 불행했던 삶을 깊이 사유하고 과학을 능가하는 관찰력으로 분석하여 불생불멸(不生不滅)이었음을 깨닫고 오해로 생겨난 생사에서 벗어나 해탈을 얻고 자유자재한 성현(聖賢)의 마음이 되어 삶을 즐기는 것이 곧 불도수행이고 도(道)를 닦음이며 진리(眞理)를 공부함이다.

지금까지의 이 말은 지어내거나 예를 든 것이 아니고 실제 상황을 기본적인 정도만 표현한 것이다. 이 말을 듣고 놀라거나 두려워하거나 도망치지 않을 수 있다면 불경의 말씀이 서서히 가슴에 새겨지게 될 것이고 머지않아 세상에서는 얻을 수 없는 행복을 얻게 될 것이다. 왜냐하면, 도를 닦아 얻어지는 행복은 세상의 행복이 아니고 천상(天上)의 행복이며 바로 이곳이 세상이 아니고 천상으로 보이게 되기 때문이다. 이 눈을 가지게 되면 '혜안(慧眼)'이 열렸다고 이름한다. 이제 일체중생의 본래 모습이 보이고 일체 물질의 본래 모습이 보이니 곧 천성이 보이게 되는 것이다. 어떤 악한 자라고 하거나 어떤 물질이라고 하더라도 그 천성은 참으로 곱다. 허공이기 때문이다. 아무리 악한 짐승도, 악한 마음도 그 본성은 이미 천성이기에 아름다운 것이다. 모두가 이 사실을 알면 더는 악할 이유가 없어지고 더는 어리석은 짓을 할 일이 없어지게 된다. 그리고 언젠가는 흩어져야 할 환상의 무지개와 같은 몸이지만 반드시 다시 만들기 위해 흩어지는 것임을 알며 또한 두려울 일이 없음을 알기에 흩어지기 전까지 조금도 비굴하거나 초라하게 살 일이 없다. 본래 생사가 없는 허공의 영원한 작용이기 때문이고 이것을 깨닫고 해탈을 이룬 정신은 본래 환상도 아니기 때문이며 본래 흩어질 수도 없이 영원히 공하기 때문이다. 다만 환상의 옷, 즉 마음의 옷인 육신만 바꿀 뿐이다.

이미 버릴 수도 없는 환상

석가모니부처님 법은 진실한 시간 속에 있는 실제(實際)를 말하는 것이므로 '지금'의 이 법을 '불법'이라 함을 알아야 한다. 이 지금을 빼고 나면 아무것도 없다. 과거도 지금 속에서 생각하고, 미래도 지금 속에서 생각하기 때문이다.

지금이란 찰나이니 지금 속에 들어 있는 모든 것은 실체가 없이 변화하는 것이므로 집착하려 해도 어느새 사라지는 것이라서 집착할 수 없는 것들이다. 그러므로 모든 경(經)에 이르기를 '이 세상의 모든 법은 머무는 것이 아니므로 집착할 만한 것이 될 수 없다'라고 하시며 집착이라는 말도 단지 이름일 뿐 그 실체가 없는 마음의 분별력이라고 하셨다.

다시 말하면 '이것은 옳지 못하니 그것을 버리라' 하고 말씀하시는 것이 아니라 이 세상의 모든 법이 꿈과 같음을 증명할 뿐이다. 그리고 이 꿈을 버리고 나면 아무 것도 있을 수 없으니 진실도, 진리도, 불법도, 해탈도, 열반도 모두 꿈으로 이루어졌다는 사실만 알면 되는 것이다.

그러면 무슨 행을 하든 모두가 허망한 꿈의 행이므로 아란나 행이라고 하는 것이며 아란나 행이란 삼독이 사라진 행을 말한다. 겉으로는 같은 행일지라도 깨달음으로 보면 하나는 분명히 꿈이라는 것을 알고 부담 없이 행하는 것이고, 하나는 꿈임을 모르기에 억척스러운 마음이 되었으니 꿈을 즐길 수 있는 마음이 아닌 것이다.

꿈을 즐기라.

이것이 수행이다.

이 세상은 이미 버릴 수도 없는 환상이다.

무엇을 버리려 한다는 것은

미련을 못 버린 것이 되니

그저 편안하게 바라볼 뿐이다.

219

심각함이 사라지니 죄책감이 듭니다

요즘 큰스님의 글을 읽으며 하루를 시작하고, 자기 전에도 큰스님의 글로 마무리를 합니다. 법문을 읽으면 읽을수록 마음이 가벼워지는 느낌이 들면서도 한편에서는 죄책감 같은 것이 떠오릅니다. 아픈 아버지를 보면서 예전과 같은 심각함이 사라졌기 때문입니다. 자식으로서 이래도 되나 하는 생각이 듭니다. 불법과 현실은 너무도 다른 세상인 것 같습니다. 제자리로 돌아올 수 있게 일침을 주십시오.

꿈속의 이름들

인간이란 육신과 마음의 화합이다. 육신은 원소라는 허공의 화합이되 찰나마다 깜빡이는 형광등의 불빛과 다름없어 끊임없이 변화하니 그 실체가 없다. 변화한 것은 사라지고, 또다시 생겨나 변화하지만 즉시 사라지는 육진의 생멸이다. 그러므로 항상 남음이 없다가 어느덧 생겨남마저 끝나면 자취조차 없게 된다. 이것이 물질이고, 육신이다.

그리고 마음이라고 이름하기는 하지만 그 마음이란 태어나서 학습한 일체의 기억을 빼고 나면 자기라는 개념마저 사라지는 것이니 오직 추억의 뭉치일 뿐이다. 그리고 추억이란 이미 지나간 것이기에 없어진 것이고 본래 생각이 지나간 것일 뿐이었으니 처음부터 '있는 것'이 아닌 꿈같은 것이었다.

항상 남음이 없이 사라지는 물질과 본래 있는 것이 아니었던 기억의 화합이 인간이니 아버지 역시 실체가 없다. 인생이 있다고 한다면 인간이 있다고 믿는 어리석음을 벗어나지 못한 것이고, 운명도 있다고 할 것이니 역시 어리석음을 벗어나지 못한 것이다. 아버지든 자식이든 사랑이든 미움이든 인생이든 운명이든 모두가 실체 없는 이름들일 뿐이다. 하지만 이 이름을 지어내는 정신은 이 이름도 아니니 이름마저 붙이기 어렵다.

이 불가사의한 정신이 지어내는 흐름이란 곧 꿈일 뿐이니 아무런 의미가 없는 것이지만 의미를 부여해도 무방하다. 그러나 어떤 의미도 실체가 없고 남음이 없이 세월 따라 흘러 사라지니 공연한 헛수고에 불과함을 잊지 말아야 할 것이다.

만약 불도가 냉정하다고 한다면 그것은 '3 곱하기 7은 21'이 냉정하다고 하는 것과 같다. 인생은 법칙으로 이루어졌고, 그 법칙에는 본래 정(情)이 없다. 단지 의미를 지어 정을 넣을 수 있는 법칙이 허공처럼 있을 뿐이다. 그러나 그 역시 공연한 헛수고에 불과함을 깨달아야 한다.

생활 자체가 계율을 어기는 것 아닌가요?

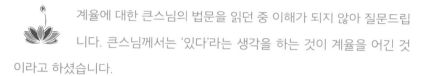

계율에 대한 큰스님의 법문을 읽던 중 이해가 되지 않아 질문드립니다. 큰스님께서는 '있다'라는 생각을 하는 것이 계율을 어긴 것이라고 하셨습니다.

선사들은 배고프면 먹고 졸리면 자는 것 그대로가 깨달음이라고 합니다. 그런데 배고프면 먹고 졸리면 자는 것이나 행주좌와 어묵동정 모두가 없는 것을 있다고 느낀 것 아닌가요? 그렇다면 우리의 모든 생활이 계율을 어긴 것이라 생각합니다. 제대로 이해한 것인지 모르겠습니다.

깨달은 자의 자비

문화재를 빌미로 나라의 돈을 받아 먹고사는 스님들이나 삿된 거짓말로 죽은 조상들을 들먹여 중생을 겁주고 각종 재를 지내 호의호식하는 스님들에게나 있을 법한 말이다. 묵은 땅 빌려 산허리에 불 놓아 화전 밭을 일구며 하루는 일하고 하루는 탁발 나가 겉보리라도 얻어 와야 수행을 이어갈 수 있는 스님들과 하루 벌어 하루 먹는 세간의 중생이 어찌 졸음 때문에 일을 하지 않을 수 있겠는가.

인간의 모습을 하고 인간의 덕을 가지고 살아간다는 것은 짐승들과 다른 면이 있다. 그것은 이번 생의 부귀영화만을 위하는 것이 아니고 지혜를 더욱 갈고 닦아 일체중생의 고통을 제거하고 생사의 실체를 발견하여 생애를 자유롭게 누리려고 하는 데 있을 것이다. 그렇지 않고 배고프면 밥 먹고 졸리면 잠자면서 지낸다면 짐승과 무엇이 다른가. 이 말을 하는 자는 가난이 무엇인지도 모르고 인간이 가야 할 길도 모르며 더구나 '깨달음'이 무엇인지는 더욱 모르는 자가 분명하다. 깨달음이란 자기라고 할 수 있는 마음과 우주라고 할 수 있는 물질의 실체를 모두 통달하여 더 이상 궁금함이 있을 수 없는 '구족된 지혜'를 말한다. 또한 깨달음의 결과를 표현하여 말한다면 '생사를 초월하여 윤회를 벗어나는 것'이다. 생사윤회를 벗어나려면 몸과 마음이 사라져야만 이루어질 수 있다. 물론 무장무애(無障無礙)한 자유인이 되고자 해도 당연히 몸과 마음이 사라지지 않으면 이룰 수 없다. 죽어야 할 몸을 가지고 있다면 어찌 두려움이 사라지고 생사에 걸림이 없어질 수 있겠는가.

심신(心身)이 사라지려면 두 가지 방법이 있다. 하나는 중생이 생각하는 자살, 그리고 다른 하나는 심신을 그대로 둔 채 심신이 없다고 느끼는 방법이다. 그러나 자살을 하더라도 나흘을 못 지나 다시 자기가 생겨난다. 즉 중음계(中陰界)에서 중음신(中陰身)을 얻어 본성을 보고 그로부터 쫓겨 다니는 내가 생겨난다는 말이다. 그러니 죽은 것이 아니고 심신이 사라진 것도 아니며 죽음의 두려움에서 벗어난 것도 아니다. 또한 심신을 놓아두고 아무리 스스로가 몸이 없다고 생각하며 그렇게 믿어지도록 노력한다고 해도 오히려 '몸이 없다고 생각하자'라는 생각만 더 늘어나고 몸에 대한 생각은 끊어질 수 없을 것이다. 좌선한다고 다리를 꼬고 앉으면 괜히 가렵지도 않던 얼굴도 가려워지고 몸도 아픈 것 같고 생각도 더 많아지는 것을 경험할 수 있다. 몸이 없다는 생각속에는 이미 몸이 있으니 없다고 생각하자는 의도가 들어 있고, 그 의도 속에는 몸이 있다는 믿음이 가장 크게 자리를 잡고 있기에 그 생각으로부터 절대 자유로울 수 없음을 알아야 한다. 배고픔을 잊자고 생각하면 할수록 허기에 대한 생각이 떠오르고 배고픔은 더욱더 강하게 느껴지는 것과 다름없다. 그러므로 실제로 이 상황과 부딪쳐보면 몸을 잊으려고 하는 생각이 얼마나 어리석은 일이었는지 통감할 것이다.

인간의 믿음은 이해에서 온다. 생사도 그 이해의 능력으로 하여금 믿어지게 된 것이다. 없던 아이가 태어나는 것을 보고 탄생이 있다고 믿었고, 움직이던 사람이 움직이지 않고 숨도 맥박도 끊어진 것을 보고 죽음이 있다고 믿게 되었다.

그러므로 생사를 초월하는 것도 오직 깊은 이해를 통해 벗어나야 하는 길밖에 없다. 올바른 수행이란 오직 '진리'를 깨우치는 것이다. 진리란 삼라만상과 삼천대천세계를 드러내면서도 정작 그 자체는 보이거나 만져지지 않는 '이치'를 말한다. 몸은 만져지고 보이지만 몸이 만들어지는 이치는 확인하기가 어렵다. 아니, 감각을 통해서는 확인이 불가능한 일이다. 그러므로 진리란 지혜로서 캐내야 한다. 이 지혜는 배고프면 밥 먹고 졸리면 잠자는 그런 인간이나 축생에게는 없는 것이다. 있어도 없는 것과 마찬가지다. 물론 다 깨달았기에 배고프면 밥 먹고 졸리면 잠잔다는 표현을 했다고 생각할 수 있겠지만 실제로 깨닫는다면 절대 그렇게 될 수 없음을 알아야 한다.

우선 깨달은 자가 되면 범부일 때는 숨겨져 있던 '자비(慈悲)'가 저절로 드러난다. 그러므로 배고프면 밥 먹고 졸리면 잠을 자는 나태한 마음이 있을 수 없게 된다. 자비심이란 죽을 수 없는 존재가 죽는다고 착각하여 황당하게 고통을 받고 있음을 보면서 일어나는 안타까운 마음을 말하는 것이고, 깨달음이란 일체중생이 이미 생사에서 벗어났음을 알아차린 지혜를 말하는 것이다. 그러니 깨달았다면 어찌 중생을 외면하고 가만히 앉아 보고 있을 수가 있으며 배고프면 밥 먹고 졸리면 잠잘 수 있겠는가. 또한 생사에서 벗어난 깨달음으로 하여금 환희에 젖어 오히려 잠을 자지 않아도 행복하고, 밥을 먹지 않아도 배고픔을 잊을 지경이 되는데 어찌 배고프면 밥 먹고 졸리면 잠만 자겠는가. 정말 죽지 않게 되었는데 잠이 오겠는가 말이다. 그러니 그 말은 진정한 깨달음이 무엇인지도 모르는 자들이 한 소리일 수밖에 없다. 그러므로 '도각사'에서는 선종의 모든 것을 정중히 사양한다. 선시나 화두, 격외구 등 모든 선풍(禪風)을 인정하지 않고 오직 불경의 내용만을 수행의 지표로 삼는 것이다. 선종의 시조인 달마도 불경으로 공부했고, 중국으로 건너올 때도 불경을 들고 오지 않았는가.

무엇을 어떻게 믿었기에 죽음이 있게 되었는가. 일체의 음식은 죽어 있는 것이고 만약 산 것을 먹어도 몸 안으로 들어가면 곧 죽게 된다. 또 그렇게 되어야 분해되어 피와 살이 되는 음식으로 인정되는 것이다. 뱃속에서도 죽지 않는다면 누가 음식이라고 하겠는가. 이 죽은 음식이 쌓인 것이 곧 육신이다. 음식이 소화되면 똥을 이루고 그 양분을 빨아들여 피와 살을 만들게 되니 육신이란 어느 면으로 보면 '죽은 음식이 썩은 똥자루'라는 것을 인정하지 않을 수 없다. 이렇게 몸 자체는 살아 있는 것이 아니지만 단지 정신이 합해져 있기에 살아 있다고 말한다. 따라서 본래 살아 있지 않은 몸이 다시 죽는다고 하는 것은 이치에 맞지 않는 말이다.

그리고 정신이란 육신과는 반대로 감각으로 확인할 수 없는 것이다. 육신은 보이고 만져지지만 정신은 절대 오관으로는 확인할 수 없으니 물질도 아니고 물론 죽거나 사는 것도 아니다. 허공과 같은데 어찌 산다고 하고 죽는다고 할 수 있겠는가. 이렇게 보면 몸이든 정신이든 모두가 사는 것도 아니고 죽는 것도 아니었음을 금방 깨달을 수 있다. 그러나 거칠게 생각하여 몸에서 마음이 빠져나가면 죽었다고 착각하여 슬퍼하기만 했던 것이다. 몸에서 마음이 빠져나가는 이유는 몸이 망가져서 더 이상 끌고 다닐 수 없어졌기에 다른 몸을 얻으려고 자연적으로 이루어진 법칙이다.

또 다른 면으로 생사 없음을 확인해보자. 물질은 그 본질이 원소이고 원소는 허공을 말한다. 그러므로 모든 것은 차차로 사라져 본래의 자리인 허공으로 돌아간다. 그리고 다시 허공을 재료로 생겨난다. 아무리 거대한 나무가 자라도 그 나무 주변의 흙이 줄어들지는 않는다. 그리고 그것이 다시 썩으면 한 줌의 흙이 되기도 한다. 그러니 그 나머지는 무엇이었다는 말인가. 허공 속에 있는 수분과 열, 그리고 바람이었던 것이다. 그렇다고 한 줌의 흙은 영원히 흙으로 존재하는가. 절대 그렇지 않다. 머지않아 그 흙도 먼지가 되고 먼지는 더 미세한 티끌이 되어 허공 속으로 사라져 다시 원소를 이루게 된다. 그러므로 일체의 물질이란 당연히 허공이다. 허공은 생사가 없다. 허공과 같은 마음도 생사가 없다. 몸과 마음 모두 허공의 변화이니 생사가 있을 수 없다.

이렇게 지혜로 '생사는 어디에도 없음'을 깨달았다면 이제는 어리석은 감각을 믿지 않을 것이다. 모든 오해는 감각으로부터 시작되었기 때문이다. 형광등은 일 초에도 수십 번 깜빡이지만 육신의 감각으로는 그 깜빡임을 전혀 느낄 수 없다. 인간의 감각으로는 빛이 고정되어 있는 것처럼 느끼므로 한 시간이면 한 시간 내내 불이 사라지지 않고 존재한다고 생각한다는 말이다. 그러나 사실은 찰나마다 생기고 사라짐을 반복하고 있었으니 불을 끄고 나면 즉시 아무 빛도 남지 않는 것이다.

인간의 몸이나 모든 물질도 역시 그와 같다. 모든 물질은 단 한 가지도 예외 없이 변화한다. 변화란 부서진다는 말이다. 색깔도 바래고 소리도 잦아들고 냄새도 사라지며 맛이나 감촉도 금방 사라지기에 다시 또 맛보고 다시 또 만져보는 것이다. 이렇게 찰나적 세월을 따라 멈춘 적 없이 흐르는 강물처럼, 바람처럼 덧없이 무너지고 사라진다. 사라진다는 것은 생겨나기 이전의 모습으로 돌아간다는 것이다. 이것을 과학에서는 산화작용이라고 한다. 즉 전자가 소멸한다는 말이다. 전자는 허공의 파장일 뿐이다. 그리고 생각 또한 정신의 파장이니 허공과 정신이 모두 공한 것이라면 모두 공의 파장일 뿐 생사는 어디에도 없다는 것을 쉽게 깨달을 수 있다. 이렇게 바라보는 것을 지혜로 본다고 말하고 이러한 능력을 '혜안(慧眼)'이라고 한다. 그렇지만 육체적 감각으로는 세밀한 허공의 떨림인 물질의 파장을 느끼지 못하므로 물질의 실체가 있는 것으로 착각했고, 그렇기에 지금까지 생사도 있는 것으로 느끼게 되었음을 알 수 있다. 그러니 감각을 믿는 것이 얼마나 어리석은 일이었는지 알게 되었을 것이다. 나아가 실제의 감각은 투명하여 이미 생사가 없는 것인데 몸을 감각으로 삼게 되었으니 부서지는 것을 자기로 삼았던 것이므로 어찌 죽는다고 착각하지 않을 수 있겠는가.

이렇게 분명하게 이해하여 일체법이란 본래 생사가 초월된 불생불멸의 불법(佛法)이었음을 깨닫고 그 사실이 믿어지면 더 이상 두려울 이유가 있을 수 없게 된다. 그리고 즉시 중생이 가엾어 보이게 된다. 일체가 이미 생사가 없다는 사실을 모른 채 저렇게 처절한 마음으로 살아가니 이 모든 진실을 깨달은 자라면 과연 배고프면 밥 먹고 졸리면 잠잘 수 있겠는가. 소승은 왜 지금 이 글을 쓰고 있는가. 이 질문을 한 자에게 빚을 갚는 것인가. 아니면 대가를 받았기에 글을 써야 하는가. 그것도 아니면 인생이 지루하거나 죽음이 두려워서 이렇게 죽음이 없다고 떠들고 있겠는가. 어리석은 자들을 모아놓고 스스로를 과시하며 그들의 동경을 기대하는 것인가.

일체의 본성이 공하여 찰나에 사라지니 남는 것이 없다는 것을 안다면 이 세계의 법칙[禁戒] 속에서는 무엇도 이룰 수 없음이 곧 계율이었음을 알게 될 것이다. 죽으려 해도 결국은 죽을 수 없으니 죽으려고 하는 자체가 이 세계의 법칙을 어기는 행위다. 그러니 자기를 가지려 해도 이미 계율을 어기는 것이 아니겠는가. 일체의 물질이나 마음이 모두 공하며 찰나에 사라지고 있으니 언제나 남는 것이 없는데, 어리석은 육신의 감각을 믿고 마치 남아 있는 것이 있는 양 착각했으므로 얻을 수도 있다고 믿었기 때문이다. 하물며 깨달았다는 자가 몸을 인정하여 배고픔이나 졸음을 충족시켜주라고 한다면 말이 되겠는가. 모든 욕구는 스스로의 몸이 있다고 착각함으로써 비롯되고 이 욕구를 충족시켜주는 것은 몸을 사랑함이며 몸을 사랑한다는 것은 범부나 아니면 축생이지 깨달은 자가 아니며 또한 몸을 사랑하면 사랑하는 만큼 몸을 버려야 할 때 화가 나고 두려움과 고통으로 시달려야 하는 것이 철칙이다. 그리고 그 기억은 절대 자기만은 잊을 수 없으니 자연히 업이 되어 지옥에 떨어지는 인과응보의 법칙을 벗어날 수 없을 것이다.

221

『천지팔양경』은 위경인가요?

부처님의 생애와 『금강경』, 『아미타경』 등의 경전을 두루 보고 있
습니다. 깊은 뜻은 알지 못하지만 세상의 이야기와는 너무도 다른
분위기에 자꾸만 보게 됩니다. 그런데 『천지팔양경』이라는 경전은 다른 경전
과 느낌이 많이 달랐습니다. 인터넷을 검색해보니 위경(僞經)이라는 말도 있
고요. 이에 대해 자세히 알고 싶습니다. 그리고 이러한 경에 대한 불자의 자세
는 어떠해야 하는지도 궁금합니다.

불경을 대하는 자세

불도를 닦음에 있어 가장 올바른 길은 불경을 읽고 그 내용을 따라 자기와 세계의 실체를 통달하는 것이다. 그러나 불경이 각국의 언어로 번역되면서 많은 왜곡을 낳았고, 그에 따른 해석도 왜곡되었으며 그로 인해 불경은 이해할 수 없는 글, 또는 비현실적인 글이라는 오해가 생겼다.

인도어(팔리어, 산스크리트어 등)에서 한문으로 옮기는 역경 작업을 시행한 분들 가운데 석가모니부처님의 법맥을 이어받은 제자들이 있었으니 가장 대표적인 역경승이 '구마라습(鳩摩羅什)'이다. 물론 그 외에도 원문을 왜곡하지 않고 옮기려 노력한 위대한 역경승이 더 있었지만 국가적 사업으로 가장 많은 경을 번역한 이가 구마라습이다. 이렇게 국가의 도움을 받아 수많은 학자들의 검증을 통해 번역된 경들은 믿을 만한 것이지만 그 번역자나 저자가 당시 인정받는 역경가가 아니었다면 그 번역 내용을 무조건 믿을 수 없는 것이 안타까운 사실이다.

더구나 중국에는 토속신앙을 바탕으로, 또 미신적인 견해로 불경을 바라보던 자들이 많아서 그들의 견해대로 불경을 흉내 내어 지어낸 것들이 적지 않았다고 한다. 『천지팔양신주경』 또한 내용을 짚어볼 때 그중의 하나로 보인다.

그러니 될 수 있다면 유명한 번역자의 경을 보되, 될 수 있는 한 한문을 그대로 보아야 한다. 한국어로 번역하는 과정에서 그 내용이 또다

IMMORTALITY 불멸 **3**

시 왜곡될 수 있기 때문이다. 인도 내에서 인도인이 인도어로 불경 공부를 했을 때에는 뜻이 왜곡될 일이 거의 없었겠지만 다른 나라의 언어로 전해질 때는 많은 어려움이 따를 수밖에 없었을 것이다. 구마라습은 오역을 막기 위해 인도의 중국어 학자 천 명과 중국의 인도어 학자 천 명과 함께 역경했다고 전해진다. 그러니 한문으로 옮겨질 때까지는 인도에서 전해지던 원문과 별 차이가 없을 것이라고 믿을 수 있지만 한국어로 다시 옮기면서 당연히 번역자의 견해가 섞이게 되고, 한문의 특이성에 의하여 왜곡될 가능성이 커지는 것도 어쩔 수 없는 사실이다.

그리고 많은 경을 보는 것이 중요한 것이 아니라, 단 하나의 경을 선택하더라도 그 내용을 깊이 연구하고 참구하여 진리를 구해내려는 진중한 마음이 있어야 한다. 왜냐하면 불경의 뜻은 중생의 생각으로 쉽게 헤아릴 수 있는 깊이가 아니기 때문이다. 그러니 『반야심경』하나라 할지라도 일평생 동안 그 비밀을 다 찾아내기 힘들다고 하는 것이다. 이러한 어려움들을 극복하고 효율적으로 불경공부를 하려면 당연히 스승을 찾아야 한다. 그래야 요점을 명확히 짚어주고, 이해하기 쉬운 예를 들어 설명해줌으로써 불필요한 시간을 단축시킬 수 있기 때문이다.

일단 '도각사'의 법문들을 처음부터 자세하게 읽어나가다 보면 느껴지는 것이 많을 테니 급하게 생각하지 말고 매진하라. 그리고 이해가 가지 않으면 그것을 반드시 질문하는 것이 옳다. 아무 경이나 묻는 대로 모두 답을 할 것이라고 믿는 것도 어리석지만 법문을 듣는다고 한

번에 이해할 수 있다고 생각하는 것도 어리석음이기 때문이다.

마음의 기본자세가 되어야 이해할 수 있다. 어린아이가 대학 강의를 듣는다고 이해가 되는 것이 아니듯… 단지 소승이 모든 경의 방향과 목표가 어떤 것인가를 깨닫고 그 모든 것을 종합해서 설명하는 것이니 이런 글을 먼저 읽고 나서 경을 읽는다면 성불하기에 훨씬 수월하리라 장담한다.

불도는 세상과 동떨어진 법입니까?

불도를 배우면서 감각이 더 예민해지고, 어느 면에서는 게을러지기도 하고 분별심에 본모습이 가려지기도 합니다. 세상일은 만만치 않은데 자꾸 일을 미루고 집중이 되지 않습니다. 몸은 천근만근 먹고 씻는 일조차 귀찮을 때가 있고요. 혹시 불도는 세상에서 분리되어 있는 면이 많은 것이 아닐까 의문이 듭니다. 불도 그 자체만을 목적으로 한다는 것은 출가자가 아니고는 거의 불가능한 일이라 생각합니다. 세상일에 더욱 매진하고 참다운 길을 갈 수 있도록 가르침을 내려주십시오.

수행 생활, 그리고 삶의 권태

물질과 마음의 실체가 있다고 믿는 것이 문제다. 물질을 믿는 것은 감각을 믿는 것이고 마음을 믿는 것은 기억을 믿는 것이다. 그러나 진실한 '나[我]'는 물질이나 마음을 실제로 있다고 믿는 정신이고 진실한 '나'라고 할 수 있는 '정신'은 '물질과 마음' 즉 심신(心·身)을 뺀 나머지다.

만약 정신에서 물질을 느끼는 감각을 빼고, 또 '마음'이라고 느끼는 일체의 기억을 제하고 나면 과연 무엇이 남을 것인가. 시각, 청각, 후각, 미각, 촉각인 몸을 오감(五感)이라고 하니 이것을 빼면 잠이 든 것과 같다. 그리고 감각이 없으면 느낄 것이 없고, 느낄 것이 없으니 기억도 생기지 않을 것이다. 즉 '기억하고 세상을 느끼는 마음'이라고 할 것도 자연스럽게 사라지게 된다. 또한 생각을 하려면 감각과 기억이 반드시 필요한데 그 두 가지가 없다면 생각도 이루어질 수 없다. 이 또한 잠이 든 상태와 다름없다. 그러니 정신 자체는 공(空)하다고 해야 하며 없다고[無] 해야 한다. 잠이 들면 없다는 생각도 없기 때문이다. 이것이 정신의 실체인 것이다.

그런데 반대로 물질이라는 것은 감각이 없으면 인정받을 수 없다. 물질의 본성이 원소(元素)라는 것은 과학으로 인해 정의되었지만, 본래부터 이미 누구나 알 수 있는 이치로 드러나 있었다. 허공(虛空)에서 고기압과 저기압, 그리고 온도 차이로 비가 형성되는 것, 새벽에 차가운 유리를 걸어두면 이슬이 맺히는 것을 볼 때 허공에서 물이 생겨남을 알 수 있다. 물은 수소와 산소의 화합이고 수소와 산소는 물질의 원소이니 원소는 곧 허공인 것이다.

나무가 자라나는 것도 허공의 원소가 있기에 자라나는 것이다. 흙이라는 것도 이미 원소로 이루어졌고 물, 온도, 바람도 역시 허공이라는 원소다. 그러니 허공과 허공이 합해져 물이 되고 물에 다시 '차가운 허공'을 합하면 '얼음'이 되어 버린다. 얼음은 물질이다. 얼음은 인간이라고 하는 몸을 부숴버릴 수 있을 정도로 무겁고 단단한 물질이다. 그러나 그 실체를 파헤쳐 보면 공(空)이다.

공이 어떻게 물질이 될 수 있는가. 공이란 아무리 합해져도 결국 공이어야 한다. 그러나 얼음으로 느껴지게 된 것은 감각의 능력에 의한 것임을 인정해야 한다. 우리들의 눈에만 그렇게 보인다는 의미다. 그러므로 모든 물질은 결국 감각이 아니면 존재라고 말할 수 없는 원소인 허공일 뿐이다. 지금 이 세상이 그러하고 천상이 있다 해도 역시 감각에만 느껴지는 환각(幻覺)의 법칙으로 이루어지기는 마찬가지일 수밖에 없다. 왜냐하면 천상(天上)이란 환상으로 이루어진 세상을 말하는 것이고 하늘로 이루어진 세계, 즉 공(空)으로 이루어진 세계를 말하는 것이기 때문이다.

천상세계를 직접 확인할 수 있는 방법이 있다. 바로 실체는 없으나 있는 것처럼 느껴지는 꿈이 바로 그것이다. 그러니 만약 꿈에서 영원히 깨어나지 않는다면 천상에서 사는 것과 같다. 즉 정신적 감각으로만 느껴지는 것이 곧 꿈의 세계이고, '천상(天上)'도 역시 모두 하늘로 이루어진 세계를 말하는 것이다. 물질이란 오직 정신의 감각으로만 느꺼지는 것이 분명하다는 것을 알 수 있다는 말이다. 이 세계도 다를 바 없다. 이것이 불법(佛法)이다.

이렇게 이 인간계와 천상계, 그리고 꿈의 세계를 이루는 물질은 오직 감각에만 느껴지는 것이지 실제로 물질이 '존재'하는 것은 아니다. 이름하여 존재한다고 하더라도 허공의 화합이 존재하는 것이었다. 그러니 육신은 어떻겠는가. 육신도 물질이다. 정신의 감각에만 느껴질 뿐 그 실체는 공하다는 말이다. 그러므로 죽고 사는 것이 아니다. 어느 누가 허공을 죽고 산다고 하겠는가. 이 글을 읽고 있는 바로 당신의 세계가 그렇다는 말이다. 육신과 일체세계가 모두 환각의 세계라는 말이다. 그런데 어찌 따로 실생활에 도움이 되는 불도(佛道)를 찾겠는가.

생활 자체가 불도로 이루어져 있다. 부처란 이렇게 오묘하게 드러나는 허공과 그 오묘하게 장엄되는 허공을 느끼는 '마음'이 어우러진 이름이다. 오묘한 허공과 깨달음… 이 부처로 이루어진 것을 세계라고 한다. 바로 지금의 세계도 역시 그러하니 그 속에 있는 일체중생도 역시 같은 법칙임은 지당한 사실이다.

오묘하게 장엄되는 허공이 없다면 그 환상들을 느끼는 감각, 즉 '마음'은 무슨 일을 할까. 환상이 없다면 환각이 일어나겠는가. 그러니 '마음'은 환상이 존재하지 않는다면 있을 수 없다. 해가 없으면 그림자도 절대 생길 수 없는 것과 같다. 이것이 마음이고 느낌이다. 이렇게 볼 때 환상과 그 환상을 느끼는 마음은 둘이 아니니 꿈에서 '꿈을 보는 놈'과 '보이는 꿈의 세계'가 모두 '나라는 정신'으로 이루어진 것과 같은 이치다.

이것이 바로 '지금'의 법칙이자 '삶'이고 '생활'이며 이러한 사실을 알려주는 것이 곧 불경(佛經)이니 이러함을 깨달아 생사(生死)의 허구성을 깨달음으로써 생사의 어이없는 의미로부터 벗어나 해탈경계(解脫境界)를 즐기는 것이 곧 수행자(修行者)의 모습이다.

수행자도 없는 것으로 이루어졌고, 그 수행자가 살아가는 세상도 없는 것으로 이루졌다. 하지만 아둔한 감각에 의하여 실감 나게 삶이 느껴지는 이 불법의 오묘함을 떠나서는 또 다른 생활이나 수행이 없음을 깊이 깨달아야 진정한 이익이 있는 불도를 공부하게 된다.

세상일이 이렇게 환상임을 본다면 매사에 힘들 것이 없다. 그러나 피곤해지게 된 것은 모든 일을 가볍게 생각하지 못하고 너무 의미심장하게 바라보았기 때문이다. 자연히 심신이 긴장하게 되고 곧 피곤과 권태가 함께 찾아올 수밖에 없다.

모든 일은 즉시즉시 사라진다. 왜냐하면 세월은 멈춰 세울 수가 없고 끊임없이 흐르는 시간 위에 일어난 일은 즉시 세월을 따라 사라지기 때문이다. 다시는 얻을 수 없는 단 한 번의 경치다. 무슨 소린가 하면 허공으로 이루어진 일체법이니 허공이 사라지지 않는 한 삶이라는 환상도 끝날 수 없다. 그리고 허공은 본래 있지 않아서 사라질 수도 없으니 결국 이러한 삶의 법칙은 영원히 반복될 수밖에 없다는 말이다. 그렇지만 아무리 다시 태어난다고 하더라도 지금과 똑같은 세계, 시간, 경우와 처지는 없을 것이다. 지금의 모습과 생각을 다시 경험할 수 없는 처음이자 마지막인 장면이다. 물론 없는 것으로 이루어진 법칙의 삶이지만 얼마나 장엄하고 웅장하며 실감 나는 꿈인가.

여기서 나태하면 다음 생에는 반드시 짐승이 된다. 이 환상의 게임을 즐길 줄 몰랐으니 소나 돼지가 되는 것이 어찌 이치에 어긋나겠는가. 이 생은 처음이자 마지막 삶의 장이고, 생사를 초월한 환상의 놀이인데 삶이 환상의 게임이라는 사실을 모르기에 생사에 처하고 만다. 그로 인해 심각한 생각과 의미 속에서 벗어나지 못하며 일생일대의 기회를 놓쳐버리게 되는 것이다. 하지만 단지 이번 생만의 문제가 아니다. 이 생애도 힘들고, 다음 생은 더욱 힘들게 하겠다는 말과 같다. 지금 이 찰나가 지나가 기억을 만들고 그 기억이 모여 업을 만들며 그 업에 따라 다음의 삶, 즉 내생(來生)이라는 꿈의 세계가 드러나는 법칙이 곧 인과응보(因果應報)이며 자업자득(自業自得)이고 인연과보(因緣果報)이기 때문이다.

환상과 환각의 놀이를 즐기라. 직장생활도 역시 그러하고 행주좌와가 모두 그러하다. 힘든 것은 오직 심각한 의미에서 오는 것이다. 실체가 없는 세계인 줄 모르고, 무딘 감각을 믿음으로써 마치 실체가 있는 것인 양 착각한 마음에서 고통이 온다는 말이다. 즐겁게 뛰어노는 삶을 산다면 피곤함을 잊게 된다. 어린아이들은 세상을 처음 맞이하게 되니 모든 것이 신기하고 재미있으며 의미가 심각하지 않다. 그러므로 시간 가는 줄 모르고 지칠 줄도 모르고 뛰어노는 것이다. 직업의 귀천도 없다. 그리고 억지로 남을 흉내 내려고 안간힘을 쓰지 않아도 된다. 남의 흉을 본다는 것은 이 삶이 얼마나 경이로운 환상의 게임인가를 모르는 어리석은 존재들의 전유물이며, 의미심장한 견해에 의하여 심신이 굳어있는 꼭두각시들이고, 솜을 지고 물에 스스로 주저 앉는 당나귀와 같이 자기의 생각에 자기가 얽매이는 안타까운 모습 이다.

생사는 본래 없다. 그러나 환상 게임 속에서도 룰은 있다. 게임 안에 서의 약속이 있고, 끝도 있다는 말이다. 그러나 다시 시작할 수 있으 니 큰 의미가 있을 수 없다. 이것이 생사(生死)라는 것이고 이것이 윤 회(輪廻)라는 것이니 생사와 윤회 자체를 버리려 하지 말고 생사윤회 의 의미가 어리석었음을 깨달으면 그것이 곧 윤회를 벗어나는 것임 을 깨달아야 한다.

223

인간이 어떻게 육도의 존재를 알았을까요?

'지금을 어떻게 보느냐에 따라 기억이 달라지고, 그 기억대로 세상을 찾아가게 된다'는 법문을 읽은 기억이 납니다. 석가모니부처님께서는 직접 죽음을 경험하고, 모든 세계를 가보신 것이 아닌데 어떻게 지옥, 아귀, 축생, 천, 인, 아수라의 육도를 구분하실 수 있었을까요? 석가모니부처님도 어디까지나 인간이지 않으셨나요?

삼독(三毒)에 따른 육도

중생의 눈에 비친 물질이란 그 실체가 허망하여 공(空)과 다름없으므로 중생의 육신도 당연히 공하다고 말씀하셨다. 나아가 공한 육신은 생사와는 이미 상관없는 것이며 마음 또한 그러하다고 하셨고, 그 이유와 실제적 예를 자세히 드러내셨다. 이것이 석가모니부처님께서 팔만사천법문을 통하여 설하신 요점이다.

그리고 만약 불경을 읽고 이러함을 깨달으면 일체만유가 오직 '깨달음'의 작용이었음을 깨닫게 되니 그 찰나의 경계란 '깨달음이 깨달음임을 깨닫는 것'이 되므로 오직 순수한 깨달음만 남게 된다고 말씀하신 것이다.

'사람'이라고 깨달으면 깨달음이 사람과 섞이게 되어 사람이라는 것이 깨달음(정신)인지 물질인지 알 수 없게 된다. 색깔이 깨달음에 의해 존재하는지 깨달음이 색깔에 의하여 존재하는지 알 수 없게 된다는 말이다. 만약 깨달음이 없다면 보이는 현상이 사라지게 되니 색깔은 존재를 인정받을 수 없게 되고, 만약 색깔이 없다면 깨달을 것이 없으므로 '색깔을 깨닫는 깨달음'은 있을 수 없게 될 것이다. 그러니 깨달음 때문에 색깔이 있는 것인지 색깔 때문에 깨달음이 있게 되는 것인지 말할 수 없는 혼란한 깨달음이 된다. 그러나 만약 깨달음이 깨달음을 깨닫는다면 그야말로 순수한 깨달음이 아니겠는가. 이 말씀이 석가모니부처님의 가장 기본적인 가리킴이다.

그리고 '시간'은 깨달음이 아니면 있을 수 없으며 육도(六道)란 깨달음 안에 든 환각일 뿐이라는 사실 또한 불경의 기본이 되는 가리킴이다. 그런데 어찌 석가모니부처님이 '사람'일 수 있고, 육도의 실체가 실제적으로 있겠는가.

0.001초의 시간도 멈추지 않고 공한 감각을 스쳐 사라지니 실제적 시간이란 존재하지 않는다. 그렇다면 물질이 존재할 수 있는 찰나는 있겠는가. 그러나 형광등의 깜빡임도 알아차리지 못하는 우둔한 육신의 눈으로는 물질의 찰나적 생멸도 깨닫지 못하기에 물질이 계속 그대로 있는 것처럼, 실체가 있는 것처럼 느끼게 된다. 그러므로 '사람'이 있다고 착각하게 되고, 그 착각에 의하여 죽고 산다는 생각을 하게 되는 것이다.

모든 세계는 그 실체가 공(空)할 수밖에 없다. 그래야만 항상 사라지고 항상 생겨나며 그로 인해 변화와 생동감 있는 삶을 느끼게 된다. 만약 색깔, 소리, 냄새, 맛, 감촉 등이 찰나에 사라지거나 찰나에 생겨나는 것이 아니라면 어떻게 불을 켜면 즉시 색이 살아나고 불을 끄면 즉시 색이 사라질 수 있는가. 소리가 찰나에 생멸하지 않는다면 어떻게 말을 할 때 즉시 소리가 생겨나고 말을 끝내면 즉시 고요해질 수 있겠는가. 만약 소리나 색깔, 냄새가 사라지지 않는다면 온 천지가 소리의 쓰레기장이 될 것이고 색깔의 쓰레기장이 되며 냄새와 맛의 쓰레기장이 될 것이다. 이렇듯 일체가 공으로 이루어졌기에 삶이라는 것이 유지되고 찰나에 사라지고 찰나에 생겨나기에 언제나 고요하고 깨끗한 새 아침을 맞이할 수 있는 것이다. 그러므로 지옥이든 천상이든 지금과 같은 법칙일 수밖에 없음은 지당한 이치다.

그러나 이러함을 정신이 깨닫지 못하면 정신 스스로가 드러내는 환상에 다양하게 집착하고 다양하게 괴로워하게 된다. 이것을 이름하여 육도, 즉 천, 인, 아수라, 지옥, 아귀, 축생이라고 한다.

감각에 가장 집착한 중생이 모인 정신세계가 '지구'라고 하는 남염부제다. 천상세계란 마음을 가장 귀중하게 생각한 깨달음이며 아수라란 옳고 그름을 가장 집착한 깨달음을 말한다. 지옥이란 분노와 고통에 가득 찬 정신이고, 아귀란 아무리 구해도 만족할 줄 몰라 끝없이 욕심부리는 정신이며 축생이란 지혜를 쓰지 않아서 어리석어진 정신이다.

이렇게 볼 때 정신이 깨닫기를 '육신이 있다'고 생각하는 것은 모두가 공통되지만 집착하는 방향에 따라 내생의 착각이 결정된다는 것을 깨달을 수 있다. 즉 깨달음에 의하여 지구도 있는 것처럼 생각하는 것이지 지구를 분해해 보면 당연히 원소의 집합이라는 사실이 드러나고, 원소는 허공이니 사실은 느껴질 것이 아님도 깨닫게 된다. 그러나 깨달음과 묘한 허공에 의하여 '있다'는 착각이 생겨나게 됨으로써 삶을 살아간다고 생각하게 된 것이다. 그러니 깨달음의 변화에 따라 내생이 드러나는 것임을 간단히 느낄 수 있다.

지구에서도 여섯 가지 정신을 모두 볼 수 있고, 자기 안에도 여섯 가지 정신이 모두 갖추어져 있음을 발견할 수 있다. 그 가운데 어떤 관점을 가지고 살아가는지 보면 당연히 다음 생의 길이 보이게 된다. 이곳 남염부제는 '감각'을 가장 중요시한 깨달음들이 모인 곳이라고 앞서 설명했다. 남염부제 대부분의 정신이 가장 지향하는 모습은 '남녀의 사랑'이다. 그래서 이곳은 결혼이 법률이라도 되는 듯 모두가 기본적인 의무라고 생각해오지 않았는가.

재벌이면서도 만족을 모르고 계속 더 벌어들이려는 욕심을 부린다면 그 정신이 갈 곳은 아귀계이고, 항상 다투고 화내며 불안과 긴장 속에서 사는 중생이라면 당연히 다음의 세상은 지옥이 될 것은 손바닥 보듯 뻔한 일이다.

이 여섯 가지 길의 근본은 육신이 실제로 있다고 믿는 것에서 시작되었다. 그리고 그 육신으로 살면서 할 수 있는 일이란 세 가지뿐이니, 바로 탐, 진, 치 삼독이다. 이 삼독에 따라 육도가 갈라지게 된다. 탐욕을 부리면 아귀, 탐욕이 사라지면 인간, 분노에 휩싸였다면 지옥, 분노가 사라지면 천상, 게으름과 어리석음을 부리면 축생, 부지런히 옳고 그름을 나누면 아수라가 된다. 이 모두는 자기가 있다고 착각했기에 시작된 깨달음의 오해일 뿐이다. 하지만 아무리 착각에서 비롯되었다 하더라도 실감 나는 깨달음의 능력은 말로 형용할 수 없이 위대하다.

이제 다시 정리하겠다. 일체의 물질이나 생각, 오해 등 온갖 이름들은 모두 깨달음에 의하여 드러날 뿐 그 실체는 없다. 만약 그런 것들이 존재하려면 존재할 수 있는 시간이 있어야 하는데 진실한 시간이란 오직 현재이고 지금이니 모든 것은 지금 이 시간에 있어야 할 것이다. 과거는 지나갔고 지나갔다는 것은 사라졌다는 말이니 그저 기억에만 존재하는 듯하고, 미래는 아직 나타나지 않았으니 상상 속에만 존재하는 헛것이다. 그러니 실제로 존재할 수 있는 시간이란 지금뿐이지만 지금은 멈추지 않고 지나가 버리는 찰나다. 천만 분의 일 초도 멈추게 할 수 없다. 그런데 이 시간 위에 무엇이 실제로 존재할 수 있겠느냐는 말이다. 결론은 실제로 있는 것처럼 느끼게 된 것이 모두 정신의 착각이었다는 말이다.

착각이란 '깨달음의 오해'를 말하므로 옳고 그름을 떠나 '깨달음의 능력' 자체는 너무나도 위대하다. 그리고 깨달음은 정신이고 정신은 물질이 아니기에 죽고 사는 것도 아니지만 오해하여 자기가 있다고 착각하면 생사에 들게 되는 것이다. 그 생사 가운데 삼독인 탐, 진, 치에 빠지느냐 벗어나느냐에 따라 여섯 가지의 세상이 드러나게 된다. 그러니 지금 드러나는 행동이나 성향을 보면 이곳에 오기 전인 전생에 어떤 깨달음으로, 어떤 방향을 향해 살고 있었는지 알 수 있다. 물론 다음 생에 어떤 깨달음의 착각을 맞이하게 될 것인지도 알 수 있게 된다. 그러니 삼라만상을 통달한 석가모니부처님의 지혜에 어찌 내생의 육도가 보이지 않았겠는가.

그러나 지금까지 설명한 모든 일이 꿈과 같은 것이거늘 어찌 논란의 대상이 될 수 있겠으며 생각의 대상이 될 수 있을까. 꿈에다 의미를 두는 어리석음이 아니라면 역시 삶에도 큰 의미를 둘 일이 없고, 큰 의미를 두지 않고 오직 환상의 세계임을 놓치지 않고 살아간다면 머지않아 반드시 극락이 도래(到來)할 것이다. 이것만이 삶의 가장 큰 의미다. 사랑이 중요하다고 의미를 두어도 깨달음의 착각에 의한 사랑에 다시 의미를 둔 것이고, 재물이 중요하다고 의미를 두어도 깨달음의 착각에 의한 재물에 의미를 다시 두었을 뿐이다. 즉 모두가 '혼합되고 혼란해진 깨달음'이기에 순수한 깨달음을 잃어버리고 고통스러운 결과를 초래하는 것임을 잊지 말라. 그러나 이 모두가 '깨달음의 작용'이라고 깨달아 깨달음 자체를 깨달아버린다면 '깨달음이 깨달음을 깨닫는 것'이 되므로 본래의 순수한 깨달음으로 돌아가는 것이기도 하고 한편으로는 세계를 깨달음 스스로 지어갈 수 있게 되니 자유자재하게 육도를 만들어 가며 놀게 될 것이다. 그러니 이것보다 더 거대한 공부가 어디에 있으며 영원히 써먹을 수 있는 공부가 어디에 있을 수 있겠는가.

본연의 마음

마음은 허공과 같다고 했다.

허공은 있는 것인가 아니면 없는 것인가.

형체가 있는 것을 있다고 한다면

형체가 없는 것은 없다고 해야 한다.

그러나 물질은 허공으로 만들어졌으니

있다고 해야 하는가 없다고 해야 하는가.

또 그러함을 느끼는 마음은 있다고 해야 하는가

아니면 없다고 해야 하는가.

있다고도 없다고도 할 수 없는 것이라면

죽고 사는 것은 아니니 아무런 의미도 없다.

아무런 의미도 없고 물질도 아닌 마음이라면

잠든 마음과 같다.

잠들었을 때 마음이 있다고 깨닫는가

아니면 없다고 깨닫는가.

이것도 저것도 없고

없다는 것도 없어야 잠이 들었다고 할 것이다.

이 마음을 본연의 마음이라고 한다.

생각마저도 없는 마음은 없다는 것도 없는 마음이다.

보이지도 않고 만져지지도 않는다.

그러나 볼 수도 있고 만져짐을 느낄 수도 있다.

이것은 공한 느낌이고

공한 것은 없는 것이고 느낌도 생각일 뿐

생각이 물질이 아님은 누구나 안다.

물질이 없으면 없다고 하고

물질이 있으면 있다고 한 것을 부정하는가.

그렇다면 마음은 있는 것인가.

아니면 없는 것인가.

224

자식을 낳는다는 것

저희 부부는 결혼 7년 동안 성생활을 거의 하지 않았습니다. 그렇다고 저희 부부가 사이가 나쁜 것은 아니고, 단지 성욕에 관심이 없을 뿐입니다. 그러다 결혼생활을 유지하기 위해 자식이 있었으면 좋겠다고 하여 자식을 하나 낳았습니다. 이때는 불교에 대해 잘 몰랐고, 큰스님의 말씀도 듣지 못했던 때였습니다. 그런데 얼마 전 아내가 제안했습니다. 세상살이가 힘드니 서로 의지하며 힘이 되도록 형제를 만들어 주어야 한다며 자식을 또 하나 낳자고 합니다. 자연스럽게 찾아온 생명이라면 어찌할 수 없지만 또 하나의 번뇌와 고통의 인연을 인위적으로 만들자고 하니 답답한 마음입니다. 어떻게 해야 할까요?

공한 삶이지만 이치는 흐른다

 '사람'이라는 단어는 있어도 그 실체가 없으므로 오직 이름 뿐이다.

凡所有相 皆是虛妄 若見諸相非相 則見如來
범소유상 개시허망 약견제상비상 칙견여래

보통 있음으로 마주하고 있는 바가 다 이 허망함이니 만약 마 주하던 모든 것을 마주함이 아닌 것으로 본다면 법칙적인 여 래를 보는 것이다.

위 경문은 『금강경』의 「여리실견분」에 등장하는 구절이다. 제상비상 (諸相非相)임을 보면 여래를 보는 것이라고 말씀하셨다. 마주하는 모 든 물질세계가 공(空)함을 모른다면 중생에게는 영원히 생사의 고통 이 끊어질 수 없다.

물질이 공하다면 역시 사람도 공하고, 공하다면 없는[無] 것이기에 사 람이라는 것도 없음을 깨닫는다면 어찌 죽거나 산다고 하겠으며 외 롭다고 할 수 있겠는가. 만약 '살아가는 존재다'라고 생각하면 반드시 죽을 것이라는 사실을 스스로 인정하는 것이다. 실제로는 죽을 수 있

IMMORTALITY 불멸3

는 것이 없음에도 불구하고 자기의 우매한 육체적 감각을 믿는 스스로의 어리석은 생각과 판단을 바탕으로 생사를 인정하고 있는 것이다.

반드시 죽을 것이라면 왜 태어나야 하고, 또 왜 낳으려고 하는가. 죽을 것을 낳는다는 것은 결과적으로 죽이기 위하여 낳는 것과 다름없다. 부부의 식상한 결혼 생활을 전환하려고 아이를 낳는다면 자기들의 삶에 활력을 갖기 위하여 자식의 생명을 제물(祭物)로 삼은 것이 아니라고 어찌 말할 수 있겠는가. 또한 그렇게 태어나 질병과 배고픔, 분노와 그리움, 피로와 권태, 나아가 죽음을 염려하며 살아가는 아이에게 서로 기대며 살아가라고 다시 또 형제를 낳는다면 결국 두 형제가 죽음의 길을 손잡고 걸어가게 되는 것일 뿐이다. 마치 첫째 자식이 죽으니 둘째 자식마저 죽여서 형과 함께 서로 기대어 죽음의 길을 가라고 하는 『백유경』의 비유[4]와 조금도 다름없는 것이다.

이러한 생각이 과연 누구에게서 나왔는가? 가장 큰 두려움인 생사의 문제를 해결하지 못한 채 죽음의 길을 걷고 있는 부부 사이에서 나왔다. 이러한 사연을 듣고 어찌 참담한 생각이 들지 않겠는가. 먹고살아

---

4) 『백유경』의 비유 백유경의 여섯 번째 이야기. 옛날 어떤 어리석은 사람이 일곱 명의 아들을 기르고 있었다. 그러다 한 아들이 먼저 죽었는데, 그 사실을 회피하고 아들을 집안에 계속 두고자 하니 옆 사람이 외면하지 말고 장사를 지내라고 충고했다. 어리석은 사람은 어차피 장사를 지내야 한다면 다른 아들 하나를 함께 죽여 서로 의지해 떠나도록 하는 것이 옳다고 생각하여 그대로 실행하였다. 결국 모두의 비웃음만 사게 되었다.

「6.죽은 자식을 집 가운데 남겨두고자 함의 비유」,『백유경』

가는 것이 쉽지 않으니 편하게 쉴 수 있는 시간도 없다. 항상 피곤한 몸을 이끌고 악착같이 살아가는 것이 이 세간의 삶인데, 이러한 행위의 궁극적 원인은 결국 굶어 죽을까 걱정한 것이 아닌가. 또 하나의 자식을 낳으면 이제 네 사람이 죽음의 길을 함께 가게 된다. 아무리 서로 걱정하고 병간호를 해주고 위로한다고 한들 머지않아 죽어야 한다. 무엇보다 안타까운 일은 부모와 자식을 막론하고 누가 먼저 죽을지도 모른다는 것이다. 이런 상황에서 무슨 행복이 있고 편안함이 있겠는가. 악착같이 책임지며 살아가는 고통이 대물림된다는 사실을 안다면 어찌 자식을 낳겠는가. 또한 생존경쟁에서 승리한다 해도 절대 죽음이라는 것을 피할 수 없는 운명이라면 잠시 살아남았다는 것에 무슨 큰 의미가 있겠는가. 중생은 이러한 생각을 하지 않고 살아가며 남들을 흉내 내고 있을 뿐이다.

석가모니부처님께서는 이 처참하고 대책 없는 고통의 삶을 보셨기에 근본적 문제인 죽음을 해결하기 위하여 왕궁의 화려하고 안락한 생활과 가족, 그리고 명예와 나라를 등지고 출가하시게 되었다. 결국 그 목적을 이루신 후 부모와 처자식까지 모두 승단에 귀의하게 하셨다.

죽음을 해결하려면 본래 생사란 있을 수 없음을 깨닫는 수행이 필요하다. 그리고 이 수행은 사념(邪念)이 없이 이루어져야 한다. 부모나 배우자가 있어도 방해가 되는데, 하물며 죽어가는 자식이 있다면 어떻게 사념 없이 수행을 할 수 있겠는가. 부모를 모시고 자식을 키우며 수행하는 것은 홀로 가는 수행의 길에 비하면 수십, 수백 배 어렵고, 그로 인하여 대부분이 수행을 포기하게 된다. 그러므로 역사적으로 출가승이 도를 이룬 이는 적지 않지만 가족을 거느리며 수행하여 도를 이룬 '거사'는 매우 드물다.

이것이 문제다. 생사를 벗어나려는 의지를 버린다면 스스로 죽음을 선택한 것이 된다. 그렇게 되면 그 정신이 다음 생을 만드니 항상 나고 죽는 공포 속에서 기약도 없이 때로는 미물로 때로는 지옥으로 때로는 아귀로 전전하는 것이다.

그러므로 부모가 모두 도를 이루어 생사를 벗어난 해탈을 이루지 못한 상태에서 자식을 낳는 것은 심각한 고난의 길을 스스로 선택하는 것임을 깨달아야 한다. 부모가 먼저 해탈을 얻는다면 그 자식을 해탈시킬 확률이 높겠지만, 그것도 결코 쉬운 일은 아니다. 왜냐하면 석가모니부처님의 설법을 듣고도 진정한 해탈을 하지 못했던 제자가 있었기 때문이다.

자식이란 부모 마음대로 할 수 있는 부모의 수족이 아니다. 스스로가 수행을 외면하고 주색잡기에 빠져든다면 부모가 아무리 도를 통하여 해탈한 자라고 하더라도 속수무책이기 때문이다. 하물며 어리석은 지혜로서 얻은 자식이야 어찌 부모의 뜻대로 할 수 있겠는가.

너 나 할 것 없이 세상일 중에 무엇보다 가장 먼저 해야 할 일은 수행이다. 공한 삶이라지만 선후경중(先後輕重)의 이치는 엄연히 흐르기 때문이다. 수행의 목적은 생사를 벗어나는 일이고 일체중생 가운데 죽음의 고통을 가지고 있지 않은 자는 없기 때문이다. 그러나 수행을 어떻게 하여 금생에서 죽음을 맞이하지 않을 수 있게 할 것인가는 막막하고도 막막한 과제다. 어리석은 수행의 길을 간다면 생을 헛되이 보내며 공연한 수고만 하게 될 것이다.

올바른 수행이란 불경을 따르는 것이다. 왜냐하면 수행으로 생사를 초월하고 그 수행법을 전하신 최초이며 최고의 스승이 바로 석가모니부처님이었기 때문이다. 그러나 불경이 처음부터 한국어로 기록되지 않았기에 번역함에 있어 어떻게 변질될 것인가는 예측할 수 없다. 더구나 그렇게 번역된 글을 보며 각자가 재해석하는 것은 어떠하겠는가. 소승도 이러함을 간절하게 느꼈고, 실제로 오류도 많이 겪었으며 어리석은 스승에게 속아 고민하기도 했다. 그렇게 해서는 생사를 해결할 수 없다는 사실을 깨닫고 누구의 지혜도 기대지 않은 채 스스로 해결하겠다는 일념으로 젊음과 삶을 포기했다. 그리고 이십 년 넘게 불경의 글자 하나하나를 공부한 후 깨달은 바를 이렇게 펼치고 있다. 그러니 부지런히 읽어 마음 깊이 이해했다면 그 사실은 스스로의 이해를 통한 것이었으니 다시 의심하지 말고 실생활에 그대로 적용해 보아야 한다. 그러는 사이 이 글이 과학을 뛰어넘은 과학임을 느끼게 되고 진실임을 부정할 수 없으며 생사가 본래 없음을 믿게 된다면 더 이상의 수행법은 없었다는 사실을 깨닫게 될 것이다. 바로 이곳이 수행 도량이었음을 깨닫게 될 것이라는 말이다.

자식을 낳는 일이든 생활의 활력을 찾는 일이든 이 모든 일보다 중요한 일이 바로 불경을 읽는 일이다. 생사를 초월해야 함이 일대사(一大事)이기 때문이다. 그러나 스스로 불경을 읽고 이해할 수 없다면 스님들을 찾고 이와 같은 법문을 열심히 읽어보아야 한다. 일찍이 본 적도, 들은 적도 없는 말이 분명할 테니… 지금까지 밝혀지지 않았던 불경 속의 숨겨진 비밀을 옮겨 놓았다. 때론 추상적이라거나 인간미가 없다는 생각도 들겠지만 진실은 언제나 냉정하고 스스로의 눈은 이미 오해의 안경으로 가려져 있음을 되돌아본다면 모든 것이 쉽게 스며들 것이다. 소승의 글은 이 글을 읽는 당사자들의 위대함과 일체중생이 평등하게 이미 생사에서 초월되어 있었음을 드러내기 위한 방편이기 때문이다. 아직 글을 읽지 못한 이들이야 어쩔 수 없지만 적어도 도각사를 만나 수행하는 이들은 생사를 초월한 부처임을 드러내고 있다는 말이다.

225

인간이 정말 자비심을 낼 수 있을까요?

 며칠 전 한 도반님에게 도움을 받았습니다. 큰스님의 육성을 듣고 싶어 가는 길을 찾아보았더니 4시간 넘는 시간이 소요되는 거리였습니다. 한참을 망설이고 있는데, 함께 공부하던 도반님이 운전기사를 해주겠다고 하였습니다. 마침 자기도 법문을 듣고 싶었다고 하면서요. 아무런 대가 없이 도움을 준 도반님의 모습에서 자비심을 보았습니다. 이런 모습이야말로 본받아야 할 불자의 자세가 아닐까 싶었습니다. 부처님께서 말씀하신 자비심도 제가 느낀 그것과 같은지 알고 싶습니다.

인심(人心)과 자비심(慈悲心)

일체중생이 모두 오직 마음이고, 즉 물질이 모두 마음에서 비롯된 것이니 세상도 마음이요 몸도 마음이며 중생이 말하는 마음도 마음이니 미물에서부터 부처까지 오직 마음뿐임을 깨달아 일체를 평등하게 보는 견해를 자(慈)라고 한다.

한편 이러한 사실을 깨닫지 못한 채 티끌 같은 육신을 자기로 삼고 두려움에 떨며 어리석게 죽어가는 중생을 안타깝게 생각하는 것이 비(悲)의 마음이다. 나도 있고 남도 있으면서 내가 남에게 물질을 베푸는 것은 인심(人心)이다. 자비심(慈悲心)과는 깨달음의 차이가 수미산(須彌山) 정상과 수미산 아래인 고해(苦海)와의 차이다. 인심이기에 도반의 정(情)을 느끼는 것이다.

물론 도반끼리 서로 도와주는 것이 초심의 마음이라는 것도 알지만 다른 불자들이나 타 종교인들이 불경의 가르침에 정(情)이 있다는 것으로 오해할까 걱정스럽다. 어떤 정이든 정은 반드시 원망과 증오를 낳게 된다. 부모보다 자식이 이승을 먼저 떠나면 부모가 자식을 원망하고, 사랑하는 부인이 먼저 떠나면 부인을 원망하지 않는 남편은 없을 것이다. 그러므로 석가모니부처님께서는 정이란 반드시 원한이 남게 된다고 말씀하셨다. 무소유를 실천한다는 것은 '이 세상이 꿈이라는 계율'임을 잊지 않는 것이다. 그러면 절대 정이라는 말이 따로 나올 일이 없다. 그러나 누구나 쉽게 그 자리에 도달될 수 있는 자는 없으리라고 본다. 우리 모두가 오직 텅 빈 마음이라는 석가모니부처님의 말씀은 사실일 수밖에 없으니 그대로 행해야 할 것이다. 이것이 지계(持戒)요. 이것이 정진(精進)이 아니겠는가.

226

염주는 본인이 구입하면 안 되나요?

염주를 돌리면서 마음을 가라앉히고 싶어서 불교용품 판매하는 곳을 도반에게 물어보았습니다. 그런데 염주는 본인이 구입하면 안 되고, 반드시 남이 구입해 주어야 한다는 것입니다. 도반의 말을 듣고 여태 염주를 구입하지 못하고 있습니다. 이것이 맞는 말인가요?

염주의 의미

 염주(念珠)란 삼천대천세계의 실체를 비유한 위대한 법구다. 염주라는 이름은 '생각하는 구슬'이라는 뜻인데, 바로 정신을 가리킨다.

여기에서 구슬이라는 비유를 쓴 이유가 있다. 정상적인 중생은 누구나 동서남북과 상하를 모두 보고, 듣고, 냄새 맡는 등의 한계가 없으니 영국에 가면 영국 하늘의 번갯불을 느끼고 천둥소리를 들으며 은하수를 볼 수 있는 것이다. 또한 오른쪽의 십 미터가 어디쯤 될 것이라는 위치도 느낄 수 있다. 나아가 실제로 존재하지도 않는 과거를 추억하고 미래를 상상하기도 한다. 그러므로 감각의 방향은 사방팔방의 위와 아래까지이니 그 방향은 시방(十方)이며 삼세(三世)다. 이것이 누구에게나 평등한 정신의 능력이고, 일체중생이 모두 '마니보주(摩尼寶珠)', 즉 정신의 구슬로 이루어진 모습이다.

이제 염주의 모양을 보자. 염주 한 알 한 알은 낱개로 되어 있는데, 이 것은 중생의 숨결과 같이 한번 들어왔다가 다시 나가고(염주 한 알) 또 들어왔다가 다시 나가는 것(염주 두 알)과 같은 모습이다. 이것을 확장해 생각해보면 하루 생활하고 잠들고 하루 생활하고 다시 잠드는 것과 같다. 호흡 하나하나가 모여 하루가 되고, 하루하루가 모여 한 달이 되고 한 인생이 된다는 말이다.

한 호흡이나 하루는 서로 떨어져 있으나 염주를 연결하고 있는 끈은 한 줄이다. 그리고 보이지는 않지만 하나하나 떨어져 있는 염주알을 연결시키고 있다. 이 두 가지(염주알과 염주 끈)가 어우러지는 것이 인생이고, 이 인생이 연결된 것을 윤회라고 한다.

오늘을 행복하고 좋은 마음으로 보내면 내일이 편하고, 내일을 좋은 마음으로 보내면 그다음은 더 편해진다. 나아가 이번 인생을 깨끗하게 보내면 다음 인생도 깨끗하며 다음 인생이 깨끗하면 그다음 인생은 더 깨끗하고…

우리의 몸은 매일 늙어가고 있다. 더 자세히 생각하면 찰나찰나 늙는 것이며 한 찰나에도 헤아릴 수 없을 만큼 세밀하게 늙어가고 있다. 찰나찰나의 육신을 이어주는 것은 염주의 끈처럼 보이지 않는 감각이다. 육신마저 느끼는 정신의 감각이라는 말이다. 이 정신의 감각으로 순간의 위험을 피하고 병을 깨달으며 약을 찾기도 한다. 이 또한 염주알과 염주의 끈이 어우러진 법칙과 같다.

우리는 하루에도 수없이 많은 생각을 한다. 찰나마다 똑같은 생각을 하고 있을 수는 없으니 그 종류는 상상할 수도 없이 많다는 것이다. 그러나 아무리 많은 생각을 했다고 해도 한 생각이 생겨나면 방금 전까지 했던 생각은 즉시 사라진다. 다시 다른 생각이 생겨나면 바로 직전의 생각도 또다시 사라지지만 어디로 가는지는 알 수가 없다. 단지 기억해내는 능력으로 인해 마치 인생이 길게 흐르는 것처럼 느낄 뿐이다.

이 기억이 바로 염주의 끈과 같고, 금방 생기고 금방 사라지는 하나하나의 생각은 염주알과 같다. 이 두 가지가 어우러지니 나와 내 인생이 있는 것처럼 느껴지는 것이다. 이것이 정신의 윤회다.

'나' 하나만 그런 것이 아니고 일체중생이 다 그러하고, 일체만물이 다 그와 같다. 염주알은 생겨나고 사라지는 생멸의 법칙을 말하는 것이요, 그 낱알을 이어주는 상주법인 연속되는 힘은 마음의 법칙을 말하는 것이다.

이러함을 볼 때 염주의 낱알처럼 몸은 한시도 쉬지 않고 생멸하며 변하니 과연 어느 날 어느 때의 몸을 진정한 내 몸이라고 하겠는가. 그리고 염주알이 없다면 끈만 남을 텐데 무엇을 염주라고 하겠는가. 이것이 우리의 마음이다. 우리의 몸과 마음은 염주의 알과 끈처럼 두 가지가 어울려 있지만 그 성질은 반대다. 하나는 원래 생겨나서 사라지는 법이고, 하나는 영원하되 눈에 보이지 않으니 사라질 수도 없다. 이 영원한 마음을 따라 자꾸자꾸 몸은 생기고 없어지는 것이 당연하다는 것을 깨달을 수 있는 것이다.

여기서 한 가지 더 생각해볼 것이 있다. 과연 누가 죽기를 싫어하는가. 생겨나고 사라지는 몸이 싫어하는가, 아니면 보이지도 않는 염주의 끈처럼 영원히 연결된 마음이 싫어하는가. 여태껏 죽음을 싫어했던 것은 죽을 수도 없는 마음의 어리석은 생각이었다. 참으로 안타깝고 어처구니없는 생각이다.

불도를 열심히 닦으라. 불경 속에만 있는 해탈도 아니고, 멀리 있는 해탈도 아니다. 이 글을 읽는 모두가 이미 생사가 없는 위대한 법칙인 부처의 법, 즉 불법 나라의 평등한 시민이다. 당당한 불자임을 포기하지 말라.

염주를 누가 주었든 내가 갖든 그 본래의 의미를 깨닫는 것보다 큰

불멸**3**
IMMORTALITY

의미는 없다. 육신을 나로 삼으면 육신이 잘못되지 않을까 걱정하며 남의 말에 휘둘리는 인생이 된다. 만약 죽지 않는 마음을 나로 삼게 되면 길흉이 따로 없기 때문에 모두가 재미있는 꿈의 길이 펼쳐질 것이다.

227

허공이라는 말의 의미를 모르겠습니다

 큰스님의 법문을 보고 혼자 사유를 하다 보니 의문이 강렬하게 일어났습니다. 진아(眞我)란 있다고도 할 수 없고 없다고도 할 수 없는 공이요, 비어 있음이라고 이해하였습니다. 그렇다면 이것은 허공이 나의 본성이라고 보아야 하나요, 아니면 허공과 같은 것이기는 하지만 허공이라고 할 수는 없는 것인가요? 큰스님께서 설명하신 공(空)이라는 개념이 대기에 충만한 허공과 같다고 보면 되나요?

벽과 울타리 등의 형상으로 인해 허공이 있다고 인지하는 것이라 생각하는데, 주변에 아무런 형상이 존재하지 않는다면 허공 역시 우리의 육근으로는 느낄 수 없다고 생각합니다. 자세한 말씀을 듣고자 합니다.

모두를 품은 나

허공이 '나'라는 것을 말하는 것만은 아니다. 허공도 '나'에 속하는 것이고, 그 외의 세상만유와 번뇌, 지혜, 판단, 견해가 모두 '나'에 속하는 것이다. 모든 것을 끌어안고 있는 것이 '나'라는 말이며 그 내가 공하다는 말이다. 모든 것은 생각과 연관되지 않고는 존재할 수 없으므로 생각 밖의 어떤 것이란 있을 수 없다. 자기의 몸을 포함해 물질이라고 하던 것 모두가 그러하니 물질도 아닌 감정이나 상상, 추억 등은 말할 것도 없이 생각을 벗어나서 있을 수 없다. 그러나 생각이란 무엇으로도 표현될 수 없다. 생각을 생각해서 알아낼 수는 없다는 말이다. 그러므로 그 생각속에 있는 모든 것은 '공하다'라고 표현하는 것이다.

꿈속의 모든 사연들은 공하기에 깨고 나면 사라진다. 생각속의 사연 또한 그와 같다. 그리고 나는 꿈 자체인 것이지 꿈속의 어떤 일부가 아니다. 이름하면 '꿈을 보는 자'라는 말이다.

228

만다라에 신비한 힘이 있나요?

TV프로그램에서 만다라에 관한 내용을 보았습니다. 만다라화를 집에다 두니 아이에게 병이 생겼고, 절에 갖다 놓으니 아이의 상태가 아주 좋아졌다는 것이었습니다. 사건을 제보한 부부는 만다라 그림에 어떤 힘이 있는 것 같다고 하며 '그림이 제자리를 찾고 싶었나 보다'라면서 아들이 지금껏 건강하게 잘 살고 있다면서 프로그램을 마쳤습니다.

과연 만다라에 신비한 힘이 있는 것일까요? 불교의 그림들은 아무 곳에나 두면 안 되는 것인지 궁금합니다.

도량과 윤원구족

 '만다라(曼茶羅)'를 한문으로 번역할 때 구역(舊譯)은 단(壇) 또는 도량(道場)이라고 했고, 신역(新譯)에서는 윤원구족(輪圓具足)이라고 했다.

단이란 흙을 쌓아 위를 평탄하게 만든 자리를 말하는 것이고, 도량이란 도를 닦는 장소라는 말이니 두 가지 말의 공통적인 의미는 '장소'라는 뜻이다.

흙이란 정신적인 면에서 보면 감각을 말한다. 세상의 모든 것은 막힘으로 인하여 드러나게 된다. 눈의 정기인 안정(眼精)이 앞으로 달려나가다 색진(色塵)을 만나면 거기서 멈추게 되고, 그때 '보인다'는 감각인 시각(視覺)이 발생하는 것이다. 마찬가지로 귀의 정기인 이정(耳精)과 성진(聲塵 : 소리가 전달되는 것은 공기 중의 진동이 전해지는 것)의 만남이 곧 '들린다'는 청각(聽覺)이다.

그러니 감각되는 것은 모두가 여섯 가지 티끌[六塵]로 이루어진 것이다. 허공에 티끌이 없다면 파란 하늘은 볼 수 없고, 물에 티끌이 없다면 빛의 반사가 없어 물이 보이지 않게 될 것이다. 그래서 실제의 흙이란 감각을 이루는 능력이라는 사실을 알아야 한다.

감각은 당연히 평평한 것이다. 그래야 무엇이든 변화를 느낄 수 있기 때문이다. 움직임도 없고 나오고 들어감도 없어야 움직임을 깨닫거나 나오고 들어감을 알 수 있기 때문이다. 그러므로 '단'이란 곧 일체를 깨닫는 정신을 가리킨다.

그리고 인생이란 생각이 움직이는 것이고, 움직여 다니는 것을 길이라고 하니 인생길이 있는 장소는 정신의 안[内]이라고 해야 한다. 즉 길이 있는 장소, 생각이 오가는 장소를 도량이라고 하므로 단이나 도량이라는 말은 다 같이 정신을 의미한다는 것을 알 수 있다.

또한 윤원구족이란 '원만하게 구족되어 돌아간다'라는 말이니 온 우주와 세월을 가득 채운 것이 돌아간다는 뜻이다. 밤하늘의 은하수를 본다면 과연 우리의 시각은 어디까지 도달되는 것일까. 고개를 돌려 볼 수 없는 곳이 없으니 우리의 시각이 펼쳐지는 방향은 어느 정도겠는가. 이것이 원만하게 구족된 감각의 능력이다. 하지만 시각이나 청각 등은 정신이 없다면 함께 사라지는 것이므로 실제로는 정신의 감각이라고 해야 한다. 그러므로 꿈을 꿀 때는 육신의 눈으로 보지 않는데도 꿈이 보이는 것이다. 이 정신의 감각이 온 우주를 가득 채운 것이고, 정신이 느끼는 '지금' 이 찰나에 과거도 생각하고 미래도 걱정하니 삼세가 정신에 들어 있다는 것이다. 이것이 윤원구족의 뜻이니 도량이기도 하고 일체의 생각이 놓여있는 단이기도 하다. 이 정신의 감각이 돌아가는 것이 생활이고, 삶이고 인생이었다.

이렇게 만다라란 정신세계를 그림이나 문자로 표현해 놓은 것이므로 그림 자체에 삶을 바꾸는 신비한 힘이 있다고 생각하여 스스로의 위대함을 잃어버린다면 참으로 안타까운 일이 아닐 수 없다.

스님은 누구십니까?

생각이다.
모든 것이 '있다'는 생각도 생각이었고
모든 것이 사라졌다는 것도 생각이며
나는 누구인가도 생각이고
스님은 누구인가도 생각이다.
생각이구나 하는 것도 생각이다.

그러나 생각은 찰나에 사라진다.
찰나도 멈출 수 없는 세월을 따라 사라진다.
아니 사라지는 생각을 따라 세월이 사라진다.

다 사라지고 난 나머지가 '나[我]'라는 것이다.
'나'라는 것이 만들어낸 찰나의 작품…
찰나에 어느새 드러나고 족족이 사라지는 생각…
내가 만들고 내가 기억으로 품는다.

내 안에는 찰나의 출생이 있고 찰나의 적멸이 있다.
그리고 끊임없이 출몰하는 환상이 있다.
생각이라는 환상이 있다.

죽을 수 있다는 생각을 하는 환상.
죽을 수 없다는 생각을 하는 생각.

내 안에는 무지개가 있고
내 안에는 무지개라는 생각이 있고
내 안에는 생각이라는 환상이 있으나
모두가 사라진 나는 자취도 없으니…

나는 없지만 환상이고 생각이고 꿈이며
세상이고 인간이고 번뇌며 미혹이다.
그 이름을 중생이라고 하며
그 이름을 깨닫는 능력이라 하고
그 이름을 깨달음이라 하며
그 이름을 부처라고 하고
그 이름을 공(空)이라고 한다.
그래도 남은 것은 없다.
그래도 이대로 변할 것은 없다.

삼세 중 어느 마음에 점을 찍으시겠습니까?

덕산스님은 『금강경』을 삼십여 년간 공부하셨고, 금강경소초까지 지으셨던 교종의 추종자로 알고 있습니다. 그런데 어떤 계기로 인해 선사에게 찾아가게 되었고, 가는 길에 떡을 파는 노파를 만났다고 합니다. 『금강경』을 공부했다는 이 스님에게 과거, 현재, 미래 중의 어느 마음에 점을 찍겠느냐는 질문을 던집니다. 제대로 답을 하면 떡을 팔 것이요, 아니면 팔지 않겠다는 말과 함께요.

불경에는 과거심 불가득 현재심 불가득 미래심 불가득이라고 하는데, 어느 마음에 점을 찍을 수 있을지… 선사들의 일화를 들어보면 대단한 것이 있는 것처럼 들리면서도 이해하기가 너무 어렵습니다.

설명하는 자비

선가의 어록이란 깨달았다고 하는 자들의 말을 옮겨 놓은 것인데, 어찌 그렇게 하나같이 정상적인 표현을 못하는 지… 만약 깨달은 자의 말이 일상적인 언어가 아닌 특별한 것이어야 한다면 석가모니부처님은 깨닫지 못했다는 말인가. 게다가 팔만사천의 법문을 하셨으니 석가모니부처님은 수다쟁이였던 것인가. 한 생각만 일으켜도 진리에서 천리만리 멀어진다는 말을 듣고서 소승도 엄청난 고민과 번뇌를 하게 되었다. 하지만 많은 시간을 헛되이 보낸 후 남는 것은 허망한 교만뿐이라는 사실을 알게 되었기에 불경으로 눈을 돌린 것이다.

선어록은 선사들 나름대로 깨달은 바를 선사도 아닌 자들이 나름대로 번역한 책이니 믿을 만한 것이 못 된다. 선사들은 달마를 초조(初祖)로 삼아 깨달았다고 하지만 달마의 뜻이 그대로 옮겨진 것이 아니므로 역시 믿을 만한 것이 아니다. 그리고 달마는 불경을 보고 깨달았으니 불경과 완벽하게 같다고 생각할 수도 없으므로 믿기 힘들다. 불경도 석가모니부처님의 뜻을 제자들이 옮긴 것이기는 하지만 이보다 더 가까이, 순수하게 전해진 것은 없기에 당연히 불경을 보아야 옳을 것이다.

선사들은 한순간에 깨달으면 그것으로 끝이라고 한다. 돈오(頓悟)란 한순간의 깨달음이지만 어리석은 습관이 완전히 사라지는 것은 아니기에 돈오한 깨달음으로 살아가는 점수(漸修)가 필요하다. 돈오가 전부라면 선사들은 모두 깨닫자마자 저승으로 갔어야 한다. 그러나 이 세상에 그런 법칙은 없다.

깨달은 자에게 가장 먼저 생기는 것이 자(慈)와 비(悲)의 마음이다. 선사들에게는 이 마음이 없는 듯하다. 그렇지 않다면 어찌 세간의 순리에 맞는 어법을 버리고 이해가 가지 않는 말로만 가르치려 하겠는가. 격외의 어구로 표현한 것은 스스로의 깨달음을 자랑하려는 동시에 남을 무시하는 처사다. 이는 깨달은 자들의 무리를 따로 나누려는 편가르기이니 사실상 중생과 다름없는 행위인 것이다. 불경은 올바르게 번역만 되면 아주 자세하고 자상하게 설명한 글이다. 물론 최하와 최상에 이르는 모든 중생에게 맞는 말씀이니 번역이 쉽지는 않다는 것은 당연하다.

과거심 불가득 미래심 불가득은 『금강경』 「일체동관분」에 나오는 문구다. 마음이란 과거라는 기억의 육진과 미래라고 하는 추측의 육진을 가지고 있기에 그 이름을 붙일 수 있게 되는 것이다. 사실상 머무르지 못하고 찰나에 멸하는 육진을 제외하면 마음이라고 할 것도 없음을 알려주시어 육진과 어우러진 마음이 오직 환화(幻華)와 같은 꿈에 불과하니 모든 중생이 이미 갖추고 있는 모든 능력이 곧 꿈의 법칙이라는 것을 깨닫게 하는 대목이다.

그런데 그 마음의 텅-빈 것만을 진실한 것으로 생각한다. 즉 생멸하는 색은 거짓된 것이라고 무시하려 하며 오직 없는 것만을 참다운 자기라고 우겨대는 선사들은 하나만 알지 둘은 모르는 견해다. 그것은 몸이 허깨비와 같이 환상에 불과하지만 이 몸이 없으면 마음도 함께 사라져 '사라졌다'는 사실도 모르게 되는 이치를 모르기 때문이다.

울타리가 사라지면 마당이라고 할 것도 없는 것처럼 이미 지나가 사라진 육진이 없다면 기억이라고 할 것도 없다. 그러니 아무리 허망할지라도 기억이 없다면 '나'라는 마음마저 사라지는 것이다. 이렇게 둘이 항상 함께하는 동반자의 관계임을 모르기에 한쪽만 선택하고 한쪽은 버리려는 우를 범하게 되는 것이다.

자석은 반으로 나누어도 음양이 존재하고, 잘게 부수더라도 음양이 존재한다. 음양이라는 양극은 떨어질 수 없으니 한쪽을 버리고 다른 한쪽만 가진다는 것은 불가능한 일이다. 그러나 자석의 양극(陽極)은 생멸하는 헛것[生滅法]이니 버리려 하고, 반대쪽인 음극(陰極)은 보이지 않고 무너지지도 않으니[常住法] 참다운 '나'라고 생각하여 자석의 절반만을 취하려고 한다. 이치를 거스르는 일이 아닐 수 없다.

세상과 몸과 마음과 생각은 모두 헛것이지만 상호 불가분의 관계로 존재하게 된다. 이것이 불법(佛法)이고 삶이며 현실이다. 단지 깨달아야 할 것은 생사마저 서로 마주하고 있는 불가분의 '헛것'이라는 사실이다.

생이 없다면 사가 없고, 사가 없다면 생이 없기에 생사는 언제나 함께하는 것이다. 항상 함께하는 것이 삶과 죽음이라면 이것은 고유한 성질의 삶이나 죽음은 없다는 말이다. 이렇게 생과 사란 마치 생각과 같이 환상에 불과하므로 영원한 환상세계가 곧 열반임을 깨달아야 한다.

이러한 설명을 하지 않는다면 도대체 입은 어디에 써야 하는 것인가.

불경을 공부하라는 스님들은 역사적으로 많이 있었다. 통도사의 방장이셨던 호명스님도 22년간 밭을 손수 일구시며 선농일치의 행을 하셨다. 참선에 앞서 경전을 공부하라고 강조하셨던 분이다.

불경은 각자의 상상에 맡겨 추측하라고 있는 것이 아니다. 바로 지금을 설명한 과학 중의 과학임을 잊지 말아야 할 것이다.

230

스승님을 모시는 재가불자가 되고 싶습니다

불교를 공부한 지 얼마 되지 않아 아는 것이 없지만 재가불자로서 큰스님의 제자가 되고 싶습니다. 부족하지만 혜안을 가질 수 있도록 지도해주세요. 큰스님의 법문들을 유심히 보니 이 세상 모든 것이 공하게 존재하여 있는 그대로의 모습을 드러내시는 것 같습니다. 참으로 신기합니다. 과연 큰스님의 제자가 될 수 있는 자질이 있는지 봐주십시오.

불멸 **3**
IMMORTALITY

지금이 곧 가르침의 도량

이름은 재가불자가 될 수도 있고, 출가승도 될 수 있으며 소승의 제자가 될 수도 있고, 석가모니부처님의 제자도 될 수 있다. 그러나 출가승이 출가의 이유를 모른 채 호구책으로 승려의 모습을 흉내 내서는 안 될 것이다. 이는 석가모니부처님의 발자국을 지우는 일이고, 한편으로는 태양과 같은 스스로의 위대한 불성을 무너트리는 일이기도 하다.

만약 피할 수 없는 죽음 앞에 서 있는 사형수가 지금 자기의 모습이라고 생각할 수 있다면, 그래서 생의 마지막인 절명의 순간을 맞이하기 전에 생사의 숙명을 끊고자 한다면 그 마음은 이미 석가모니부처님의 제자이며 불자라고 할 수 있다. 알고 나면 해답이 어렵지도 않고 멀리 있지도 않음을 절감하겠지만 스승을 만나지 못한다면 그 방향을 잡는 것조차 쉽지 않을 것이다. 하지만 온 천지가 이치로 인해 드러난 모습이므로 지금이 곧 적나라한 가르침의 도량임을 잊어서는 안 된다.

'생겨났다'는 말은 본래 존재하던 것이 아니지만 드러났다는 뜻이다. 나를 포함하여 보이는 세상은 모두 생겨난 것이다. 생겨난 것은 반드시 사라진다. 생일이 있는 자에게는 반드시 죽음이 따르는 것과 같다. 생겨난 육신은 눈에 보이지만 육신을 자기로 삼는 '마음'은 보이지 않는다. 육신과 마음은 이렇게 서로 그 성질이 반대이지만 언제나 함께 한다. 한쪽이 사라지면 다른 한쪽도 함께 사라지기 때문이다. 그러므로 한쪽이 사라지지 않는다면 다른 한쪽 또한 영원히 생겨나게 되는 것은 당연한 이치다. 즉 사라지지 않는 마음[無心]이 있기에 몸이 다시 생겨난다는 말이다.

보통의 수행자들은 생(生)한 법이 멸(滅)하게 되면 생한 법은 없어지고 멸한 법만 남는다고 생각한다. 그러나 그런 법칙은 있을 수 없다. 바다가 파도를 이루었다고 바다가 사라지는 것도 아니고, 허공에 구름이 생겼다고 그 자리에 허공이 사라지는 것도 아니다. 즉 어리석음이 되었다고 본래의 깨달음이 없어지는 것도 아니라는 말이다.

생멸법(生滅法)이라는 말은 생겨났다가 사라지는 법칙을 나타내는 말이기도 하지만 '생법과 멸법(생겨남을 만들어주고, 없어짐을 받아들이는 법)이 함께 존재한다'라는 뜻의 단어로 쓰이기도 한다는 말이다. 그러므로 이 생멸법을 알면 편안한 해탈을 가질 수 있게 된다.

우리는 잠을 잘 때 다시 깨어날 것이라는 확신이 있기 때문에 잠을 이룰 수 있다. 생법인 몸이 잠깐 스러진다고 하더라도 멸법인 마음은 없어질 수 없으니 곧 새로운 육신이 드러날 것이다. 잠을 자고 깨어나듯이… 이렇게 새 옷을 입고 다시 깨어난다고 생각한다면 '죽음'이란 잠깐의 휴식이라고 생각할 수밖에 없다는 말이다.

이 온 우주에 생과 멸이 함께하지 않는 것은 없다. 만약 생이나 멸 중에 한쪽만 있다면 없다는 것도 없다고 해야 한다. 이것이 무슨 말인가. 꿈이 없다면 정신도 사라지니 잠들어 있다는 생각도 없고, 그렇다면 '없다는 것도 없는 상태'라는 말이다. 꿈이 보일 때만 마음이 생겨남을 알 수 있는 것처럼 현실적인 몸이 보이기에 몸을 보는 마음이 함께하고 있음을 알 수도 있는 것이다.

이러한 여래의 법칙을 단 하나 '생멸법'이라는 단어에서도 깨달을 수 있으니 이 단어 하나로 해탈을 이룰 수 있지 않겠는가. 또한 『금강경』「정신희유분」에서는 '이러한 글을 읽고 환희심을 낼 수 있다면 이 사람은 한 생이나 두 생 동안만 선근을 닦은 것이 아니기에 이러한 말을 듣고 당연하다는 신심이 생기는 것'이라고 말씀하셨다. 그러니 '해탈할 수 있다'는 믿음을 갖는 것이 곧 보살의 초지(初地)에 드는 것이라는 말씀도 믿게 되는 것이다.

231

유수행이 무슨 뜻인가요?

 큰스님의 답글을 보면서 유수행이라는 말을 보았습니다. 유수행이라는 말의 뜻이 무엇인지 궁금합니다. 그리고 부처님께서도 하셨다는데, 어떤 상황에서 어떤 방법으로 하셨는지 알 수 있을까요?

수명을 연장시키는 행

 유수행(留壽行)이란 수명을 연장시키는 행을 한다는 말이다. 이 행은 가장 높은 법을 얻고 가장 큰 명목을 가져야만 할 수 있는 행이다.

가장 높은 법이란 오직 '나' 말고는 존재하는 것이 없다는 것을 깨닫고 그러므로 '나' 보다 더 위대한 존재도 있을 수 없음을 깨닫는 것이다. 그래야 모든 법칙을 스스로 움직일 수 있게 되기 때문이다. 마치 내 손을 내 마음대로 쥐었다 폈다 하듯이…

가장 큰 명목이란 가장 높은 법을 전하고자 하는 뜻을 말한다. 즉 조금도 어긋남이 없는 불도를 얻고 나서 그 불도를 전하고자 할 때만 유수행이 이루어진다는 말이다. 이 일이 아니라면 자기 말고 남이 있게 되므로 자기는 온 중생 가운데의 하나라는 말이고, 그 중생법에 따라야만 한다. 즉 많은 것 중의 하나는 그만큼 작은 것이니 큰 기운을 따를 수밖에 없는 이치다. 그러나 오직 '나'만이 존재하고 그러므로 오직 나의 법칙이며 이 법칙으로 모든 중생을 감싸 안고 있다면 중생의 법은 작은 법이라 따르지 않을 수도 있고, 따를 수도 있게 된다.

마왕이 석가모니부처님께 이 세상을 떠나실 때가 되었다고 하자 제자들을 다 가르치면 가겠다고 약속하심으로써 첫 번째 유수행을 하셨다. 마왕이 또 찾아왔을 때도 '제자들이 아직 다 깨닫지 못했다'라고 말씀하시며 아직 떠날 의사가 없음을 두 번째로 밝히셨다. 이후 제자들에게 더 열심히 공부하여 청법하라고 은근하게 말씀하셨으나 제자들은 그 뜻을 이해하지 못했다. 질문이 적어지자 석가모니부처님께서는 다시 찾아온 마왕에게 '마지막으로 인도를 한 바퀴 돌며 불도를 전파하고 가겠다'라고 약속하시며 한 번 더 유수행을 하셨다. 제자들에게 이 사실을 알리자 모든 제자들이 슬퍼하며 만류하지만 이미 약속하신 것에 대해서 번복할 수 없다는 말씀으로 결론지으시며 결국 80세에 열반에 드시게 된다.

천상보다 이곳이 더 좋거나 아니면 죽는 것이 싫어서 유수행을 하신 것이 아니다. 단지 모든 중생과 다 깨닫지 못한 제자들이 안타까워 열반을 미루셨던 것이다. 이러한 모습을 본다면 유수행이 곧 석가모니부처님의 자비심이었음을 깊이 느끼게 될 것이다.

신통력을 갖추면 육도를 볼 수 있을까요?

 개는 후각이 발달하여 후각을 통해 세상을 이해하고 기억한다고 합니다. 그래서 개의 머릿속에 저장된 세상의 모습은 다양한 냄새의 조합일 것입니다. 또 개는 색맹이라 색깔을 구분하지 못한다고 합니다. 마치 흑백 TV를 보는 것처럼 명암으로만 세상을 구분할 것입니다.

각자의 업보에 따라 보이는 세상이 다르기는 하겠지만 세상을 느낄 수 있다는 것은 큰스님의 가르침대로 육근이 투명하기 때문일 것입니다.

또 이러한 의문도 듭니다. 인간의 감각 하나하나를 다른 동물들과 비교해 보았을 때 더 뛰어난 것은 없습니다. 그래서 축생과 인간 정도는 눈으로 볼 수 있지만 아귀, 아수라, 천상, 지옥은 볼 수 없겠다는 생각이 듭니다. 그렇다면 천안을 갖추어 두루 통달한 사람이라면 이 모든 세계를 볼 수 있는 걸까요? 신통력을 가진 사람은 불치병까지도 낫게 할 수 있다고 들었습니다.

이 모두가 허공임을 이치적으로 깨달은 사람과 실제적으로 육신통을 부리는 사람과는 어떻게 다를까요? 낮은 근기의 중생도 노력하면 이와 같은 신통력을 가질 수 있는 것인지 궁금합니다.

잘못된 관점의 신통력과 말세중생

중생의 감각능력은 업에 따라 각각 다르게 드러난다. 그것이 노력에 따라 달라지는 법칙에 속한다. 감각 끝에 있는 것이 실체가 있다고 생각하여 얻으려고 했던 만큼 노력하게 되므로 훈련이 되는 것이고, 그에 따라 자연히 그 결과를 얻게 되는 것이 '있음'으로 이루어지는 증상과(增上果)다. 그러나 이것은 감각의 허망함에 속은 것이다. 즉 전도된 중생의 무명이다.

태양은 본래 스스로 밝은 것이므로 모든 것을 비춘다. 그러므로 비친 것들은 모두 스스로 밝은 것이 아니다. 즉 밝음이 없다. 그러니 태양을 명(明), 밝음이라고 한다면 태양이 비추는 모든 있음인 물질은 모두 무명(無明), 즉 어둠이라고 해야 한다.

정신적인 면에서 본다면 모든 물질은 견정(見精)이 비춘다. 모든 것을 본다는 말이니 태양과 같이 밝은 것이 견정임을 알 수 있다. 견정은 시력을 포함한 정신적 감각능력을 말한다. 시력은 육안(肉眼)의 능력이 아니라 정신의 능력이다. 육안인 눈알은 물질이므로 시력에 의하여 육안은 보이지만 육안으로 시력을 볼 수는 없으며 정신을 잃으면 눈알이 있어도 볼 수 없게 되는 것이다. 시력은 정신으로 이루어진 것이기 때문이다. 정신은 변하지 않는다. 단지 기억이나 기억으로 이루어진 육신이 변할 뿐이다. 예를 들면 정신으로 이루어진 시력은 마치 건강한 사람의 눈과 같고, 육안이란 안경과 같은 것이어서 안경이 노후되거나 때가 묻으면 눈이 건강할지라도 세상이 잘 보이지 않게 되는 것과 같다. '시력의 안경'이 곧 '육안'이라고 보아야 한다.

자기의 육신이란 정신의 끝에 있게 되는 가장 가까운 기억이므로 사실은 이미 변화하여 과거로 간 것이지만 여운이 남아 있기에 마치 실체가 있는 것처럼 느끼게 된다. 실제 자기의 눈이 정신으로 이루어진 시력임을 모르고 물질로 이루어진 육안을 나로 삼게 되면 찰나에 생멸하는 생멸법(물질)에 들게 되고, 그로 하여금 죽고 사는 몸이 자기가 되고 만다. 식의 능력 가운데 하나인 '잔류 감각능력'에 의하여 찰나에 사라지는 것을 알아차리지 못해 그것을 잡으려고 한다. 즉 스스로의 몸이 진실하게 있다고 생각한다는 말이다. 그러므로 마음이 몸에 집착하게 되고, 그러면서도 본래 변화하는 몸임을 알기에 죽음의 공포에 떨게 된다. 감각을 얻으려고 했기 때문에 스스로 죽고 살게 된다는 말이다. 이때 이미 정신의 밝음은 사라졌다. 죽고 사는 눈(육안)이 본다고 생각하기 때문에 잠깐의 착각으로 죽음이 생겨난 것이다.

물질의 본성이며 재질인 원소는 허공과 같기에 '있음'이 될 수도 없다. 그러므로 아무리 형상을 만들어도 만들어진 것이라고 할 수도 없는 법이고, 산화(酸化)되는 법이므로 찰나에 사라지는 허망한 법이다. 산화란 '물질이 전자를 잃어버리는 변화'를 말하고, 전자란 찰나에 빛을 내며 허공이 되는 것을 말하기 때문이다. 그러므로 물질이란 시작된 것이라고 할 수도 없다. 그것이 곧 무시이래(無始以來), 즉 시작도 없이 이렇게 있는 듯이 드러나는 유위법이다. 이 유위법을 따라가기에 탐진치(貪瞋癡)에서 벗어날 줄을 모르고 생사윤회하는 중생이라고 한다.

정리해보자. 일체중생이 어리석어서 가지가지 종류로 변화하며 영원히 죽고 사는 공포의 윤회를 하게 되는 원인은 무엇인가? 정신의 감각능력 끝에 나타나는 찰나법(刹那法)인 물질의 잔상을 느끼는 잔류감각을 실제로 있다고 생각하여 그것을 자기로 삼고, 그것의 대상인 남을 물질이라고 보고는 둘 다 얻으려고 하니 본성인 정신의 존재가 묻혀버렸기 때문이다.

그러니 이제 중생의 지말적(支末的) 감각능력에 차이가 있다고 해서 그에 대한 논쟁이나 분별을 하는 것이 얼마나 어리석은 일인지 알게 되었을 것이다. 이미 스스로도 감각능력에 속았으며 그 어리석은 감각능력을 믿은 채 살아가고 있었음을 깨달았을 것이다.

육체의 능력이 다른 동물에 비해 떨어짐에도 불구하고 인간이 다른 동식물을 먹이로 할 수 있는 이유가 있다. 그것은 바로 지혜의 눈이 그들보다 수승하기 때문이다. 축생은 감각을 스스로의 첫 번째 잣대로 삼을 뿐이다. 물이 수소와 산소로 이루어졌음을 알아냈고, 수소와 산소는 허공이며 그렇기에 물은 허공일 수밖에 없다고 볼 수 있는 축생은 없다. 반드시 인간의 정신을 얻었을 때만 가능하다. 그러므로 인간은 물질을 변화시켜 쓸 줄 알지만 축생은 주어진 그대로만 쓰는 것이다. 이것이 지혜의 눈, 즉 '혜안(慧眼)'의 차이다.

이제 '혜안'으로서 일체를 바라보아야 한다. 몸이라는 것을 지혜의 눈으로 본다면 분명히 없는 것으로 보일 것이다. 왜냐하면 물질이란 본성이 허공이고, 또한 찰나에 산화하는 전자이기 때문이다. 또 다른 면으로 보더라도 시간 또는 세월이라는 것이 정지할 수 없는 것이어서 잡으려고 하면 이미 사라지는 것이 분명하고, 그렇다면 물질 자체도 사라지는 세월을 따라 함께 떠나가니 존재할 수 있는 시간조차 있을 수 없기 때문이다. 이렇게 허망한 것이 물질의 진면목이다. 이렇게 보는 것이 혜안으로 본 육신이다. 즉 육신이든 모든 물질이라는 것이든 시간적으로 보면 오직 지나간 기억일 뿐이고, 물질적으로 보면 모두 허공으로 빚어진 찰나의 환영일 뿐이며, 물리적으로 보면 허공의 떨림인 전자일 뿐이라는 것이 지당해진다. 그리고 전자가 소멸하는 것을 산화라고 하고 썩어서 사라지는 현상이라고 일컫는다. 그러니 이러함을 아는 존재라면 어떤 것을 신통이라고 하겠는가.

육신의 병(病)이란 허공으로 이루어진 현상인 물질과 정신의 착각 정도에 의하여 일어나는 부딪침을 말한다. 몸이란 산화하는 물질이므로 사라져가는 안개와 다름없다. 그런데 그것을 멈추게 하려는 마음이 있다면 얼마나 어리석은 일인가. 멈추게 하려고 열심히 노력하지만 그에 대한 결과를 갖지 못하고, 당연히 울화와 원한이 생긴다. 얻을 수 없는 것을 얻으려는 억지 때문에 생겨나는 부조화의 결과가 병이었던 것이다. 즉 몸이 허공임을 분명하게 깨달으면 순리에 어긋나서 드러나는 병은 있을 수 없게 된다. 단지 육신을 유지하여 수행을 마치려고 하거나 중생을 제도함에 있어 방편으로 중생과 함께하는 생활에 의한 병은 얻을 수도 있을 것이다. 자신의 상황과 어울리지 않는 음식을 먹어서 생기는 병이나 육신의 외상 등을 말한다.

이렇게 실제를 모르고 얻거나 버리려고 하면서 얻어지는 분노와 집착이 곧 병인데, 그 어리석은 마음을 고치지 않고 어떻게 병을 치유했다고 할 수 있겠는가. 몸을 있는 것으로 보고 그 몸의 병을 고치려고 하는 것은 찰나에 생겼다가 사라지는 환상을 실제로 있다고 보고 그 것을 고치려는 어리석음이다. 이런 저급한 정신을 가진 자에게 어찌 깨달은 자라고 말할 수 있을까. 진정 깨달은 자라면 육신의 병을 고치 겠다고 하면서 오히려 육신을 집착하게 하는 어리석은 짓은 하지 않 을 것이다. 먼저 마음을 편하게 하는 깨달음을 주고 그로 하여금 병의 근원인 무명을 치료한 후 방편의 약을 쓸 것이다. 그러므로 신통이라 고 하는 말이 세상에 잘못 전해져 있음을 알아야 한다. 누구든 절반의 확률을 가지고 있다. 만지기만 하여도 치료되거나 아니면 그렇지 못 하거나 둘 중의 하나를 가지고 있다는 말이다. 이것은 환자 스스로의 마음에 달린 것일 뿐이다.

신통력이란 말초적 감각으로 느껴지는 일을 말하는 것이 아니다. 신 (神)이란 곧 정신을 말하는 것이고, 통(通)이란 막힘이 없이 두루 도 달되어 그 끝이 없음을 말하는 것이다. 그러므로 '정신으로 통한 힘' 이 '신통력(神通力)'이라는 의미다.
인간은 하늘의 눈을 잃었기에 생사윤회한다. 즉 천안통(天眼通)을 잃 어버렸기에 죽고 살게 되었다는 말이다. 세상의 모든 것을 보려면 눈 에는 그 모든 것이 있어서는 안 된다. 빨간색을 보려면 빨간색 안경을 쓰면 안 되는 것과 같다. 그러므로 일체중생의 본래 감각은 맑고 투명 하다. 그러나 육안을 자기의 눈으로 삼고 나면 본래의 투명한 '천안 (天眼)'은 사라지게 된다. 육안은 찰나마다 생멸하지만 곧 그 인연마저 그쳐지면 생멸의 현상마저 산화되어 흩어질 것이다. 그러나 정신의 눈인 천안은 사라질 수 없기에 잠이 들어 있는 상태에서도 꿈을 본다. 그러므로 사후세계도 보게 되는 것이다. 이러함을 잠시만 생각해보아도 진정한 자기의 눈이 무엇인지 알 텐데 진정한 자기가 정신이라는 사실을 어찌 모를 수 있겠는가. 그리고 정신은 허공과 같아 이미 생사를 초월했다는 것 또한 어찌 모르겠는가. 이 정신의 눈은 일체의 허공과 통해 있다. 그러므로 높은 산에 올라 바라보면 드넓은 곳이 한눈에 들어오며 은하수가 한눈에 들어온다. 일체를 눈에 넣었으니 일체를 감싼 허공과 둘이 아니라는 말이 된다. 그러므로 하늘과 통하여 둘이 아니면서도 투명하여 영원히 사라질 수 없는 비물질의 눈이 스스로임을 깨달으면 생사를 초월하게 된다. 이것이 곧 천안통(天眼通)을 얻은 것이다.

천이, 타심, 숙명, 신족, 누진통이라는 것도 역시 온 우주를 머금은 이 정신의 본래 능력을 알려주는 말씀이고 일체중생 스스로에게 평등하게 갖추어진 위대한 능력임을 말하는 것이지 어리석음으로 얻어진 감각능력에 드러나는 신기한 현상을 말하는 것이 아니다.

이 세상에서 볼 수 없는 신기한 일이 일어나는 것은 모두가 노력의 결과다. 멀리 있는 것을 보려고 노력하면 죽어서 다시 태어날 때는 새가 될 것이다. 숨을 오래 참으려 노력한다면 다음 생에는 물고기를 이루게 될 것이다. 이렇게 얻어지는 것이 증상과지만 생사윤회에서 벗어나는 것과는 완전히 다른 문제다. 그러므로 본래의 정신에 갖추어진 천부적(天賦的) 능력을 깨달아 스스로의 위대함을 그대로 느끼고 바라보며 우주와 하나가 되는 수행을 할 수 있도록 지시해주신 말씀이 곧 육신통이라는 사실을 알아야 한다. 본래 갖추어진 능력임에도 그것을 모른 채 어리석게 작아져 죽고 사는 미천한 존재가 된 것이 곧 중생이기에 자비(慈悲)로 하여금 그들의 위대한 본성을 드러내 주셨다. 육신통에 대하여 이미 서술한 글이 있으므로 나머지 항목의 설명은 생략한다.

233

마음은 몸 전체에 퍼져 있는 것인가요?

 눈을 감아보았습니다. 색을 확인할 수 없습니다. 이제 색만 보지 못하고 다른 것은 다 느낄 수 있습니다. 그렇다면 눈에 대한 마음은 없어진 건가요? 눈에 대한 마음이나 소리에 대한 마음이 다르게 있나요? 그리고 손가락을 꼬집고 다리를 꼬집어보았습니다. 그 아픔이 일어나는 위치가 다릅니다. 그런 느낌을 아는 것이 마음이라면 몸 전체에 마음이 퍼져 있는 것입니까?

죽음이 있기 전에는 허공과 만날 수 있는 감각이 계속 존재하니 멈출 수 없는 꿈이네요. 저에게 있어 감각이나 물질은 없다고 '가정'하는 수준에 있는 것 같습니다. 그리고 해탈이라 함은 꿈이니 집착하지 말라는 이야기인가요? 무엇을 헤매고 있는지 모르겠습니다.

꿈의 이해

 몸이란 이름하여 물질이라고 한다. 그리고 물질은 감각 없이 그 실체를 찾을 수 없다. 즉 물질은 색, 소리, 냄새, 맛, 감촉, 뜻을 제하고 나면 없는 것이며 이 여섯 가지 육진은 그것을 느끼는 감각인 눈, 귀, 코, 혀, 몸, 의미인 육근에만 느껴지는 것이지 달리 그것들의 실체를 말할 수 없다.

눈이 없는 자에게 색을 설명할 수 없고 귀가 들리지 않는 자에게 소리를 알려줄 방법이 없다. 혀가 없는 자에게 맛을 알려줄 수 없고 온몸이 마비가 되어있는 자에게 가려움이나 아픔을 말해줄 수 없다. 그리고 의미를 모르는 나무에게 슬픔을 알려줄 수도 없다. 그러므로 육진은 육근에 의해서만 느껴진다는 것을 알 수 있다.

그리고 육진이 없으면 육근도 쓸 곳이 없다. 세상의 색깔이 모두 사라진다면 눈이 있어도 무엇에 쓰는 것인지 알 수 없는 것이다. 이렇게 육진인 세상과 육근인 감각은 서로 불가분의 관계다. 둘이 아니라는 말이다.

귀가 없어도 소리가 사라지고 소리가 사라져도 귀가 사라진다. 그리고 그 둘이 만났을 때 생겨나는 것이 있다. 육식, 즉 눈과 색이 만나면 '보인다'라는 인식이 생겨나게 된다. 이렇게 육진과 육근이 만나면 육식이 일어나게 되고, 육진과 육근의 관계처럼 육식도 불가분의 관계로 이루어져 있다.

'보인다'라는 인식이 없다면 눈도 없는 것과 마찬가지고 색도 없는 것과 같다. 그러니 육식이 없다면 육근도, 육진도 없어지는 것이기에 이 셋은 셋이지만 셋이 아닌 한 덩어리라는 사실을 알 수 있다.

그리고 이 셋이 만나야만 이런저런 생각이 생겨나게 되니 셋이 모인 것을 생각이라고 해야 하는 것이다. 생각은 마음이 일어나서 움직이는 모습을 말한다. 만약 잠잘 때 마음이 사라진다면 오장육부는 누가 움직이게 하겠는가. 그리고 마음 자체가 사라진다면 어찌 꿈은 꾸어지겠는가. 그러므로 마음 자체는 사라지지 않지만 잠자던 마음이 움직이면 생각이 이루어지게 되니 그 마음은 깨어난 마음이라고 해야 할 것이다. 이 깨어난 마음은 셋으로 이루어졌고, 꿈도 셋으로 이루어졌기에 생각이 살아나게 된다. 따라서 이 셋은 모두 마음의 다른 모습임을 알아야 한다.

다시 말하면 물질이라고 하는 육진(몸)도 마음이고 감각이라고 하던 것도 마음이고 인식하는 능력도 마음이며 이 셋이 모여 움직이는 생각도 마음이라는 것이다. 이렇다면 이 세상에 마음 말고 또 무엇이 남아 있겠는가. 모두가 마음이라는 것을 알면 내가 곧 마음이고 세상 전체라는 사실을 깨닫게 된다. 그러므로 원할 바가 더 이상 없게 되고 버릴 것도 없어지며 온갖 번뇌가 사라지는 것이다.

그리고 모든 것이 마음이라고 할 때 그 마음은 물질이 아니라는 것도 알고 있으니 죽고 사는 두려움도 사라진다. 허공 같은 마음은 이미 생사에서 벗어나 있으니 죽고 사는 모습이 보인다고 하더라도 정신세계인 꿈에서 있는 일과 다름없고, 그렇기에 두려울 것도 없다. 또 허공과 같은 마음은 깊은 잠에 빠진 마음과 같이 본래 있는 것이 아니니 사라질 수도 없기에 인연 따라 계속해서 꿈이 나타나게 된다.

죽음은 없다. 물질이 있다면 죽을 수 있겠지만 물질은 오직 마음에만 느껴지는 환상이니 누구도 죽을 수 없다. 모두 꿈임을 안다면 집착할 것도 없고 피하려 할 것도 없이 그저 즐기기만 할 것이다. 죽고 사는 것이 오해에 의해 생겼던 허망한 생각임을 깨닫고 일체의 걱정이 사라지게 된 마음을 해탈심이라고 한다.

조용히 하나씩 글을 읽어가다 보면 질문할 것은 사라지고 기쁨만 가득하게 될 것이다.

고단한 날갯짓

새가 천년을 날았다 한들
단 하나의 날갯짓이 남을 수 없듯
허공 같은 마음이 수없는 생각을 힘들여 지어내도
단 하나의 의미마저 남겠는가.
무심에서 일어나 찰나에 사라지는 것이
생각이고 의미임을 안다면
더 이상 생각에 의미를 두는 것은
진정 어리석고 고단한 날갯짓이리라.

234

수행법이 너무 많은 것 같습니다

 인터넷에서 찾아보면 상당히 많은 수행법이 있습니다. 그리고 대부분 사람들은 스승을 필요로 하지요. 그렇지만 저는 스승을 찾을 수 있는 처지가 아닙니다.

진리를 알면 그것이 곧 진정한 참선임을 설명하는 글은 잘 보았습니다. 그러나 그 말씀이 맞는다면 다른 법은 가짜입니까? 많은 수행법이 다 깨달음을 궁극의 목표로 하는데 그중에 무엇을 선택해야 할까요? 큰스님께서 말씀하신 것 외에 또 다른 무슨 방법이 있을까요? 깨달음이 무엇인지도 모르는 초보자들을 위해 쉽게 설명해주셨으면 좋겠습니다.

둘이 아닌 가르침

번뇌는 몸과 마음이 만나야 생긴다. 공포나 질투심도 몸이 나 마음 중에 하나만 없다면 생길 일이 없다. 그리고 마음의 번뇌가 없다면 해탈이나 깨달음을 얻어야 할 이유도 없어진다. 그러니 몸과 마음 가운데 하나만 없애면 모든 할 일은 끝난다. 그러나 마음은 보이지 않으니 없앨 수 없고, 몸은 없앤다 할지라도 마음이 없어지지 않기에 다시 몸을 받을 것이다. 왜냐하면 둘 중의 하나만 있으면 항상 다른 하나도 함께 생겨나는 것이 진리이기 때문이다. 잠이 깊이 들면 자기가 살아 있다는 생각도 없고 생각이 없다는 생각도 없다. 그런데 꿈이 나타나면, 즉 마음이 작동하게 되면 몸을 일으키지 않아도 꿈속의 몸이 생겨서 도망치고 쫓아가기도 하니 항상 하나만 있으면 다른 하나를 없애도 다시 생겨나게 된다고 하는 것이다.

어떻게 둘 중의 하나를 없앨 것인가? 어떤 사람은 좌선을 하라고 한다. 몸을 죽여도 마음을 얻을 수 없는데 어떻게 몸을 앉혀놓는다고 몸이 없어지고 마음만 남겠는가. 또 화두를 들고 참선하라고 하지만 선생님도 없고, 배우지도 않는데 어찌 모든 것이 공함을 깨닫고 내 몸이 없다는 것을 깨달으며 먹고사는 걱정을 버릴 수가 있겠는가.

몸은 헛것이고 없어질 것이니 마음을 찾으라고 하지만 보이지 않는 마음을 어찌 찾을 수 있겠는가. 그리고 눈이 없으면 색도 없어지고 색이 사라지면 눈도 필요 없어지는데 어찌 몸을 버리고 마음을 찾을 수가 있겠는가. 이런 것들은 이치에 맞지 않는다. 그러므로 이치적인 방법을 찾아야 하고, 그 방법은 불경에서만 발견할 수 있다.

불경에는 온갖 진리가 들어 있고 진리 속으로 가는 길이 있으며 어리석은 중생을 진리 속에 데려다 놓는 위대한 인도자가 있다. 불경을 깊이 깨닫다 보면 어느새 일체 모든 것을 다 알아버리게 되고 개아(個我)에서 벗어나 우주의 왕이 된다. 그러므로 가장 위대한 스승은 불경이며 불경을 펼치신 석가모니부처님이다. 그러나 불경을 이해하지 못할 때는 세상의 스승을 찾아야 한다. 석가모니부처님을 스승으로 삼고 있는 제2의 스승을 찾아야 한다는 것이다.

석가모니부처님은 몸과 마음 중 어느 하나를 없애라고 가르치지 않는다. 단지 몸과 마음이 둘이 아니라고 가르치고 둘이 아닌 그 하나는 죽고 사는 것이 아니라고 가르친다.

소승도 오랫동안 헤매다가 결국 불경에서 얻고자 하는 것을 모두 얻었다. 석가모니부처님께서 알려주신 둘이 아님을 깨닫는다면 그 깨달음은 둘을 자기의 보배로운 부하로 삼게 된다. 그러니 깨달음은 셋이 모여 하나를 이룬 삼총사임을 깨닫게 하신다. 이것을 삼위일체라고 한다.

눈이 없으면 색이 없다. 그러니 색과 눈은 둘이 아니고 이 둘이 만나면 '보인다'는 깨달음이 생기는데, 그 깨달음은 혼자 있는 것이 아니라 눈과 색을 거느리고 있다는 말이다. 왜냐하면 보인다는 사실이 없어지면 눈이 있다고 할 수도 없고 색이 있다고 할 수도 없기 때문이다. 그러니 보인다는 깨달음은 셋으로 되었지만 셋은 단 하나의 보인다는 인식이라고 볼 수도 있는 것이다.

그리고 물질은 본래 없었다는 사실도 알려주신다. 물은 수소와 산소로 이루어지지만 수소도 허공이고 산소도 허공이니 둘이 만나도 역시 허공이다. 그러나 우리의 눈에는 '물'로 보이게 되니 정신으로 이루어진 감각의 위대함도 알게 된다. 물질과 정신은 둘이 아니라는 말이다.

꿈속에 있는 산과 집, 동물과 사람, 자동차 등은 모두 꿈으로 이루어졌듯이 이 세상 모든 것도 단지 마음으로 이루어진 것이다. 그러니 모든 것이 하나라고 배우고, 그것이 사실로 이해된다면 오직 마음만 남게 되니 또다시 할 일이 없어지게 된다. 이것이 진정한 깨달음이다. 마음에 두려워할 것이 모두 사라졌기 때문이다. 몸이라고 하던 것이 마음인 줄을 알면 무엇이 두렵겠는가? 생사가 죽지 않는 마음에서 나타나는 꿈과 같은 일이라면 무엇 때문에 겁먹고 거짓말하고 비겁해지며 훔치고 싸우겠는가?

마취 상태와 수면 상태

저는 몇 년 전 전신마취를 하고 수술을 받은 적이 있습니다. 수술 후 깨어나 개복 후 실로 꿰맨 자국을 보며 '나는 어디에 가 있었길래 내 몸이 이렇게 되는 것을 모르고 누워 있었을까? 대체 무엇을 하고 있었을까?'라는 생각이 들었습니다. 그리고 마취를 당하는 것과 잠을 자는 것은 어떤 차이일까 궁금해졌습니다. 잠을 잘 때도 어떻게 몸이 움직이는지 기억하지 못하고, 마취되었을 때도 마찬가지니 비슷한 상황이 아닌가 싶기도 합니다. 둘 다 꿈인 줄은 알지만 어떻게 바라보는 것이 맞는지 알고 싶습니다.

무심(無心)과 유심(有心)

마취란 업보인 육신의 감각, 즉 제2의 육근(六根)을 잠시 끊게 만든 것이다. '나는 그때 무엇을 했는가'라고 했는데 이 말은 업식(業識)을 자기로 삼고 살아왔다는 것을 알 수 있는 말이다. 모든 중생은 업식이 마치 자기인 것으로 착각하고 살기에 생사윤회하게 된다. 식은 문득 나타나게 되는 허깨비다. 본래 여래장(如來藏)에서 나오는 육진과 육근, 육식인 십팔계는 청정하여 끊어지거나 사라질 수 없다. 하지만 업(業)에 의하여 드러나게 된 생명, 즉 업보(業報)로 드러난 십팔계는 끊어지고 사라지는 생멸법이다. 그러므로 업식을 '나'로 삼으면 그 '나'는 항상 생멸변화함으로써 울다가 웃고 웃다가 울며 사랑하다 미워하고 미워하다가 사랑하는 변덕을 부리게 된다. 이러한 허깨비를 자기로 삼기에 고정된 내가 없고, 그러므로 허망함과 허무함을 느끼며 윤회하는 것이다.

꿈이 없는 잠을 이루었을 때도 역시 마취 상태와 같지만 꿈은 스스로의 능력으로 육식이 끊어진 것이고, 마취는 제3의 힘을 빌려 강제로 끊은 것이기에 외부의 힘이 사라질 때까지는 본성(本性)과 업보인 육신의 육근이 인연되지 못하고 업식의 자리에서 대기상태로 있게 된다. 그러나 식이란 근과 진이 없으면 작용이 일어날 수 없기에 일체의 인식작용이 일어나지 못한다. 즉 인식이 일어나려면 감각작용이 일어나야 하고 감각작용이 일어나려면 육진과 육근이 있어야 하며 육근이 있으려면 육진이 있어야 하며 반대로 육진이 있으려면 육근이 있어야만 한다. 육식이라는 아들이 있으려면 아버지라는 육진과 어머니라는 육근이 있어야 하고, 어머니가 되려면 당연히 아버지가 있어야 하며 아버지가 되려 해도 당연히 어머니가 있어야 하는 것과 같다. 그러니 아버지인 육진과 어머니인 육근 가운데 하나만 끊으면 저절로 육식인 자식이 없어지게 된다.

그러나 업보가 끊어지지 않아 아직 심장이 뛰고 있다면 육식마저 끊어진 것이 아니므로 마치 부모가 외출하여 자식 홀로 집에서 기다리는 상태와 같다. 만약 심장마저 멈춘다면 집이라고 할 수 있는 업식과 본성이 인연을 다한 것이기에 다시 본성으로서의 십팔계가 드러나게 된다. 그 상태를 바르도 상태, '중음의 세계'라고 하며 사십구재로 들어갔다고도 표현한다.

지금까지의 설명은 이해를 돕기 위한 방편이었을 뿐이고, 이러한 정신현상을 분석하면서 얻어야 할 중요한 요지가 있다. 잠이 들든 마취가 되든 육진과 육근의 만남인 감각작용이 사라지게 되면 완전한 무심(無心)이 된다. 그리고 다시 감각작용이 일어나게 되면 유심(有心)이 되고 '나[我]'가 생기게 된다. 물론 삶이나 세상, 나아가 일체의 의미와 사연도 생긴다. 여기서 세심하게 보아야 할 것은 나를 비롯한 마음, 세상과 삶, 사연, 의미 등이 어디서부터 시작되었는가 하는 점이다. 만약 무심이라고 하는 본성이 대기하고 있지 않았다면 어떻게 감각작용이 드러났겠는가. 즉 본성인 무심에 이미 육진인 몸과 육근인 감각, 육식인 감각작용에 의한 업보가 갖추어져 있었다는 말이다. 없던 마음[無心]에서 있는 마음[有心]이 되고 나라는 인식도 생겨나고 감각도 생겨났다. 그리고 감각이란 육진과 육근의 만남이니 몸과 마음이라고 할 수도 있지만 물질과 마음[物心]이라고도 할 수 있기에 물질로 이루어진 세상과 세상을 느끼는 나[心身]의 만남이라고 할 수도 있다. 그러니 무심 속에는 세상과 몸과 마음과 나라는 인식능력이 모두 준비되어 있었음을 깨달을 수 있다. 또한 이 세계와 나는 모두가 없는 마음으로 이루어진 것임도 깨달을 수 있다.

무심이란 더 이상 사라질 수 없는 마음이다. 없는 것이 다시 없어진다는 말은 논리에 맞지 않기 때문이다. 그러니 무심은 영원한 것이되 인위적인 약물이나 외부의 충격으로 인해 업보와의 연결을 막지 않는다면 반드시 세상과 나를 드러내게 되어 있다. 그러니 잠이 들거나 마취가 되거나 기절했을 때를 빼고는 삶이 항상 존재하게 되니, 영원히 깨어나고 잠드는 윤회를 반복하게 된다. 그러니 기존에 믿고 있던 죽음의 의미가 얼마나 어리석은 견해였는지 반추할 수 있고, 그 어리석음에 이제는 미소 지을 수 있는 것이다.

그리고 또 하나는 무심 없이는 삶, 나, 세계도 없으니 세계 속에는 무심이 항상 저변에 깔려있으며 세계란 무심에서 나왔으므로 무심과 반대되는 유심이라고 말할 수 있다. 이렇게 무심의 앞에는 반드시 유심이 드러나니 유심 속에는 무심이, 무심 앞에는 유심이 항상 함께하는 것이 법칙이며 진리다. 나아가 이 둘이 합해져야 세계를 이루고 나를 이루니 둘 가운데 어느 하나도 버릴 수 없는 하나의 운명이므로 둘이 아닌 이것은 무와 유의 화합이자, 있음도 아니고 없음도 아니기에 '꿈'이라고 함을 깊이 깨달아야 할 것이다.

236

스승을 찾으라고 합니다

 요즘은 동양보다 서양에서 불교에 대한 관심이 더 높다고 합니다. 히말라야에 직접 찾아가 수행법을 배우고 출가도 하는 모습이 미디어에 나오기도 하고요. 그런데 혼자서 수행하는 것이 아니라 '스승'을 찾아 그에게 가르침을 받는 것을 보았습니다. 식생활부터 몸가짐, 기도하는 법 등 많은 부분을 재정비하는 것이었습니다.

석가모니부처님께서 계시지 않는 현대에서는 어떻게 스승을 찾고 불교를 배울 수 있을까요? 불경은 너무 어렵고 불교 개론서는 너무 형이상학적으로 느껴집니다. 자세히 설명해 주실 스승님을 만나고 싶은데, 참 어려운 것 같습니다. 큰스님의 법문을 읽고 신선한 충격을 받아 용기 내어 질문해 봅니다.

선지식(善知識)

이치를 설명하지 않는다면 그것은 가르침도 아니고, 가리킴도 아니며 오히려 중생의 마음을 흔들고 혼란스럽게 할 뿐이다. 설명이 더 급한 것이지 결과를 말하는 것은 이름일 뿐 깨달음에 일체의 도움이 되질 않기 때문이다. 이것이 한국불교 나아가 세계불교의 현실이다. 모든 것에서 진리를 깨달을 수 있다는 말을 누군들 못하겠는가.

불경에 '선지식(善知識)'이라는 말이 있다. '식(識)이 선(善)함을 아는[知] 자'라는 뜻이다. 선이란 악의 반대를 말하는 것이고, 악이란 이치에 어긋난 마음의 행위를 말한다.

물질의 본질은 허공에 포함된 원소로써 수소, 산소 등의 모든 원소는 실체가 없는 허망한 것이다. 전자의 소멸이 원소이고 전자의 소멸이란 허공의 파장을 말한다. 그러나 이 허공의 파장이 감각능력을 만나면 인식된다. 그러므로 식의 능력은 파장마저도 없는 허공이다. 인식능력 자체가 떨리고 있는 것이라면 다른 떨림을 느낄 수 없기 때문이다. 소리를 자세히 들으려면 스스로의 숨소리마저도 죽여야 하는 것처럼 무엇인가를 감지하려면 감각능력 자체는 아무런 움직임이 없어야 한다. 즉 색을 인식하려면 눈 자체에는 아무런 색이 없어야 하고, 냄새를 인식하려 해도 코 자체에는 아무런 냄새가 본래 없어야 다른 냄새를 맡을 수 있으니 마치 때가 없이 맑게 닦인 거울이어야만 일체의 모습을 꾸밈없이 비추게 되는 것과 같은 이치다. 마구 흔들리고 있는 자동차 위에 저울이 있다면 무게를 정확하게 잴 수 없다. 바닥이 고정되어 바늘이 영점에 있어야 다른 무게를 잴 수 있는 것도 같은 이치다. 그러니 모든 것을 인식하는 인식능력은 맑고 고요하며 일체의 떨림이나 무게도 없는 것임을 알 수 있다. 세상을 인식하는 것을 '나'라고 하니 바로 공(空)한 인식능력을 말함이다.

그리고 '나'에게 인식되는 물질은 허공의 떨림이었으니 역시 허공일 뿐이다. 물은 수소와 산소이며 이것들은 허공의 다른 이름이다. 그러므로 아무리 물로 느껴진다고 하더라도 단지 적멸한 감각의 위대한 능력이었다. '나와 물질', '나와 세상'이란 모두 공한 것이며 이것이 실제의 모습이다.

그리고 시간이란 잠시도 멈추지 않는다. 그러므로 그 사이에 있어야 할 물질이나 생각도 역시 멈춤 없이 세월과 함께 사라지고 있다. 그렇다면 실제로 남는 것이 있겠는가. 세월 자체가 사라지면 그 세월에 있던 모든 것도 함께 사라지는 것 아닌가. 어제의 세상은 절대로 다시 돌아올 수 없다. 어느 장소에 저장된 바도 없다. 단지 기억에만 있을 뿐이다. 기억이란 식의 능력이고 관념이다. 모든 것이 인식된다고 하더라도 즉시 기억을 이루게 될 뿐 아무것도 '지금'이라는 시간에 남는 것이 없다. 왜냐하면 '지금'이라는 시간 자체를 잡을 수 없기 때문이다. 잡으려면 벌써 과거로 가 버리지 않는가. 모든 물질이나 생각도 본래 있는 것이 아니었음을 깨달아야 한다. 모든 생활이 이미 지나간 기억으로 지어지고 있었으므로 억지로 얻으려고 한다거나 변함없이 있어주기를 기대한다면 이치에 역행하는 어리석은 생각이다. 무언가를 얻었다고 하더라도 사라진 것을 얻은 것이고 공한 것을 얻은 것임을 알아야 한다. 그러니 집착한다면 반드시 집착한 만큼 허망해지게 되고 그만큼 한(恨)이 남게 될 것이다. 누구나 일체의 삶을 아무 때든 멈추고 허망하게 죽는다는 사실을 알면서 어찌 자식을 집착하여 가지려고 하는가. 그만큼 자식이 사라질 때에 통곡이 따르게 되는 것을… 재물이라고 다르겠는가. 악착같이 구두쇠 짓을 하여 모은다고 할지라도 아무 때든 놓아두고 가야 하며 병원에 던져주고 가야 하고 방탕한 자식에게 던져주어야 하는 것이며 도둑에게 주어야 하는 것이다. 절대 영원히 남는 것은 없다. 오늘 먹고 자고 입은 것에 만족한다면 인생이 어찌 힘들겠는가. 이것이 선행(善行)이다.

더 많이 갖고 남을 부리며 더 좋은 것으로 바꾸어 육신을 편하게 하려 하고, 더 귀한 것을 먹고 육신을 오래 머물게 하며 음욕을 채우려 애를 쓰다 병이 들고 비명에 떠나게 된다. 그때 가지고 가는 첫 번째는 이치를 깨닫지 못해 얻은 '욕심'이요, 두 번째는 본래부터 얻을 수 없었음을 몰랐기에 뒤따르는 '분노의 한'이며, 세 번째는 악착스러운 노력에 빠져 불도를 닦으려 해보지도 않았던 '어리석음'이다. 탐, 진, 치라는 삼독(三毒)을 가지고 다시 나게 되는 곳은 오직 지옥, 아귀, 축생일 뿐이다. 일체가 공함을 알고 공함을 즐기며 선하게 노닐다 가는 자의 다음 생은 천상이고 적어도 인간계에 다시 오게 된다. 이러한 진리, 즉 불법을 전혀 알지 못하기에 역행하며 얻어지는 삼독의 행위가 바로 악행(惡行)이다.

그러나 실제를 보면 도대체 존재하는 것이 없으므로 그것을 안[知]

인식에게는 스스로도 맑고 깨끗하며 그 인식 앞에 드러난 세상도 맑고 깨끗하기에 탐욕은커녕 스스로마저도 있지 않다. 그러므로 그 마음은 자기를 악착같이 얻으려고 하거나 지키려고 하거나 버리려는 마음도 없다. 이 마음을 선(善)이라고 한다. 삼천대천세계가 오직 선임을 아는 선한 식을 말하니 이것을 선지식, 깨달은 자이며 일체중생의 스승이라 하는 것이다.

237

다라니에 내재된 힘

불교경전을 보면 여러 가지 다라니가 많이 나옵니다. 절에 가면 사람들이 알지 못하는 문자로 된 주문을 많이 외우더라고요. 그 주문을 외우면 악재가 사라진다거나 사업이 번창하는 마법이 일어날 거라고 생각합니다. 그래서 저도 가만히 읽어보았는데 막힘 없이 자연스럽게 읽히는 특이한 경험을 했습니다. 그리고 신기하게 편안한 느낌도 받았습니다. 불경의 진언(眞言)에는 정말 특별한 힘이 내재되어 있을까요?

게송을 설하신 이유

다라니(陀羅尼)란 일체의 이치(理致)를 간략하게 표현한 것을 말하니 그림으로 그려진 만트라(만다라)도 다라니의 한 가지로 보아야 한다. 또 『원각경(圓覺經)』을 보면 석가모니부처님께서 세세한 설명을 펼치시고 그 끝부분에 내용을 다시 요약한 게송(偈頌)이 있다. 『반야심경』을 설하시고도 맨 마지막에 전체의 내용을 간략하게 압축한 다라니가 있다.

欲重宣此義 而說偈言
욕중선차의 이설게언

이 정의를 다시 베풀고자 하시어 게언(게송)을 설하신다.

그러므로 풀어서 설명하신 부분을 이해하지 못했다면 압축하여 설하신 게송은 더욱 이해하기 어려울 것이다. 이렇게 다라니는 아무런 뜻도 없이 외우는 주문이 아니다. 열심히 외우면 신비한 힘이 느껴진다든지 많이 독송하는 것만으로 복이나 가피를 입게 된다는 말은 허무맹랑한 소문일 뿐이다. 더구나 불경은 현대 과학에서 증명할 수 없는 이치들을 근본적으로 해결하고 있다. 과학 위의 과학일진대 어찌 법칙에도 없는 신비한 힘이 있다는 말을 가져다 붙이겠는가. 이는 과학 서적을 읽으며 마법이 일어날 것이라는 기대를 하는 것과 다름없다. 그리고 이미 한글로 번역한 불경을 보면서 경(經)을 제대로 읽고 있다고 생각하는 것은 옳지 않다. 한문이란 그 뜻이 광범위해서 역경가의 견해에 따라 얼마든지 그 본뜻을 벗어나게 될 수 있기 때문이다. 물론 인도어를 한문으로 번역할 당시에도 역시 같은 문제가 있었겠지만 당시의 유명한 번역자들은 대부분 인도에서 이미 석가모니부처님의 법맥을 이어 깨달음을 인정받은 육신보살(肉身菩薩)들이었다.

한문으로 된 불경을 다시 한국어로 번역하기 위해서는 잊지 말아야 할 자세가 있다. 기존에 고집하던 스스로의 삶을 포기하고 불경의 기본적인 가리킴, 즉 무아(無我), 무인(無人), 무중생(無衆生), 무수자(無壽者)라는 말씀을 절대적으로 믿음으로써 '살려고 하는 마음'을 버린 용맹심이 있어야 한다. 살고자 하는 미련이 있는 자가 어찌 무아의 경치를 이해하겠는가. 그러므로 불경의 내용을 설명해줄 수 있는 선지식을 찾는 것보다 더 중요한 일은 없을 것이다.

238

『능엄경』의 '본다'는 것

큰스님의 법문을 듣다 보면 『능엄경』에 대한 이야기가 많이 나옵니다. 그 내용이 궁금해서 인터넷으로 본문을 찾아보았습니다. 앞부분에서는 '보는 것'의 특징에 대해 많은 부분을 할애하고 있었습니다. 보는 것이란 우리가 보는 대상이라고 생각하면 될까요? 얽히고설킨 생각들 때문에 부처님의 비유를 이해하지 못하는 것 같습니다.

견정(見精)의 능력

보인다는 것은 '보인다'라는 '인식'이다. 다시 말하면 보인다는 현상은 정신적 느낌이고 생각이라는 말이다. 이러한 정신적 느낌을 안식(眼識)이라고 한다. 안식은 정신작용이지 색깔도 아니고 눈도 아니다. 그러나 중생은 색과 눈과 안근과 안식을 구분하지 못한 채 '보인다'고 대충 느끼고 말한다.

보이는 것은 색 덕분인가, 눈 덕분인가. 세상의 모든 색이 없다면 정상적인 눈을 가지고 있다고 하더라도 볼 것이 없으니 보인다는 안식은 생길 수 없다. 그러므로 눈의 세계[眼界]는 존재할 수 없다. 물론 그때는 눈이 있어도 구실을 할 수 없으니 단지 살덩이에 불과하다.

또 눈이 없다면 세상의 찬란한 색깔이 장엄되어 있다고 할지라도 이미 색깔이 아니다. 선천적 맹인(盲人)에게 있어서의 색은 아무런 가치나 의미가 없는 것과 같다.[5] 또한 아무리 표현력이 출중한 자가 색을 설명한다고 해도 맹인은 그 존재를 알아차릴 수 없다. 색은 빛에 의한 것이고 빛은 허공의 밝음일 뿐, 눈 이외의 감각으로는 느낄 수 없는 것이기 때문이다. 즉 허공의 바람은 느낄지언정 눈이 없다면 빛이나 색은 그 존재 자체가 언급될 수 없다는 말이다.

이렇게 사유해 보건대 과연 눈과 색 가운데 어느 것에 의하여 보이는 인식이 일어나게 되었는가는 말할 수 없다. 그러니 '보인다'라는 안식이 일어나려면 눈과 색깔이 모두 갖추어져야 함을 알 수 있으나 반드시 그렇지도 않은 또 하나의 조건이 있다.

만약 눈과 색이 서로 마주하고 있지만 순간에 정신을 잃어버린다면 어떻겠는가. 잠시 정신을 잃었다면 눈을 뜨고 있다고 세상을 볼 수 있겠느냐는 말이다. 즉 눈과 색이 갖추어지기 이전에 이미 정신이 깨어 있어야 안식이 일어나거나 사라짐을 느낄 수 있었던 것이다. 결국 눈과 색과 정신이 모두 모여야 비로소 '보인다'는 안식도 있게 됨을 알 수 있다. 이 셋 가운데 단 하나만 빠져도 보이는 세계는 자취도 없게 된다.

그러나 여기서 또 짚어보아야 할 것이 있다. 물질의 구성요소 가운데 하나인 색깔은 빛으로 이루어진 것이므로 물질이 아니다. 그러므로 물질을 그대로 놓아두고 색깔만을 소유할 수는 없다. 물론 소리도 그

5) 맹인에게 있어서의 색

如生盲人不識乳色 便問他言 乳色何似 他人答言 色白如貝 盲人復問 是乳色者 如貝聲耶 答言不也 復問 貝色爲何似耶 答言猶稻米末 盲人復問 乳色柔軟 如稻米末耶 稻米末者 復何所似 答言猶如雨雪 盲人復言 彼稻米末冷如雪耶 雪復何似 答言猶如白鶴 是生盲人雖問如是四種譬喩 終不能得識乳眞色

태어나면서부터 맹인이었던 사람이 젖빛을 알지 못하여 다른 이에게 묻기를 '젖빛이 어떠한가?' 하였다. 다른 이가 대답하되 '젖빛은 조개와 같다' 하였다. 소경이 다시 묻기를 '그러면 젖빛이 조개 소리 같은가?' 하니 다른 이가 '아니다'라고 대답하였다. 소경이 다시 묻기를 '조개 빛이 어떤가?' 하니 다른 이가 대답하기를 '쌀가루 같다' 하였다. 소경이 다시 묻기를 '젖빛이 보드랍기가 쌀가루 같은가? 쌀가루는 또 무엇과 비슷한가?' 하니 대답하기를 '눈이 오는 것 같다' 하였다. 소경이 다시 말하기를 '쌀가루는 차기가 눈 같은가? 눈은 또 무엇과 비슷한가?' 하니 대답하기를 '흰 두루미와 같다'고 하였다. 이 맹인이 비록 네 가지 비유를 들었지만 끝끝내 젖의 진짜 빛을 알지 못하였다.

「성행품」,『대반열반경』

러하고 냄새, 맛, 통증과 가려움 등 촉감도 그러하며 의미를 느끼게 하는 뜻까지도 모두 그 실체는 없다. 그러나 이 실체 없는 여섯 가지 육진을 빼고 나면 물질은 어디에도 없다. 그러니 실체 없는 육진이 모여서 물질을 이룬 것임을 알 수 있으며 실체 없는 것의 화합이란 곧 환상(幻相)이라는 것도 깨달을 수 있다.

그리고 환상이 되었든 물질이 되었든 이런 것을 느끼는 감각능력이란 어느 것도 있어서는 안 된다. 즉 눈은 어떤 색깔도 없어야 모든 색깔을 느낄 수 있고 귀는 어떠한 소리도 없이 고요해야 미세한 소리마저도 들을 수 있다. 거울에 파란색 테이프가 붙어 있다면 과연 흰색이 비칠 수 있겠는가. 파란 거울에 비친 흰색은 반드시 파란색으로 보일 것이 당연하지 않은가. 그러므로 세상의 냄새를 맡는 코에는 본래 아무런 냄새가 없는 것이 이치요, 역시 모든 맛을 보는 혀에는 자체의 맛이 없어야 하는 것이 이치다. 모든 감촉을 느끼는 몸은 일체의 촉감이 본래 없어야 모든 촉감을 느끼게 되며 역시 뜻을 받아들이려면 자기의 의미를 내세우지 말아야 남의 뜻을 느낄 수 있게 된다.

이렇게 볼 때 감각하는 능력은 한마디로 공(空)해야 한다. 물질이 실체 없는 공한 육진으로 이루어졌듯이 감각능력도 역시 공한 정신능력이었다. 나아가 정신 역시 공하므로 색깔과 눈과 정신, 아니 물질과 감각능력과 정신은 모두 공하다는 것을 인정해야 한다.

과학에서도 물질이 공하다는 것은 인정하지만 그 이유를 깨닫지는 못하고 있다. 그러나 불경에는, 특히 『능엄경』에는 더욱 상세하고 논리적으로 설명하고 있다. 위에서 서술한 내용 또한 모두 『능엄경』에서 인용했음을 밝힌다.

이렇게 모두가 공한데 어떻게 보이는 것이 있는 듯하고 보는 눈이 있는 듯 느껴지며 보인다는 인식이 일어나게 되는지 신기하지 않은가. 게다가 그 세 가지 가운데 하나만 사라지면 나머지도 모두 사라지게 되는 공동운명이니 세상과 세상을 보는 눈과 보인다고 인식하는 정신이 한 몸통이라는 것을 사실로 받아들여야 할 것 아닌가.

그러나 셋 모두가 없는 것으로 이루어졌으니 비록 공동운명인 한 몸이지만 몸이라고 할 수도 없는 공한 것이다. 그럼에도 불구하고 육신은 아픔을 느끼지만 세상의 물질은 나의 몸처럼 아픔을 느낄 수 없으니 분명히 나누어져 있기도 한 참으로 오묘한 모습이다.

한 중생의 '정신'에 몸이라는 육진과 감각이라는 육근과 인식이라는 육식이 들어 있는 것과 같이 견(見)이라고 하는 능력에 육진, 육근, 육식이 들어 있다. 즉 견정이라는 몸체 안에 '세상'이고 '물질'이며 '나'이고 '생각'이라 할 수 있는 십팔계가 들어 있다는 말이다. 그러나 견정은 움직이는 것이 아니기에 생멸하지 않으므로 언제나 십팔계를 드러낼 수 있다. 잠이 들었을 때는 무심(無心)이지만 언제나 그 무심에서 다시 깨어나 많은 사념이 나오게 되는 모습이 바로 그것이다.

물론 견정에 본래 갖추어진 능력이기도 하고, 견정에 의하여 드러나는 능력이기도 한 세 가지 가운데 물질이라고 하던 육진은 허공의 떨림이다. 떨림은 즉시 사라지지만 허공이기에 그 한계가 없으므로 영원히 떨림이 생산될 것이고, 떨림이 사라져도 결국 허공이 되기에 끝날 수 없다. 단지 생멸변화(生滅變化)하며 영원히 반복될 뿐이다.

또 견정 가운데 하나인 육근(六根)은 거울처럼 모든 것을 비추는 공한 감수능력이다. 그 거울 속에 있는 그림은 육진의 그림자라서 육진을 따라 사라지고 변화하지만 거울과 같은 바탕, 즉 육근은 변화하지 않으니 역시 영원히 존재하게 되는 것이다.

마지막으로 육식이라는 것은 육진과 육근의 사이에서 드러나는 또 다른 도깨비 같은 것으로 인연만 이루어지면 언제든지 나타나는 것이기에 생겨나도 생겨나는 것이 아니고, 사라져도 사라지는 것이라고 말할 수도 없다. 예를 들면 오른손을 육진이라고 하고 왼손을 육근이라고 할 때 두 손바닥을 마주치면 그 사이에서 육식이라고 비유할 수 있는 소리가 나온다. 그때 양손은 물질이라고 이름하지만 그 소리는 허공의 울림이므로 손과는 다른 것이기에 도깨비와 같다고 한다. 이 도깨비는 손바닥이 인연되면 언제든지 드러나는 것이며 육진과 육근은 앞에서 설명했듯이 이미 사라질 수 없는 것이기에 육식도 끝나는 날은 없다는 뜻이다.

그러므로 이제 깨달아야 할 것은 십팔계 하나하나는 항상 변화하고 사라지는 것처럼 드러나지만 그 작용은 허공으로 이루어지는 것이므로 종말(終末)이나 세간에서 말하는 말세(末世)라는 경계가 있을 수 없다. 그 십팔계를 드러내는 공한 견정은 생멸하는 십팔계를 '생산해내는 능력'이기에 생멸하지 않으며 그 능력은 언제나 십팔계를 비추고 있으므로 더욱 맑고 고요해 영원한 것이다. 허공보다 더 맑고 고요한 것은 진공(眞空)이라고 해야 하는데 어찌 사라지거나 생겨난다고 할 수 있겠는가. 그러니 일체중생의 견정은 본래 진공과 같이 영원하고 맑으며 고요한 것이기에 아무리 육신이 사라지는 것 같아도 영원히 다시 드러나고 또 드러나니 실제로는 죽고 사는 일이 있을 수 없었던 것이다. 이렇게 허공의 작용이었음을 깨달아 생사의 두려움에서 벗어나면 내가 살기 위해 남을 죽이려는 마음이 얼마나 어리석은 오해였는지 알게 된다. 이것이 해탈(解脫)의 '깨달음'이다. 달리 수행은 없다. 이렇게 깨달아 이 깨달음을 깊이 믿고 그대로 세상을 누리는 것이 진정한 수행자고 해탈자며 불자(佛子)다.

불경을 던져야 하는가

삶을 이루는 일체가 깨달음의 작용임을 깨닫는 것이 깨달음이요
깨달음이 만유와 온갖 사유를 지어냄을 깨닫는 것이 깨달음이며
감각과 경치와 사연은 셋이 아님을 깨닫는 것이 깨달음이니
별과 공간과 사유를 포함하는 것도
깨달음임을 깨닫는 것이 깨달음이다.
오직 깨달음뿐임을 깨닫지만 그것도 역시 깨달음임을 깨닫되
허망한 꿈을 지어내는 것이 깨달음의 능력임을 깨닫고
꿈과 깨달음이 둘이 아니며 모두 헛것이라는 것 또한 깨달아
헛것이기에 없고 없기에 없음마저 없음에 감동함이
붓다의 깨달음이다.
그런데 이 모든 것을 그려놓은 불경을 어찌 던지라고 하는가.

239

욕심이 먹구름이 되어 앞길을 막는대요

며칠 전 전남에 있는 한 사찰에 가서 예수재를 지냈습니다. 그 절의 주지스님께서 설법을 해주시며 학부모들을 향해 '서울대를 외치면서 기도를 하는데, 그렇게 욕심을 부리면 그 욕심이 먹구름이 되어 자식의 앞길을 막게 하는 겁니다.'라고 말씀하셨습니다. 지금까지는 절에 가서 진심으로 빌면 부처님께서 저를 도와주시는 것으로 알고 있었기 때문에 너무나도 놀랐습니다. 많은 사람들이 수능 때만 되면 '수능 기원 기도'를 하는데, 그것도 시험을 망치게 되는 요인이 될까요? 그 말씀을 듣고 걱정이 되어 잠이 오지 않습니다.

IMMORTALITY 불멸 3

누가 두려워하는가?

절에 가는 것은 도(道)를 닦기 위함이다. 도란 지혜가 가는 길을 말함이니 삼계와 칠대의 조화를 밝게 터득하여 무실무허(無實無虛)를 깨닫는 것이다. 이것이 예수재(預修齋)의 뜻이다.

삼계란 욕계, 색계, 무색계를 말하는 것인데 욕계란 욕심으로 이루어진 세계를 말하고 색계란 티끌로 이루어진 세계를 말하며 무색계란 색이 없는 세계를 말한다. 이 세 가지를 계(界)라고 하는 것이니 계는 욕(欲), 색(色), 무(無)라는 셋으로 이루어졌다는 말이기도 하다.

계(界)란 반드시 세계를 느끼는 자가 있어야 하고, 그래야 세계로서의 의미가 있게 된다. 즉 '나' 없는 세계란 있을 수 없다는 뜻이다. '나'란 세계를 느끼고 세계를 나름대로 인식하여 나름대로 견해를 가지고 나름대로 지어가는 의미를 말한다. 그러므로 실제적인 세계란 산하대지라는 '물질'과 그 물질을 느끼는 '감각'과 느껴진 감각을 바탕으로 의미를 짓는 '생각'이 모여 이루어졌음을 알 수 있다. 그리고 물질을 보면 여섯 가지로 나뉘니 육진이라고 하고 감각은 그 육진을 느끼는 것이니 역시 여섯 가지인 육근이라고 하며 여섯 가지 감각을 바탕으로 인식하니 생각의 종류도 여섯 가지인 육식이라고 한다. 그러므로 육진인 물질은 색계, 육근인 감각은 무색계, 생각인 육식은 욕계라고 하는 것이었음을 알아야 한다.

여기서 반드시 깨달아야 할 것은 이 세 가지는 모두 정신속에만 존재한다는 점이다. 왜냐하면 이 셋은 공동운명, 즉 한 덩어리기 때문이다. 물질은 허공의 원소로 이루어졌기에 공하지만 없는 것은 아니고, 감각은 허공의 원소를 비추어야 하니 원소보다 더 맑고 투명하며 인식이라는 것도 역시 보이지 않는 정신의 움직임일 뿐이다. 모두가 공하지만 이 가운데 단 하나만 없어도 모두가 사라지기 때문에 공으로 이루어진 한 몸체라고 보아야 한다는 말이다.

이렇게 셋이면서 하나의 운명으로 엮어진 셋을 계, 세계, 우주법계라고 하며 나, 정신 또는 원각이라고도 한다. 그리고 이 모두는 실체가 없는 정신의 작용일 뿐이니 환상의 세계라고 한다. 정신과 감각과 물질이라는 것이 이미 한 덩어리라면 어찌 따로 공하지 않은 것이 섞일 수 있겠는가. 모두가 깨달음에서 드러나는 꿈과 같다. 그러니 불경에서는 둘이 아니라는 뜻으로 불이(不二)를 드러내시고 모든 것이 다르지 않은 공(空)이라는 뜻으로 불이(不異)라고도 하셨다. 그러니 사실은 삼천대천세계 전체가 공한 정신세계가 아닌 곳은 없고 정신세계의 모든 사연은 꿈 아님이 없었음을 알려주고 계셨던 것이다.

이 세계뿐만 아니라 일체의 모든 계는 반드시 이 셋으로 구성되어 있었다. 자기만의 세계에도 무엇인가 끊임없이 추구하는 정신작용인 육식이 있으니 욕계가 갖추어진 것이요, 물질이라고 하던 육신이 있으니 색계도 갖추어진 것이며, 몸을 느낄 수 있는 정신의 감각이 있으니 무색계 역시 갖추어진 것이기에 '나'로서 존재하게 된다.

꽃이 한 송이 보였다면 이것은 보이는 세계, 즉 안계(眼界)가 갖추어진 것이다. 우선 꽃이라는 색이 있어야 하고 그것을 보는 자의 감각이 있어야 하지만 감각이란 색을 느끼는 것이니 색이 없어야 하는 것이 이치이므로 무(無)라고 해야 한다. 즉 거울에는 사물이 없어야 사물이 비추어지고 저울은 언제나 제로가 되어야 무게를 달 수 있는 것과 같이 감각은 맑고 투명해야 일체를 느낄 수 있다는 말이다. 그러므로 감각을 무색계, 즉 '색이 없는 계'라고 한다. 이러하니 안계에는 이미 색계와 무색계가 갖추어진 것이고, 꽃을 보려고 한다는 것은 꽃이라는 인식이 있었다는 말이니, 확인하려는 욕구, 즉 욕계도 이미 갖추어진 것임을 알 수 있다.

감각이나 생각, 즉 육근과 육식은 남이 아니다. 왜냐하면 일체를 느끼는 것이 '나'고 일체를 인식하는 것이 '나'라는 것이지 남이 느끼는 것을 내가 느끼고 남이 인식하는 것을 내가 대신 인식할 수는 없기 때문이다. 그러므로 육근과 육식을 자신으로 본다면 일체에는 모두 자기가 포함되어 있음을 알 수 있다. 세상을 볼 때도 나의 감각과 생각이 들어 있고 자기의 몸을 볼 때도 감각과 생각이 들어 있었으니 말이다. 이러니 일체만유에 삼계가 들고 삼계에 내가 들었으며 다시 일체만유 속에 내가 들었고 내 속에 삼계가 들어 있는 것임을 깨달아야 한다. 은하수를 볼 때 그 은하수 하나만 존재하는 것이 아니라 이미 은하수와 나의 감각과 생각이 모여 은하수라는 것이 존재하게 되므로 우주계에 내가 들어 있지 않은 곳은 없다. 내가 곧 우주법계라는 말이다.

꿈이란 실체가 없으니 무실(無實)이라고 한다. 그러나 본래 생사를 초월한 정신이 꿈을 꾸며 살거나 죽는다고 생각하는 것이니 아예 없다고만 할 수도 없으므로 무허(無虛)라고도 한다. 그러므로 꿈은 무실무허(無實無虛)고 정신도 무실무허며 그러한 정신으로 지어내는 현실세계도 꿈과 조금도 다름없으니 '삶' 역시 무실무허다. 일체가 무실임을 깨달으면 생사를 초월한 지혜를 얻는 것이며 일체가 다시 무허임을 깨달으면 마음 놓고 편하게 꿈을 꾸게 되리니 자유자재한 방편을 얻는 것이다. 이것을 이름하여 도를 닦는다고 말한다.

하나의 정신이지만 간단히 나누면 삼계(三界)라고 보아야 하고, 삼계를 다시 자세히 살펴보면 일곱 가지가 들어 있다는 것을 알 수 있다. 물질계라고 하고 색계라고 하는 것에는 지(地), 수(水), 화(火), 풍(風)이라는 물질의 사대요소인 사대(四大)가 들어 있다. 감각이라고 하는 무색계에는 공대(空大)라는 능력이 들어 있으며 생각, 또는 인식능력이라고 하는 욕계에는 견대(見大)와 식대(識大), 즉 현실을 직시하고 과거를 기억하는 두 가지 능력이 들어 있다. 그러므로 이 일곱 가지 칠대(七大)가 모여 삼계를 이루었다는 것을 알 수 있다. 그러니 온 천지란 칠대를 부품으로 삼고 삼계를 이치로 삼아 하나의 정신을 이루고, 그 정신이 다시 이치와 소재를 이리저리 인연 지어 전생의 업에 따라 비춤으로 하여금 드러난 환상이다. 또한 세월은 멈춤이 없고 그 세월을 따라 지나가는 세계는 영원히 사라진 꿈과 같은 기억이니 '이미 지난 꿈[昨夢]'인 것이다.

그리고 이 삼계와 칠대의 관계와 실체를 깨닫는 과정을 이름하여 삼칠수행(三七修行)이라고 한다. 이제 석가모니부처님께서 삼칠일(三七日) 만에 성도하셨다는 말이 이해가 될 것이다. 삼칠일이라는 말 가운데 일(日)이라는 말은 '태양(太陽)'을 말하고 태양은 밝음을 뜻하니 '삼칠을 밝게 깨달았다'는 말이다. 이 세상을 떠나가기 전에 이 세상의 실체인 삼칠을 밝게 깨닫기 위하여 하는 수행을 이름하여 예수재, 즉 육신이 사라지지 않았어도 '미리 몸과 마음이 청정함을 닦는다'라고 하는 것이다.

육진인 색계가 공하고 육근인 무색계 역시 공하며 육식인 욕계 또한 공하니 육신이란 어리석은 생각에만 실감 나게 있는 것으로 느껴졌던 것임을 알 수 있다. 그러니 그 몸이 없어지기 이전에 모두가 본래 생사를 초월한 지혜였음을 깨닫고 지혜로서 수행한다면 이 세상을 떠나더라도 반드시 그대로 지혜의 행을 할 것이며 나아가 청정한 천상계에 태어나게 될 수 있는 복덕 또한 얻게 됨은 지당한 법칙이다.

이러한 도(道), '지혜의 길'을 닦는 것이 곧 불도수행이므로 예수재라는 것도 올바른 법회, 올바른 설법을 이름하는 것이지 죽은 자나 신에게 음식을 차려놓고 복과 행운을 빌며 안녕을 바라는 제사(祭祀)가 아님을 알아야 한다. 이 예수재를 통하여 이렇게 맑고 투명한 정신으로만 이루어진 세계임을 깨닫는다면 도대체 누가 있어서 죽고 산다고 생각하겠으며 또다시 무엇이 모자라 빌겠는가.

240

망자의 의식, 윤회, 기도에 대한 의문

사십구재에 관해 답변하신 내용을 보고 질문드립니다. 제가 아는 상식으로 망자는 어떠한 생각도, 의식도 없는 것으로 알고 있습니다. 그런데 망자가 마음을 느끼고 생각하기도 한다고 하셨는데 그렇게 말씀하신 것은 잘못된 것 아닌가요?

이 세상 전체가 모두 공(空)이라는 재료로 이루어졌고 그 공을 능력적인 면에서 이름하면 원각(圓覺)이라고 한다. 이것은 개아, 사람, 중생, 사는 것이라는 생각을 가지고는 알 수 없다. 그러므로 불가사의(不可思議)라고 하는 것이다. 진공과 지구(행성)의 사이에서 허공의 변화가 일어나는데 태풍, 폭설, 폭우, 극심한 가뭄, 추위, 더위 등이 그것이다. 이 현상은 인간의 깨달음과 조금도 다름이 없다. 진공과 같은 육근과 별과 같은 육진 사이에서 육식이 일어나 태풍처럼 발광하기도 하고 서러움, 억울함에 비처럼 눈물을 흘리기도 하며 긴장으로 입이 마르고 공포에 떨기도 하며 당황스러움에 땀을 뻘뻘 흘리기도 한다는 말이다. 이것이 사(事)와 리(理)의 현상이니 물질적 현상으로 보이는 사실(事實)들과 그 속에 흐르는 이치(理致)가 화합을 이룬 것이다. 여기서 사실이란 물질적으로 드러난 변화를 말하고 그 물질적으로 드러나게 된 원인과 과정, 변화하는 능력 등은 이치라고 이름한다.

물질의 본질은 허공인 원소이다. 그러므로 생사가 있을 수 없다. 허공이 뭉치고 흩어지는 순환이다. 그러니 인간의 몸이란 허망한 현상일 뿐이지 인간적인 생각으로 보듯이 죽고 사는 것은 본래 아니었다.

그리고 인간의 육신을 드러나게 하고 변화하게 하는 이치는 드러나는 것이 아니기에 보이지도 않고 느낄 수도 없는 법칙이다. 이 법칙을 이름하여 마음, 나아가 정신이라고 한다. 따라서 정신 또한 생사를 초월한 것이다. 생각은 정신이 만들어내는 능력이므로 역시 보이거나 감각적으로 느껴지지지 않으며 망가지거나 멈추게 할 수 없다. 단지 기상천외하게 변화시킬 수 있으니 그것을 정신병이라고 한다.

잠이 들면 생각을 막론하고 육신의 움직임인 사실도 사라진다. 그러나 그 와중에도 생각은 움직여 꿈을 꾼다. 이러니 몸이 없어진다고 해서 생각도 없어질 것이라고 생각하는 것은 마치 몸이 생각의 능력을 만들어냈다고 하는 것과 같다. 즉 물질이 정신을 만들어낸다고 생각한다는 말이다. 정신은 만들어지는 것이 아니다. 허공과 같다. 육신처럼 생겨나고 결국은 사라지는 성질이 아니다. 생겨난 적이 없으므로 사라지지도 않는다. 만약 지구가 허공을 만들었다고 주장한다면 이말을 믿을 사람이 있겠는가. 지구가 흩어지면 허공으로 변하니 허공이 변화하여 지구를 만들었다고 생각해야 옳은 것처럼 정신이 변화하여 몸을 만들고 인연이 끝나면 다시 정신만 남게 되는 것이라는 이 치는 당연하다. 그러니 생각하는 능력은 끊어지지 않게 되고 그러므로 중음(中陰), 즉 바르도를 경험하며 다음 생을 선택하게 되는 과정을 겪는 것이다. 오직 생각만으로 일어나는 일이다.

어떤 상식이기에 망자는 생각을 못 한다고 말을 하는가. 질문자는 육신의 감각인 눈, 귀, 코, 입 등의 작용이 끝나면 생각도 끝날 것이라고 믿고 있다. 그렇다면 마취가 되어서 육신의 작용이 사라진다면 죽었다고 보아야 할 것인데 어떻게 의식이 다시 돌아오는 것인가. 이는 의식이 육신과는 달리 끊어지지 않는다는 사실을 말해주고 있다. 역시 사망했다는 말도 정신이 몸을 떠나 다시 돌아오지 않는 것이지 정신이 죽었다는 의미는 아니다.

그리고 궁금한 것이 있으면 신중히 생각하여 질문할 것이지 '잘못된 것이 아니냐'고 하는 말은 이미 스스로의 판단을 믿고 자존심을 버릴 줄 모르는 교만함에서 비롯된 것이다. 배울 수 있는 준비가 되어있지 못하다는 말이다. 학생은 '어째서 그렇게 될까'라는 생각을 할 수는 있지만 '선생님이 잘못하는 것은 아닌가'라고 생각하지는 않는다. 그런 학생은 이미 가슴을 열고 받아들이려는 마음이 없기에 배울 수도 없다. 그러므로 불경에 이르시기를 질문하는 제자들이 모두 오체투지(五體投地)한다고 하시는 것이다.

 만약 생과 사가 모두 공하다는 사실을 알았다면 무명(無明)도 없는 것을 있다고 생각하는 것에서 출발한 것이 아닌가 합니다. 무명이 없는 것이라면 윤회 또한 없다고 개인적으로는 생각을 굳히고 있습니다. 틀렸는지 알려주십시오.

 육신이 없는 이치를 깨닫고 그로 하여금 육신이 없다는 믿음이 생기고 육신을 우습게 생각하게 될 정도가 된다면 이승(二乘), 즉 벽지불은 이룰 수 있다. 그러나 윤회를 벗어날 수는 없다. 윤회를 벗어나려면 오직 원각만이 존재할 뿐 일체가 본래 없는 것임을 철저히 깨달아야 한다. 우스운 육신도, 생각도 일체가 멸도(滅度)되어 남음이 없다는 이치를 깨닫고 그 깨달음도 이미 사라져 남음이 없다는 깨달음에 머무를 수 있어야 한다는 말이다. 생각하고, 그생각을 다시 굳히고 맞는지 틀렸는지 궁금해하는 그 마음을 윤회심이라고 한다. 생사를 벗어나는 일은 아무리 높은 지위를 차지한 왕이라 할지라도 얻을 수 없고 아무리 돈이 많은 재벌이라도 역시 그러하며 아무리 착한 사람이라 할지라도 매우 얻기 어렵다. 오직 깨달은 자만이 얻을 수 있으니 깨달음이라는 것이 그렇게 초라한 것이 아님을 인정하고 목숨보다 진지한 마음으로 얻으려 하지 않는다면 결국 생사 속에서 윤회할 수밖에 없음을 알아야 한다.

많은 수행자들이 기도 수행을 합니다. 기도 또한 수행 방법의 하나

225

로 알고 있는데, 그 또한 공이니 그저 허망한 이름일 뿐이라고 생각해야 하는 것인지 궁금합니다.

원하는 바는 이루어진다. 아니, 스스로밖에 없기에 사실은 이루어지는 것이라고 말할 수도 없다. 즉 스스로가 슬퍼지면 스스로 슬퍼질 일을 자기의 마음에서 지었던 것이므로 결국 이룬 것이다. 그러나 자기가 짓고 자기가 느끼는 것이니 사실은 이루어진 것이라고 말할 것도 없을 것이다. 또 스스로란 정신이며 원각을 이름 하는 것이기에 온 우주법계에 가득 메워진 공(空)이라는 말인데 자기 말고 무엇이 있어서 누구에게 무엇을 원하여 누가 기도하는 것인가. 어리석은 마음에만 일어나는 일이다. 신이 있다고 생각한다면 신이 있게 된다. 자기의 마음에만… 배고프지 않으려고 부자가 되기를 바라서 그에 맞는 노력을 한다면 부자가 된다. 그러나 너무 먹어서 배탈이 나면 오히려 먹을 수 없게 되니 역시 배고프게 된다. 그렇다면 본래 원했던 바를 이루지 못한 것이다. 이처럼 스스로가 무엇을 원하는지 모르면 이루어져도 알 수 없고, 스스로가 무엇인지 모르면 불가능한 것을 이루려고 노력하게 된다.

그러나 진정한 나란 일체 모든 일을 지어서 생각하는 정신이므로 처음부터 이루지 못 할 일이 없었음을 알아야 한다. 소승이 살던 곳에 돌아다니던 거지는 찢어진 옷을 입고 다니면서도 항상 웃으며 아무것도 바라는 것이 없었다. 스스로 생각하기에는 모든 것이 충분하기 때문이다. 이것도 역시 이루어진 것 아닌가. 오직 생각일 뿐이다. 그리고 그 생각이 스스로라는 말이며 스스로가 사라지면 우주법계도 사라진다는 것을 알라는 말이다. 무엇을 바라는가. 무엇을 기도하는가. 모두 내가 만든 꿈인데…

.

241

자기와 법을 등불로 삼으라

석가모니부처님께서는 열반 전에 제자들에게 '자등명 법등명(自燈明 法燈明)'이라는 말씀을 유언처럼 남기셨다고 합니다. 부처님께서 남기신 불법을 등불로 삼으라는 말씀은 이해가 가지만, 아직 어리석은 자기를 등불로 삼으라는 것은 이해가 가지 않습니다. 선지식을 찾으라는 말씀과 자기를 등불로 삼으라는 말씀은 그 맥이 다른 것 같습니다. 제가 잘못 이해하고 있는 걸까요?

자등명 법등명(自燈明 法燈明)

인도의 고대어인 '팔리어'에서는 '디빠(dīpa)'라는 말을 물 가운데의 '섬'이라는 말과 '등불'이라는 두 가지 의미로 사용하였다. 그러므로 한역된 의미도 두 가지로 볼 수 있다. 중요한 것은 섬과 등불의 의미다.

'자기가 등불임을 밝히고 법도 등불임을 밝혀라' 또는 '자기란 섬임을 밝히고 법도 섬임을 밝혀라'라고 직역할 수 있는데, 섬이란 물 가운데 드러나 있는 땅이고 등불이란 어둠 가운데 드러나 있는 빛이다.

불[火]은 모든 것을 밝게 비추는 능력과 태워 없애는 능력을 말한다. 즉 탈것이 있어서 불이 붙게 되면 불은 탈것을 찰나마다 재로 만들지만 재가 되는 만큼 불도 사라지면서 모든 것을 분별할 수 있게 한다. 정신적인 면에서 보면 중생의 견정은 모든 것을 보고 분별하며 잠시도 멈출 수 없는 시간을 따라 찰나마다 기억으로 사라진다. 역시 견정에 의하여 분별되는 물질도 찰나마다 산화되며 깜빡이는 형광등의 빛처럼 자취 없이 사라진다. 단지 남는 것은 기억일 뿐이다. 이렇게 불과 견정은 그 능력이 동일하다. 그러므로 불을 견정으로 표현하고 음양(陰陽)에 있어서는 양(陽)으로 표현하는 것이다.

이 양이며 견정인 불의 반대는 자연히 음(陰)인 식정이며 물[水]이다. 삶은 모두가 기억의 놀음이다. 그리고 기억이란 타고 남은 재와 같이 생명력을 잃어버린 것이고, 바람 따라 사라지는 재와 같이 머지않아 사라질 허망한 것이다. 눈으로 보고 귀로 듣지만 시간은 이미 흘러가니 보고 듣는 모든 것도 그 무상(無常)한 시간을 따라 즉시즉시 기억으로 가 버린다는 것을 깨달아야 한다.

예를 들어 부모님이 나를 부르면 그 소리는 이미 사라졌지만 불렀던 기억이 남아 있기에 나는 대답을 한다. 그리고 나의 대답도 즉시 사라지지만 그 대답을 듣고 부모님은 다시 지시를 한다. 마당이 데워져 집 안이 시원하지 않으니 마당에 물을 뿌리고 들어오라고… 이미 부모님의 지시는 기억으로 사라져 한 티끌의 재와 같이 변했지만 그 기억을 가지고 물을 한 동이 퍼다 뿌린다. 물 한 동이를 뿌린 나의 행위는 벌써 사라졌으나 그 기억을 가지고 생각한다. 세 동이는 뿌려야 시원해지겠다고… 그 기억과 한 번 뿌렸다는 기억으로 다시 한 번 뿌리고 나면 이미 모든 행위와 생각은 그때 즉시 사라져 기억이 된다. 그 기억으로 다시 마지막 한 번을 더 뿌린다. 이제 다 뿌렸다고 생각하지만 물을 뿌리던 나는 시간을 따라 그만큼 늙었고 그 행위와 그 행위를 하던 젊은 나의 육신은 사라졌다. 그리고 물도 사라졌다. 영원히 돌아올 수 없는 과거 속으로… 이러한 것이 무상한 시간이며 무상한 행위이자 삶이다.

소리가 나기 전에 소리를 들을 수는 없다. 그리고 소리가 들리고 나면 이미 소리는 과거로 사라지고 말았다. 소리가 들렸을 때는 이미 소리 나던 찰나는 사라졌다는 말이니 소리가 들렸다는 기억만 남아 있다는 것이다. 기억은 없어진 것이기에 의미가 있을 수 없다. 만약 '지금 이라는 시간'이 단 일 초라도 정지하여 실제로 남아 있을 수 있다면 기억이 보탬이 될 수도 있겠지만 지금이란 잡을 수 없는 '기억의 시작점'이라고 보아야 할 뿐 실제로 존재하는 것은 아니다. 기억은 그저 삶이라는 활동을 위하여 존재할 뿐이다. 가고 오고 앉고 일어나고 대화하고 약속하고 서로를 알아보고…

이것이 삼천대천세계의 실상이다. 죽어도 살아도 항상 이 법칙 말고는 없다. 그러니 실제로 물질이 존재하는 시간이 있을 수 있겠는가. 아니면 내가 존재할 수 있는 시간은 있겠는가. 오직 '관념'에만… '오직 찰나적 생각'에만 실제라는 것이 존재하는 것처럼 느껴질 뿐이다. 그러니 육신도 기억의 시작점이고, 역시 생각도 기억의 시작이니 실제로 살아 있는 자기(自己)는 본래부터 존재하지 않았었다. '자기란 분별의 불[火]에 찰나적으로 태워져 이루어진 기억이라는 물에 뜬 섬과 같은 관념일 뿐'임을 깨달아야 한다. 만약 이러함을 깨달았다면 '자기가 섬임을 깨달았고 법(관념-생각)도 섬임을 깨달았다[自島明法島明]'고 할 수 있는 것이다. 모든 기억이 사라진다면 무엇을 나라고 할 것인가. 기억 없는 나는 없지 않은가. 그러니 '자기'란 오직 기억이고 기억은 없어진 것이다. '이미 멸도된 것[滅度已]'이라는 말이다.

햇빛이 쨍쨍한데 등불을 밝힌다면 과연 등불의 구실을 할 수 있을까. 앞에서 말했듯이 불은 양이고 불 가운데 가장 큰 불은 해[日]이기 때문에 '큰 양[太陽]'이라 하고 정신적으로는 견정이라고 한다. 그리고 태양의 반대는 태음(太陰)이니 가장 큰 물은 달[月] 이며 정신적으로는 식정이라고 한다. 그러므로 밝음이 양이면 어둠은 음이니 견정을 양이라고 한다면 식정을 음이라고 해야 하는 것이며 밝음이 견정이 되는 것이니 어둠은 식정이 되는 것이다.

식정은 기억의 능력을 말한다. 찰나에 분별된 것이 인식되었을 때는 이미 세월을 따라 사라져 버렸기에 인식능력은 기억의 능력이라고 보아야 한다. 실제로 '지금'을 잡을 수 없다면 모두가 기억이기 때문에 모두가 식정의 놀음이 아니겠는가. 그러므로 오직 인식뿐이라는 '유식(唯識)'의 가리킴도 있게 되었다. 이렇게 보면 어둠이라는 의미와 물이라는 의미가 기억이라는 의미로 상통함을 알 수 있다. 그러므로 팔리어의 디빠라는 말은 기억을 의미하고 있다는 것도 알 수 있고, 기억은 물 가운데의 섬이자 어둠 속의 등불이라는 것을 알 수 있다. 즉 '멸도'라는 말과 '등불[燈]'이라는 말 또는 '섬[島]'이라는 말의 뜻이 동일한 이치를 드러내는 것이다. 이것이 자등명법등명(自燈明法燈明)의 가리킴이다. 『금강경』「구경무아분」의 일부를 인용하겠다.

佛告須菩提 若善男子善女人 發阿耨多羅三藐三菩提心者
當生如是心 我應滅度 一切衆生 滅度一切衆生已 而無有一
衆生 實滅度者

불고수보리 약선남자선여인 발아뇩다라삼먁삼보리심자
당생여시심 아응멸도 일체중생 멸도일체중생이 이무유일
중생 실멸도자

부처님께서 수보리에게 말씀하셨다. 만약 선남자 선여인에게 아뇩다라삼먁삼보리의 마음이라는 것이 발생된다면 당장에 이와 같은 마음이 생겨날 것이다. 일체중생이 사라짐으로 건너 감을 상응하는 것이 '나'이지만 일체중생은 이미 멸도(滅度)된 것이므로 한 중생도 실답게 있다가 멸도된 자는 없는 것이다.

모든 것은 찰나에 과거로 간다. 아니 찰나를 잡을 수 없으니 모든 것은 이미 사라진 기억일 뿐이다. 이미 사라진 것이라면 언제 생겨났겠는가. 말할 수 없다. 그러므로 실제로 사라진다고 할 수도 없다. 그런데 그러함을 바라보는 '나'는 존재할 수 있겠는가. 만약 존재할 시간이 없음을 깨닫는다면 어찌 모두가 꿈과 같은 법칙이었음을 모르겠으며 어찌 생사의 의미가 얼마나 어리석었는지를 깨닫지 못하겠는가. 이렇게 깨달은 마음이 곧 해탈심이 아니고 무엇일까.

242

출세법, 입세법, 세간법의 뜻을 알고 싶습니다

집과 가까운 절에서 부처님오신날 법회를 듣게 되었습니다. 어려운 말이 많아 이해하기는 어려웠지만 출세법과 입세법이 다르지 않다는 말씀이 기억에 남았습니다. 출세법은 세속을 떠난 법이요, 입세법은 세속의 법인데 어떻게 그 둘이 다르지 않을까 하는 의문이 생겼습니다. 불교 용어를 새로운 시각에서 알려주시는 큰스님께 여쭤보려고 메모를 해두었습니다. 출세법, 입세법, 세간법에 대한 가르침을 내려주십시오.

불멸 3
IMMORTALITY

어디에도 진실한 것은 없다

불법(佛法)이란 세간(世間)을 이룬 법(法-물질과 물질을 이루는 법칙, 즉 몸과 마음을 합한 것)을 말한다. 그리고 세간이란 세월의 사이, 즉 과거와 미래의 사이인 '지금'을 말한다. 세간은 생멸하며 사라지지만 세간이 스쳐가는 지금은 영원히 지금일 뿐이며 유일한 만유의 터전이다. 마치 하늘에 뜬 구름은 사라지지만 하늘은 구름이 있던 자국도 없고 사라질 수도 없는 것과 같다. 그러니 찰나적으로 사라지는 지금의 세간 말고는 시간이나 공간이 따로 있을 수 없다. 과거도 지금 추억하고 미래도 지금 상상한다. 그러므로 '지금'은 과거와 미래의 중간이고, 세월의 중간이기에 '세간'이라고 이름하는 것이다. 삼라만상과 온 우주의 마음이 바로 지금에 있고, 이 지금의 모든 작용을 '불법'이라고 한다.

그러나 정신은 허공과 같아 사라질 수도 없고, 생멸하는 물질은 잡으려 해도 잡을 수 없는 허망한 환상이다. '사라질 수 없는 허공'과 '생기고 사라지는 물질'이 어울린 것이 지금이다. 그러므로 정신과 물질, 몸과 마음, 허공과 대지, 하늘과 별이 합해진 찰나가 지금이며 불법이라는 말이다.

간단히 설명하면 '나'란 사라질 수 없는 마음과 생기면서도 사라지는 몸이다. 사라질 수 없는 마음 때문에 몸도 자꾸 생겨나게 되고, 자꾸 생겨나는 몸 때문에 나라는 마음도 보이지 않게 생겨난다. 이것이 윤회(輪廻)다.

사람들은 불법을 구한다.

사람들은 깨달음[覺]을 구한다.

사람들은 좀 더 편한 세계를 구하지만 생사에서 벗어나는 길은 엄두도 내지 못한다. 지금이 사라지지 않는다면 정신도 사라지지 않는 것을 알 수 있다. 물론 구름과 같은 몸이야 사라지지만… 깨달음을 얻은 이가 몸이 사라지면 없는 몸으로의 삶이 시작된다. 그러나 새로운 삶도, 없는 몸으로의 삶을 살아도 그 시간은 오직 '지금'이니 오직 '불법' 가운데의 삶이고 다시 이 삶이 곧 불법이다. 이 삶을 통달하는 것이 깨달음을 얻는 것이고 부처를 얻는 것이며 진실한 나를 얻는 것이고 영원한 마음으로 영원하지 않은 생멸법(몸)을 누리며 노니는 황홀한 삶을 얻는 것이다.

모든 물질은 찰나마다 사라진다. 색은 퇴색하여 사라지고 소리는 허공 중에 묻히며 냄새는 바람따라 흩어지며 사라지며 맛도 곧 음식을 따라 뱃속으로 사라지며 촉각도 맞닿은 것만 떨어지면 사라지고 마는 것이니 그 생명력이란 찰나일 뿐인 것을 깨달아야 한다. 그 생명력이란 말이 찰나인 것이지 그 찰나의 실체를 얻을 수 없으므로 그야말로 모두 다 사라져 버리는 것이다. 그리고 그런 물질을 바라보며 '물질은 실체가 있다'고 생각하는 그 생각도 역시 찰나에 사라져 과거로 가면 다시는 그 시간을 되돌릴 수 없다. 일체가 이미 사라진 것들로만 이루어졌으니 오직 기억으로 만들어진 것이 현실이고 삶이었다는 결정된 진실에 도달하게 된다.

이것을 아는 '아라한(阿羅漢)'에게는 단 한 가지도 사라지지 않은 것

불멸3
IMMORTALITY

이 있을 수 없다. 그러므로 '세간'도 없고 '세간을 벗어날 길'도 이미 없다. 이러한 깨달음이라면 더 이상 도를 얻으려고 하지도 않을 것이고, 세간을 벗어나려고 하지도 않지만 지금 그대로가 곧 도를 이룬 것이 아니겠는가. 세간이 실제로 존재한다고 인정하기에 출세간과 입세간과 세간중을 나누며 분별할 뿐이다. 어디에도 진실한 것은 없다. 실체가 없다는 말이다. 찰나에 사라져 버리는 세계와 그것을 깨닫고 있는 청정한 정신만이 마주하고 있을 뿐임을 잊지 말아야 할 것이다.

243

뇌의 의식은 후천적으로 만들어진 것인가요?

불편한 몸이지만 하루도 빠짐없이 큰스님의 글을 읽고 있습니다. 열심히 탐구하다 보니 우리의 의식과 생각이 뇌 속에서 행하는 것은 아닌가 하는 생각이 들었습니다. 그 뇌의 의식은 태어날 때부터 갖고 온 것인지, 아니면 후천적으로 만들어진 것인지 궁금합니다. 운동을 담당하는 뇌세포의 괴사로 후천적 장애인이 되는 것을 보면 뇌에 의식이 있는 것 같은 생각이 듭니다.

IMMORTALITY 불멸 3

뇌의 역할

예전에 비슷한 질문을 받은 적이 있다. 뇌라는 것을 물질로 보고 있을 때는 이런저런 분별이 나올 수밖에 없다. 하지만 물질이 깨달음의 놀음일 뿐이라고 여러 차례 설명했다. 지구는 물질이고, 지구의 모든 물질을 얻어 만들어진 몸이라면 지구와 같은 재료이니 이 몸은 내가 아니다. 또한 지구를 이룬 물질은 허공의 화합이다. 그렇다면 뇌도 지구처럼 아무런 생각을 할 수 없다는 것을 알아야 한다. 뇌가 물질로 보이는 것은 어리석은 업식(業識)의 작용일 뿐이다.

과학에서 말하듯 물질이 원소라면 뇌도 이미 생사가 없는 원소들의 작용일 것이다. 작용이란 상호 간의 어울림이며 이 우주의 작용은 오직 음(-)과 양(+)의 대립이다. 뇌의 작용 역시 정신이라는 고요한 허공과 물질이라는 요란한 허공을 이어주는 역할을 하는 중매쟁이라는 것을 알아야 한다. 방송국의 산란한 전파와 고요한 귀를 연결해 소리를 발생시키는 라디오와 같다. 중생이 보이지도 않는 생각으로 몸을 있는 것이라고 믿는다고 해도 생각은 절대 있는 것이 될 수 없다. 만약 뇌를 이룬 물질이 생각할 수 있다면 지구도 생각할 수 있다고 믿어야 하는 것 아닐까.

꿈의 궁전

꿈나라 궁전[當場]에서 잔치가 열렸다.

온 나라 백성이 모두 모여들어 북새통을 이루었다.

꿈의 궁전은 화사한 꽃[色]이 만발하여 부드러운 바람을 타고 향기[香]가 진동했고 산해진미[味]가 산처럼 쌓여있었으며 풍악[聲]을 울려 가슴을 설레게 하였고[法] 융단을 깔아놓은 듯 폭신한[觸] 잔디밭에선 아이들이 소리치며 술래잡기[正思惟]를 하고 있었다.

이때 피곤에 지친 농부[受蘊]가 여기 있는 음식은 마음대로 먹을 수 있는 것이냐고 대신에게 묻자 이곳의 음식은 그대들을 위한 것이며 아무리 먹어도 배부르거나 음식이 모자라거나 하지 않으니 마음껏 먹어도 된다고 하였다.

그러자 슬픔에 빠져있던 어부[識蘊]가 나서며 "그렇다면 이곳의 모든 것을 집으로 가져갈 수도 있습니까?"하고 묻자 대신은 "모든 것은 이곳에 있을 때만 아름답고 맛있으며 향기로울 뿐 집으로 가져가면 색깔이 바래고 향기가 사라지며 맛도 없어진다. 그러니 여기서 지금[正覺] 마음껏 즐겨야 한다"라고 말했다.

이때 옆에 있던 교활한 상인[想蘊]은 그 말을 의심하며 썩지 않는 것들은 괜찮을 것이라고 생각하며 물건들을 모아서 궁전 밖으로 열심히 옮겨놓아야겠다고 마음먹고는 마부[行蘊]에게 이 물건들을 궁전 밖으로 실어다 달라고 부탁하였다.

그러자 어리석은 마부가 나서며 대신에게 이 성을 아무 때나 마음대로 드나들 수 있는지를 물었다. 대신은 "이미 궁전의 문을 모두 열어두었고 문지기도 없으니 바깥 세상[記憶]과 이곳의 경계가 없지 않은가?"라고 대답하며 어디론가 가버렸다.

대신의 대답을 들은 어른들은 마음껏 욕심을 채울 기회가 왔다고 기뻐하며 각자 흩어졌다. 농부는 피곤함을 무릅쓰고 먹느라 더욱 피곤해졌고 어부는 어떻게 하면 모든 것을 변하지 않게 집으로 가져갈까를 고민하느라 더욱 슬퍼졌다. 상인은 값비싼 물건을 찾아 모으느라 먹을 시간도 없어 굶주림에 지쳤으나 욕심을 버리지 못해 야위어 갔고 마부는 궁전을 들락거리느라 정신이 분주해져 더욱 혼미해졌다[一切衆生]. 그러나 아이들은 노는 데 정신이 팔려 다른 생각을 할 여유도 없이 마냥 행복해하기만 했다.

그러다 잠이 깼다.

244

재가불자의 수행 방향을 알려주세요

큰스님의 법문 한마디, 한 구절에 깊은 통찰력을 얻고 있습니다. 이렇게 수지독송 해나가면 그것이 수행이라고 생각해 봅니다. 하지만 가야 할 길이 많은 중생입니다. 어떻게 하면 재가불자들이 올바른 수행을 해나갈 수 있을까요? 방향이나 방법이 있다면 알려주십시오.

올바른 수행의 방향과 방법

불경에 나온 대로 하면 된다. 석가모니부처님의 십대제자를 비롯해 후세의 깨달은 자들 모두가 부처님의 설법에 의지했다. 동양인이 가장 잘 알고 있는 달마도 부처님의 가르침이 적힌 불경을 들고 동쪽으로 왔으며 지금까지 전 세계 불교사찰은 불경을 통해 수행하고 있다. 단지 불경의 내용을 심찰(審察)하지 못하면 문제가 된다. 번역이 올바르지 않으면 그 뜻이 왜곡되고, 그로 인해 스스로의 위대한 본성을 잃은 중생이 되었다. 안타깝지만 지금도 그와 같은 오류를 반복하고 있다.

불경의 한 구절이라도, 즉 사구게(四句偈) 하나만이라도 신수봉행(信受奉行)할 수 있다면 반드시 불경을 바르게 읽게 될 것이다. 무아(無我), 무인(無人), 무중생(無衆生), 무수자(無壽者)를 비롯하여 무심(無心), 불생(不生), 불멸(不滅), 천상천하유아독존(天上天下唯我獨尊), 무소유(無所有), 공(空) 등을 통찰하여 이들 가운데 단 하나라도 그 이치와 사실을 꿰뚫으면 모든 것이 해결된다.
선가(禪家)의 공안이라고 생각할지도 모르겠으나 선가에는 해답이 없었다. 오직 불경에만 자상하게 모든 이치를 드러내놓았다는 것을 알아야 한다.

스님은 밥을 왜 드십니까?

 불교를 접한 지 얼마 되지 않았지만 이해가 가지 않는 부분이 있습니다. 실존적 욕망에 부합되지 않는 말은 결국 말장난에 지나지 않는다고 생각합니다.

칼에 옆구리를 찔리면 아픕니다. 그것이 바로 '진실'이 아닐까요? 실존적 욕망에 대한 고찰이 진리라고 생각합니다. 해탈을 원하는 자체가 바로 해탈이 아닐까요?

육신의 감각을 믿는 중생

칼에 언제 찔렸는가? 지금인가? 지금이라고 대답하려 해도 이미 지나가 버린 시간이다. 세울 수 없는 세월이라는 것을 어찌 모르는가. 찔린 것도, 세월도 사라졌는데 아프다는 것을 느끼는 것은 다시 지금이고 지금은 또다시 사라졌다. 그래도 아픈 이유는 무엇인가. 이것은 이미 지나간 기억의 아픔이고, 마치 메아리를 듣듯 이미 지나간 기억을 느끼는 것이다. 지혜로 보면 모두가 지나간 것이지만 어리석은 육신의 감각을 믿는 중생의 눈으로 보면 어처구니없이 당장의 느낌이라고 믿게 된다.

어떤 사건이 일어나기 위해서는 그 일이 존재할 수 있는 실제적 시간이 있어야 한다. 특정 시간 위에 사건이 존재하게 된다는 의미다. 마치 깃발은 깃대가 있어야 존재할 수 있고, 배는 물이 있어야 존재할 수 있는 것과 같다. 그러나 '지금'이라는 시간은 잡을 수가 없다. 잡으려 하면 이미 과거가 되지 않는가. 그러니 장소는 어느 시간에 존재할 수 있겠는가?

칼이 어디에 있고 무엇을 찔린다고 하는 것이며 무엇을 아프다고 하는 것인가. 이 모두는 기억의 이름일 뿐이다. 이것을 깨달아 안다면 이 삶이 무엇인지 아는 것이므로 아무리 실감 난다고 할지라도 의미심장할 일은 없다. 그리고 오직 이 정신에만 삶이 실감 나게 느껴진다는 사실을 안다면 또다시 육신의 감각에 속아 두려워하지도 않을 것이다.

그렇다고 남과 다르게 살 필요도 없다. 그러므로 찌르면 아무렇지 않게 찔려줄 수도 있지만 오히려 찔러서 죽게 할 수도 있다. 그러나 언제나 모두가 기억이고 환상일 뿐임을 잊지 않기에 그렇게 악한 마음으로 마주하는 일은 결코 없다. 모두가 평등한 부처임을 명확하게 잘 알기 때문이고, 추억으로 지어가는 삶이며 기억의 세상일 뿐이기 때문이다. 무엇이 진실이고 무엇이 거짓인가. 모두가 꿈과 같이 이미 지나간 환상인 것을…

이치를 현실에 써먹는 방법

수능 시험을 40여 일 앞두고 있습니다. 큰스님의 말씀을 그대로 받아들이지 못하고 제가 원하는 것만을 취해 왔었다는 사실을 이제서야 알게 되었습니다. 어리석은 중생도 옳은 점은 반드시 있을 것이라 기대했습니다.

'공'에 대해 깨우치는 것이 궁극적으로 가장 중요한 일이지만, 육신이 건강해지면 바른 생각으로 이어질 것이라고 생각했습니다. 불법을 방편으로 써먹되 방편에 빠지지 않고 쓰는 대로 버리면 되지 않을까 하는 생각으로 이어졌습니다. 물론 방편이란 세상을 살아가는 기술에 불과하지만 중생에게 용기를 가질 수 있도록 독려하는 장치가 될 수 있지 않을까요? 그래서 저는 불법을 공부하되 인간의 몸으로 속세의 일을 하고자 합니다. 만약 저의 생각이 그릇되었다면 무엇이 잘못되었는지 확연하게 파헤쳐 주셨으면 좋겠습니다.

방편을 먼저 생각하는 어리석음

수행의 시작은 스스로가 없음을, 즉 무아(無我)를 절감하는 것이다. 나아가 사람, 동식물, 수명을 가진 모든 것이 있을 수 없음에 사무쳐야 한다. 그렇게 되면 지금까지의 마음이 얼마나 긴장되어 있었는지 깨닫게 된다. 죽음, 자존심, 윤리관, 빈부 의식, 사회적 귀천 등에 너무도 불안해하고 있던 스스로의 두께를 느끼게 된다는 말이다. 이 모든 것이 사라져야 한다. 그때 비로소 해탈이라는 맛을 볼 수 있게 된다. 과거에도, 현재에도 그리고 미래에도 일체가 없어야 한다. 무엇보다도 스스로가 사라져야 한다. 이렇게 된 후에야 공한 세상을 즐길 수 있게 되는 것이다. 육신이 분명히 없어야 육신을 가지고 놀 수 있게 된다.

『금강경』의 참뜻을 완벽하게 깨닫는다면 무엇을 해도 방편이 될 수 있을 것이다. 『금강경』을 말한 이유는 가장 흔하게 접할 수 있고, 그 분량이 적으면서도 완벽한 해탈을 얻을 수 있는 길이 제시되어 있기 때문이다. 그러나 바르지 못한 번역을 가지고 공부한다면 이해할 수도 없을뿐더러 실감하는 것은 불가능하다. 물론 어느 경이든 해탈을 얻을 수 없는 경은 없지만 문제는 번역이다. 스스로가 차근차근 한문을 바라보고 터득해야 할 것이다. 아니면 바른 번역으로 완벽한 이치를 드러내고 이해시켜주는 스승을 찾아야만 한다. 생사를 해결하지 못한 마음으로 남들을 교화한다는 생각은 대단히 위험하다. 남도 혼란하게 하여 지옥으로 보내고, 스스로도 혼란한 채 거짓말하고 있다는 사실을 지울 수 없어 역시 지옥에 빠지게 되기 때문이다.

불도수행을 가볍게 생각하지 말라. 부모는 자식을 낳아 죽지 않고 오래 살기만을 바라지만 분명히 죽을 것이라는 사실을 자식에게 가르쳤다. 학업을 가르치던 스승들은 대부분 스스로의 의식주를 해결하려는 방편으로 학생들을 가르쳤을 뿐 아니라 역시 먹고사는 방향과 방법을 제시하느라 생사를 해결해주지는 못했다. 아무리 배불리 먹었다 한들 죽는다면 무슨 소용인가. 아무리 금으로 온몸을 감았다고 한들 죽음에 있어서 무슨 의미가 있겠는가.

불도수행이란 생사를 초월함이 가장 궁극의 목적이고 그 목적이 이루어지고 나면 제멋대로 삼선도(三善道 : 천, 인, 아수라)를 유행하며 즐길 수 있게 된다. 그러니 부모님과 선생님의 은혜가 깊지만 불도를 수행함에 있어서 생사를 초월케 하는 스승의 은혜는 가히 말로 표현할 수 없다. 그뿐만 아니라 그 은혜를 받을 수 있는 기회를 얻는다는 자체만으로도 말로 표현할 수 없는 복을 받았다는 사실을 먼저 깨달아야 할 것이다.

이러하거늘 실제적 수행은 뒤로 미루고, 생사를 초월한 도를 얻지도 못한 채 방편을 먼저 꿈꾼다면 그 얼마나 허망한 생각인가. 방편을 얻으려는 마음만 가지고 해탈을 이룰 수는 없다. 오히려 그 생각이 장애가 되어 진정 생각마저 없는 실제를 얻지 못하게 된다.

아직 도각사에 한 번도 다녀가지 못한 자라면 생사를 초월하려는 간절함이 없다고 본다. 내일 당장 죽는다면 죽지 않기 위하여 오늘 할 수 없는 일은 아무것도 없다. 내일로 닥쳐온 죽음을 모면하는 일보다

더 중요한 것은 없기 때문이다. 무엇이 중요한지 절실하게 깨닫지 못
했다는 말이다. 소승은 도대체 이해가 가질 않는다. 누구나 언제 떠날
지 모르는데 죽음을 먼저 해결하지 않고 다른 일을 더 급하게 생각하
는 그 마음들을…

모든 업의 시작점을 알고 싶습니다

어떤 불교 강의에서 '업보'에 관한 내용을 듣게 되었습니다. 과거의 업과 현재의 업이 서로 반응해 새로운 미래를 만들고, 그 미래는 또다시 과거의 업이 된다는 것이었습니다. 그렇다면 과거의 업은 그 이전 과거의 업에 따른 것이라는 말인데, 그렇게 거슬러 올라가면 최초의 업은 무엇일까요? 모든 업의 시작점은 무엇인지 궁금합니다.

태초의 업

업(業)은 견해에 의해 이루어지는 생각에 깔린 믿음이다. 남에게 물건을 주었다면 그것을 잊으려 애써도 절대 잊을 수 없는데, 이는 물건을 주었다는 사실이 스스로에게 확실하게 믿어졌기 때문이다. 이렇게 확실한 사실이라고 믿어진 기억의 경치가 바로 업이다. 그러니 오른손이 하는 일을 왼손이 모르게 하라는 말은 실천할 수 있는 방법을 제시하지 않은 희론일 뿐이다.

만약 이 말을 실천하기 위해서는 '오른손이 하는 일이 즉시 사라져 어디에도 남음이 없다'는 사실을 깊이 이해하는 것뿐이다. 그래야 오른손이 한 일이 사라졌다는 믿음이 생길 것이기 때문이다. 일체 또한 즉시 사라지기에 어떤 일도 일어난 적이 없고 한 일도 없게 되는 것이다. 그래야만 탕탕하게 비워진 세계를 유행(遊行)하는 청정한 업이 쌓이게 된다. 이것이 오른손이 하는 일을 왼손이 모르게 되는 이치다.

모든 것이 존재하는 시간이란 오직 '지금'뿐이다. 하지만 일체란 찰나도 멈추지 않는 세월을 따라 사라진다. 즉 지금마저도 얻을 수 없는 시간이므로 일체란 관념에만 존재하고 있었다는 사실을 깨달아야 한다.

그러나 '시간'이나 '시간이 있다는 생각' 그리고 '업이 있다는 생각'을 가지고 있다면 당연히 탁하고 혼란하며 시간에 쫓기는 업을 짓게 된다. 더불어 과거와 미래가 있다는 업이 따르고 나와 남이 있다는 어리석은 업이 쌓이게 된다. 이로써 생사는 당연히 있는 것이 된다. 시간

불멸 **3**
IMMORTALITY

이 존재하면 태어난 시간이 있다는 말이고, 그로 하여금 죽어야 할 시간도 있다고 생각되기 때문이다. 그래서 오직 관념이지만 실감 나는 악몽도 꾸게 된다. 그리고 그 악몽에서 깨지 못한다면 그곳이 바로 지옥이다. 잠시 자고 일어난 것과 같은데 악몽이 지속되는 세계를 말한다. 그때 다른 중생은 죽었다고 통곡하며 장사를 지낼 것이다. 이렇게 볼 때 태초란 우주가 탄생한 순간이 아니라 '어리석음이나 관념이 있다는 생각'이 시작된 찰나임을 알 수 있다. 즉 무명(無明)이 시작된 시간을 말하는 것이다.

이보다 더 분명히 알아야 할 것은 무명의 재질이 무엇인가를 돌아보는 일이다. 쉽게 말하면 어리석음이 과연 어떤 물질로 이루어졌느냐는 말이다. 만약 물질이 아니라면 생겨난 것이라고 말할 수 없다. 그러므로 어리석은 생각이든 깨달은 생각이든 모두가 진공 같은 지혜의 작용이고, 진공은 업이라는 것도 없으며 지혜라고 할 것도 없음을 깨닫게 될 것이다. 또한 없는 것이 이러쿵저러쿵 생각했다면 다시 없어질 것도 아님을 깨닫게 될 것이다. 본래 생겨나지 않은 것은 사라질 수도 없기 때문이다.

그러나 무명이 생겨난 것을 구태여 설명한다면 온 우주에 가득 찬 깨달음이라는 능력 때문이라고 말할 수 있다. 깨달음에는 음(陰)과 양(陽)이라고 표현할 수 있는 양극이 존재한다. 즉 진공에 본래 감추어진 능력을 말한다. 이 숨겨진 음양의 능력이 있기에 태양과 태음이 드러나기도 하고 더위와 추위가 있게 된다. 그로 인하여 구름이 생성되기도 하고 구름에 잠재된 음양이 부딪쳐 번개와 천둥을 드러내기도 한다. 또한 그렇게 드러난 가운데 몸과 마음이라는 신심(身心)이 있게 되지만 이 모든 근본은 우주의 능력인 음양이라고 보되 그 이름을 원만한 깨달음[圓覺], 즉 우주에 가득한 상호작용이라고 할 것이다.

이마저도 '존재'는 아니다. 전선은 보이지만 전기는 보이지 않듯 일체의 근본인 음양은 보이지 않기에 사라질 수도 없다는 말이다. 이 공한 능력을 받아서 드러난 것이 신심(身心)이니 사실 몸이라는 물질도 음양의 기운일 뿐이며 마음이라는 것도 음양의 기운일 뿐이기에 실체를 보려고 분석해도 둘 다 공함을 알 수 있게 된다.

이러함을 깊이 알아내고 깊이 이해하여 깊은 믿음을 갖게 될 때까지의 노력을 수행이라고 한다. 나아가 삶에 있어서의 모든 일이 꿈속의 일이고 모든 물질이 꿈속의 환상이며 그로 하여금 남는 업도 헛것이라는 깨달음을 가지고 가는 길이 곧 '성불의 길[成佛道]'이다.

이러하기에 불경에는 무시이래(無始以來), 즉 없는 것으로써 시작된다는 말이 있는 것이다. 그러나 태초(太初), 창세기(創世記), 개벽(開闢) 등의 말을 교육받으며 실제로 세상이나 인류의 시작이 있다고 믿는 이들이 많다. 그들의 본성은 우주의 원각으로 이루어졌으면서 다시 그 우주의 원각을 써서 우주의 원각을 알아차리고 우주의 원각으로써 영원히 생사를 벗어나 흐를 수 있는 위대한 정신이며 진공과 같은 청정함이다. 하지만 오해함으로써 실제와 맞지 않는 꾸며낸 망상의 길을 가게 되었으니, 그러한 자를 외도(外道)라고 이름할 뿐이다.

그러나 안타까운 것은 진실을 듣고도 있지도 않은 자존심을 지키려는 자들이 더 많다는 것이다. 즉시 스스로의 위대함을 깨닫고 천상천하인 왕의 기분에 젖어들기만 하면 된다. 자기가 실제로 존재한다고 고집하는 어리석은 마음이 자존심이다. 자기가 존재한다고 믿는 것은 스스로가 죽는 존재라고 세뇌시키는 일이고, 죽을 수 없는 자가 죽으려고 하는 것은 곧 계율을 깨는 일이다. 만약 정말 죽을 수 있다면 이후에 다른 세계는 없을 테니 극락, 지옥, 심판, 그리고 바르도(중음)도 없어야 할 것 아닌가. 절대 죽을 수 없기에 죽일 수도 없다. 그러나 죽을 자나 죽일 자, 과거와 태초가 있다면 어찌 악업과 그에 따르는 업보가 없을 수 있겠는가.

248

큰스님께서 쓰시는 용어들에 대하여

저는 뭐든지 명확히 구분 지으며 살아왔습니다. 부모님의 영향을 받은 것 같기도 하고요. 강박관념 속에 시달리는 자신을 볼 때마다 무척 괴로웠고, 벗어나기 위해 노력했습니다. 하지만 노력할수록 더 갇히는 느낌이 들었습니다. 그러다 도각사를 만나게 되었고 큰스님의 법문을 접하고 나서 조금이나마 스스로의 본래 모습을 볼 수 있게 되었습니다. 스스로가 위대한 정신이고 깨달음이라는 사실, 평화로운 마음이었다는 것을 깨닫게 해 주셨습니다.

큰스님의 법문을 보며 느낀 궁금증이 있었습니다. 여전히 규정짓고 선을 긋는 습관 때문인지 자꾸만 머리가 복잡해지는 것입니다. 위대한 정신, 마음, 육근 등의 단어가 얼핏 비슷한 뜻인 것 같은데, 다르게 쓰이는 것 같기도 합니다. 자세한 설명을 부탁드립니다.

불멸 3
IMMORTALITY

용어의 통일

정신이든 마음이든 육근, 육식, 오온, 깨달음이란 이름이 다를 뿐 그 실체는 다른 것일 수 없다. 역시 물질, 육진, 세상, 육신, 사대 등의 이름도 또한 그러하다. 그리고 이 모든 것을 이름하여 원각(圓覺)이라고 한다. 단지 원각을 설명하기 위하여 그때마다 방편으로 구분 지어놓을 뿐이다.

'깨달음'이라는 말은 대부분의 중생이 개오(開悟), 깨달음이 열렸다거나 한 소식했다는 뜻으로 잘못 이해하고 있다. 그래서 그저 깨닫는 능력 자체를 전하고자 할 때 현대인들이 많이 쓰는 '정신'이라는 단어로 바꾸어 말한 것이다. 예를 들어 '생각은 정신이 없다면 일어날 수 없다'라고 할 때 생각이라는 단어는 움직이는 사유작용을 말하고, 정신이란 생각을 드러낼 수 있는 잠재능력을 표현한 것이다.

그리고 중생의 감각에 느껴지는 물질을 육진이라고 한다면 중생의 감각기관을 육근이라고 해야 하지만, 물질이 이미 허공으로 이루어진 것이므로 중생의 몸도 허공과 같은 것임을 깨닫는다면 실제적 감각능력은 정신 가운데 갖추어진 보이지 않는 기능이라고 보아야 할 것이다. 그러므로 꿈속의 세계를 보고 듣고 냄새 맡는 정신적 감각능력이 육근의 진정한 모습이다. 그러니 육진이라는 것도 이름이 색깔, 소리, 냄새 등으로 표현될 뿐 꿈속의 물질들과 같이 육근에만 느껴지는 환영(幻影)이라는 표현이다.

그리고 소승은 마음이라는 단어에는 될 수 있는 한 위대하다는 표현을 아끼지만 그 자체의 능력을 표현할 때는 쓰기도 한다. 왜냐하면 불경에서는 마음과 깨달음이라는 말을 분명하게 나누어 설명하시기 때문이다. 마음이란 정신능력 가운데 물질에 대하여 느끼고 생각하는 모든 인식능력을 가리킨다. 그러나 이 인식능력의 근본은 마음이라고 하지 않는다. 인식능력의 근본은 식정이라고 표현하는데, 식정 속에서 인식능력이 드러나기 때문이다. 그리고 인식능력은 인식할 대상이 없다면 절대 발생하지 않기에 근본능력이라고 보지 않는다. 즉 세상이 느껴진다면 이미 인식능력도 살아난 것이며 인식능력이 있다면 세상도 이미 느껴졌다는 말이다. 그러니 이 둘은 사실 둘이 아니다. 마치 꿈이 꾸어지면 꿈을 꾸는 내가 생기고 꿈이 사라지면 내가 없다는 생각도 없이 숙면을 취하는 것과 같으니 꿈을 보는 자기와 꿈속의 세계는 둘이 아닌 것과 같다.

중생은 마음의 작용을 모르기에 정신과 혼용하기도 하고 정신과 원각을 혼동하기 때문에 깨달음을 얻지 못한다. 원각(圓覺)은 인간적인 마음이 아니고 온 우주에 근본적으로 잠재된 플러스(+) 마이너스(-)의 능력이다. 이 능력에서 인간적인 마음도 나오고 그 속에 애정이라는 것도 생겨난다. 비물질뿐만 아니라 몸을 포함한 산하대지의 물질도 모두 나타나는 것이다. 이 모든 과정을 깨닫는다면 자신의 근본이 마음이라고 하던 생각이 얼마나 어리석은 것인가를 알게 된다. 마음이란 어리석어진 견해에 의하여 드러난 오해로서 느끼는 인식작용일 뿐이다.

법문을 차분하게 읽어보면 분명하게 느껴질 때가 있을 것이다. 그러나 모든 상황과 필요에 맞추어 쓸 수밖에 없는 용어들을 이렇게 말로 표현하여 한꺼번에 정리하고 설명할 수는 없다는 것이 안타깝다. 중요한 것은 이 모두가 스스로임을 깨닫는 것이고 이 모두는 진공에서 나오는 능력일 뿐임을 잊지 말아야 함이다. 진정 생사를 초월하고 싶다면 하나의 경을 정해놓고 처음부터 끝까지 통독하는 것이 방법이지만 쉽지 않다면 우선 기초가 되는 개념을 익히고, 스승을 찾아 불경 법회를 듣는 것이 무엇보다 빠른 방법이다.

맑고 짜지만 그래도 물

당신이란 말이 없었다면
우리일 수 없는 우리는
이미 하나로… 하나로…

간절한 그대의 눈빛에
이 눈이 멀더라도 함께…
강물 속으로… 속으로…

본래의 하나가
본래의 하나를 원하옵나니

당신일 수 없는 그대여
온 누리를 함께 이루소서.

온 바다의 파도가
그대로…
하나이게 하소서.

마음이 모든 것을 만든다는 말

일체유심조(一切唯心造), 모든 것은 마음이 만든다는 말로 이해하고 있습니다. 해탈하신 스님을 제외한다면 공통된 세상이 아니니 세상 사람들은 저마다의 세상 속에서 미쳐있는 것일까요. 이렇게 된다면 어찌내 세상 속에는 똑같은 개념과 상식이 통하는 것일까요? 공통된 개념이 통하고 대화가 가능하다는 게 신기합니다. 제가 스님을 만든 것이고 그 만든 것에 휘둘리고 있는 것인가요?

일체유심조

 일체유심조란 '오직 마음이 일체를 지어냈다'라는 뜻인데 '마음이 일체를 만들어냈다'라고 생각하고 그 생각이 옳다는 믿음을 가지고 질문을 한 것으로 보인다. 마음이 무엇인가를 알지 못한 상태다.

마음은 실체를 가지고 존재하는 것이 아니다. 그러니 물질도 아니며 어느 장소에 있다고 할 수도 없으며 또한 어느 시간에 존재하는지도 말할 수 없으며 어떠한 말로 표현하거나 드러내 보일 수도 없는 것이다. 그러므로 내 마음이라고 하고 남의 마음이라고 하는 것은 사실 각자의 기억(지식과 성품)에 의한 견해를 말하는 것이지 마음 자체만을 보면 둘이라고 말할 수 있는 것이 아니다. 서로 통하기 때문이다. 통하면 맞닿은 것이고 연결된 것이니 둘이 아니다. 그러나 어리석게도 그것을 모르고 자기가 따로 있다고 생각하여 각자로서 기억을 쌓았고 그로 하여금 자기가 있는 것처럼 망상하는 것이다.

마음은 없는 것으로 이루어진 능력일 뿐이다. 전생에 쌓은 무명의 업식(業識)대로 심안(心眼)을 얻어 꿈과 같은 모든 환상을 나름대로 느끼고 생각하며 판단하여 믿고 기억하는 능력을 말하는 것이다. 그리고 이 어리석은 견해를 휘둘러 다시 나름대로 쌓아진 업을 가지고 내생을 맞이하게 되는 법칙의 주인공을 말하는 것이다.

그리고 마음이 만들어낸 '일체(一切)'라고 말은 하지만 있지도 않은 마음이 만들었으니 만들어졌다 할지라도 마음에만 있을 뿐 어찌 실체가 있겠는가.

물질의 본질은 원소이며 원소는 수소나 산소처럼 허공으로 이루어진 것이다. 그러니 사실은 허공의 화합일 뿐이지만 그것을 마음이라는 능력으로 하여금 물질로 보게 된다. 허공은 모여도 허공이지만 정신 능력 가운데 감각이라는 능력 앞에서는 물질로 보인다는 말이다. 그러니 자기의 감각에 따라 허공을 나름대로의 세상으로 보고 있는 것이다. 모든 중생이 똑같은 이치로써 스스로를 드러내고 남을 바라보고 있다. 자기는 본래 정신이므로 보일 수 없지만 허공을 모아서, 즉 원소를 화합시켜서 보일 수 있는 허공으로 만들고 그 속에 스며들어가 숨겨진 채로 원소의 화합인 육신을 조종하다가 허공의 화합이 무너지면 다시 또 만들어 명령하며 영원히 윤회하는 것이다. 그러나 이 역시 허공의 윤회이므로 사실은 이름이 윤회일 뿐 실체는 없는 꿈과 같을 뿐이다.

이 지구라고 하는 곳도 실제로 존재하는 공간은 아니다. 왜냐하면 존재할 수 있는 시간이 없기 때문이다. 만약 존재하려면 지금 존재해야 하지만 '지금'이라는 시간을 잡을 수가 없다. 모든 찰나가 즉시 과거로 영원히 사라지기 때문이다. 지금을 잡으려면 이미 과거가 되고 다시 지금을 잡으려 하면 또 이미 과거가 되고… '지금'이란 오직 관념에만 있는 듯이 느껴지는 시간이지 실제로 존재하지 않는다는 말이다. 그러니 모두 정신의 능력으로만 세상을 느끼고 있다는 것을 알아야 한다. 이 세상이라는 것을 바라보는 것은 오직 정신의 능력이고 이 능력이 비슷한 정신들끼리 모인 곳을 불경에서는 '남염부제(南閻浮提)'

라고 한다. 중생은 이 정신세계를 '지구'라고 바라보지만 말이다.

그러니 마음이라고 하는 것이든 물질의 대표라고 할 수 있는 지구든 아니면 자신의 몸이라고 하는 육신이든 모두가 그 실체가 없는 것임을 인정하지 않을 수는 없다. 시간적으로 보든 그 본질을 분석해 보든 역시 실체는 없다는 말이다. 그러니 우주 전체에 실제로 만들어진 것은 없지만 각자의 업에 따라 얻어진 '마음의 안경'을 쓰고 꿈을 보듯 느끼고 생각할 뿐임을 알 수 있다.

꿈이란 정신의 환각작용이다. 실제로 존재하는 것이 아닌데 정신이 만들고 정신이 완전히 속을 수 있는 정신작용이라는 말이다. 그러니 현실이라고 하고 실제라고 하는 지금도 역시 꿈과 다름없음을 알아야 한다. 수면상태에서 꾸어지는 꿈은 혼자 꾸는 꿈이고 잠에서 깨어나서 꾸는 현실적 꿈은 업장(業障)이 같은 정신이 모여서 함께 꾸는 꿈이다. 이것을 별업(別業)과 동업(同業)이라고 한다. 이름이야 어떻든 모든 것은 실체가 없으니 꿈이고 꿈은 정신이 만드는 것이니 환상일 뿐이다. 그러니 만약 '정신'을 '마음'이라고 한다면 일체는 오직 마음이 만드는 것이 사실 아닌가.

내가 저 산과 바다를 만들고 저 사람을 만든 것이 아니라 실체가 없는 허공을 보면서도 스스로의 업대로 물질로 볼 수 있다는 말이다. 그리고 다른 존재들도 모두 각각 그러하다는 말이다. 하나의 바다에 수없는 파도가 생겨나듯이, 하나의 정신에 수없는 각각의 마음이 생겨난다. 그리고 모두 나름대로 느끼고 생각하고 판단하고 착각하고 기억한다.

'일체유심조(一切唯心造)'라는 말에서 깨달아야 할 것은 '있지도 않은 마음이 모든 것을 있는 것처럼 지어냈다'라는 면이다. 자기가 있다고 확신하는 생각도 '어리석은 마음'이 지어냈고 내가 저 사람을 만든 것이 아니냐는 어리석은 의문도 역시 '있지도 않은 마음'이 꾸며낸 허망한 생각일 뿐이며 지금이나 현재, 세월이 있다고 생각하고 그러므로 그 시간에 물질이 존재한다는 생각도 '마음'이 지어낸 것이다. 또한 있지도 않은 마음이 꾸며냈다는 사실을 모른 채 그 모든 것이 실제로 있다고 믿어 '내가 스님을 만들었다'라는 억지를 쓰기도 하지만 역시 모두가 '있지도 않은 마음'이 조작한 위대한 망상이었던 것이다.

그리고 그렇게 정신으로 지어낸 모두가 상상으로 이루어진 꿈일 뿐이다. 그 꿈에 각각 나름대로 의미를 두고 바라보며 그것을 삶이라고 제각각 정의하기는 하지만 서로의 견해가 같거나 다르다고 말할 수 있는 것도 아님을 알아야 한다. 왜냐하면 꿈을 보며 느끼는 것은 스스로의 정신능력 정도에 따라 다른 것이기도 하지만 공통된 생각이라 해도 생각이라는 것 자체가 '존재하는 물질'이 아니기 때문이다. 물론 생각할 줄 아는 능력을 가졌기 때문에 정신을 완전히 없는 것으로 볼 수만은 없지만, 그 생각이란 '지금'이라는 즉시 사라지고 있는 허망한 시간 속에 있을 뿐이니 역시 존재할 수 있는 것이 아니다. 기억이 남아 있다고는 하지만 과거로 사라진 시간으로 이루어진 것이므로 그 역시 현실이 아니다.

어리석게 '나[我]'라는 것이 있다고 생각하면 반드시 죽게 될 것이다. 있으면 반드시 사라져야 하기 때문이다. 그러므로 석가모니부처님께서는 '무아(無我)'임을 알려주셨다. 본래 죽으려 해도 죽을 수 없는 '없는 것으로 이루어진 존재[成佛]'이기 때문이며 아무리 어리석어져서 만든 생사의 세상이지만 그럴 수 있는 정신, 즉 무아의 모습은 모든 것을 초월한 위대한 부처이기 때문이다.

250

부처님께 빵을 올려도 될까요?

부모님께서 절에 갈 때에는 항상 불단에 공양을 올려야 한다고 알려주셨습니다. 꽃이나 과일, 쌀 등을 올리면 된다고 하는데, 빵이나 과자 같은 것을 올리면 더 좋지 않을까 하는 생각이 들었습니다. 부처님께도 올리는 것이지만 스님들께서 간식으로 드실 수 있을 것 같아서요. 하지만 부처님께서 빵을 좋아하실지 걱정이 되어 올리지는 못했습니다. 꼭 정해진 공양물만을 올려야 할까요? 육법공양 하는 방법을 알려주세요.

육법공양의 의미

 세간에서의 육법공양(六法供養)이란 향, 등, 꽃, 과일, 차, 쌀 등 여섯 가지 공양물을 말한다.

꿈이 나타나게 되는 것은 스스로의 능력이지만 그 꿈을 바라보며 갖게 되는 심정은 중생마다 천차만별이다. 세상과 인생이라고 하는 깨달음의 세계를 어떤 경치로 느끼고, 또 그것을 어떻게 타인에게 드러내느냐는 모두가 제각각이다. 꿈이란 오직 자신이 홀로 만들어낸 것이니 스스로의 환각이라고 생각한다면 즐거움만 있을 것이나 꿈속의 사연에 빠져들면 꿈이라는 사실을 잊은 채 반드시 심각해지는 것과 같다. 이어 꿈속의 사연을 바라보는 지혜의 눈이 생겨나고, 스스로의 기량이 어느 정도인가를 믿는 마음이 일어나며 그간 쌓아온 경험에 의하여 각각의 심성에 따라 그 사연을 중요하게 생각하여 불안한 심정을 갖느냐 아니면 편안한 마음이 되는가가 결정된다. 이 과정의 연속이 곧 꿈이니 사실은 자기가 지어 자기가 당하는 내 세계의 품질이다.

이 현실이라고 하는 세계도 역시 오직 마음 스스로가 드러내고 그 속에서 자기의 위치를 결정하는 법칙, 즉 일체이며 자타로서 드러나는 경치를 어떻게 느끼고 지니며 어떻게 바라보고 기억하는가[受持讀誦]에 따라 그 마음세계의 위치와 품위가 다르게 드러난다. 이때 마음의 경치, 곧 견과 식의 어울림으로 드러나게 되는 여섯 가지 심법이 있게 된다.

해탈향[香]이란 찰나마다 다가오는 사연들을 대하며 스스로의 기분이 엉기고 풀리는 경치를 드러내는 모습이다.

반야등[燈]이란 마치 등불이 스스로는 밝지만 비추는 곳은 어두운 것처럼 스스로의 밝음을 깨닫지 못하고 어둠 속으로 달려가는 속성을 지닌 정신을 말하는 것으로 견해의 폭과 깊이인 지혜를 드러내는 법이다.

만행화[華-花]는 빛의 드러남이니 자기라고 믿는 마음의 능력이 어느 정도인가를 스스로가 믿어 생겨나는 자신감을 말한다.

보리과[果]란 무시이래의 깨달음이 평균 산출되어 지금 이 찰나의 생각을 만들고, 다음 찰나의 생각이 다시 무시이래의 결과가 되면서 자기 기품의 수승함과 하열함을 영원히 반복하여 드러내는 마음의 모습을 말한다.

감로다[茶]란 기억의 흐름, 즉 찰나가 연결되어 항상 지금의 결과를 제 모습으로 하게 되는 순서적 흐름의 과정에 따라 강하고 여린 심성을 드러내는 심법을 말한다.

선열미[米]란 견처의 삼계와 식처의 삼계가 모두 마주하여 서로 같은 깨달음으로 드러나는 법칙. 즉 견과 식의 모습은 항상 다를 수 없으나 결과의 수승하고 하열한 마음의 세계관이 드러남으로써 행복한 자와 불행한 자의 삶이 나뉘게 되는 법칙을 말한다.

이것이 마음이 드러내는 여섯 가지 심법이니 이 심법이 드러나게 된 원인은 바로 세상을 깨닫는 견해에 달렸다. 그러므로 삼천대천세계가 모두 모여 있는 '지금'이라는 찰나를 통찰하고 실체를 얻어 그에 맞는 견해를 갖는 것이 가장 시급하다는 사실을 잊지 말아야 한다.

이렇게 육법공양이란 남에게 하는 공양이 아니라 스스로인 마음에게 세상의 실체를 올바르게 통찰하는 인식을 주는 것이다. 즉 자기의 마음을 올바르게 양육시키는 것이 공양임을 깊이 깨달아야 하며 그러려면 실제적 공양거리를 나눠주는 올바른 선지식을 찾아 그 선지식을 세간의 육법으로 공양하는 것이 이치다.

복을 얻기 위하여 불상 앞에 놓는 재물은 이치에 없는 일이며 찰나의 깨달음을 주지 못하는 스승에게 재물을 주는 것도 공양의 참뜻에는 어긋나는 일임을 또한 놓쳐서는 안 될 것이다.

출가는 왜 하는 것입니까?

도각사에 방문해 큰스님의 법문을 들은 이후 저도 출가를 하고 싶다는 생각이 끊이지 않습니다. 세상살이 하는 시간이 아깝고, 스님들 곁에서 수행할 수만 있다면 소원이 없겠다는 생각도 듭니다. 하지만 어머니께서 걱정이 많으십니다. 출가를 막는 것이 아니라 즉흥적이고 끈기가 없는 제 모습을 아시기 때문에 중도에 포기하고 돌아올 것 같다는 것이었습니다. 저 또한 그 부분에 있어 걱정이 없는 것은 아닙니다.

출가를 왜 하는 것인지, 어떤 마음가짐으로 해야 하는지 알려주시면 제 마음을 가다듬고 다시 말씀 올리겠습니다.

진정한 사명감을 가진 출가자

인생길에 있어 가장 큰 고통을 주는 장애는 바로 죽음이다. 만약 죽음이 없다면 인생은 극치의 오락(娛樂)이 될 수 있다. 내가 죽지 않는다면 남을 죽일 일도 없고 욕심을 부릴 일도 없으며 화를 낼 일도 없고 원한을 품어 전쟁을 할 일도 없다. 그리고 죽지 않는다면 우선 누구나 가지고 있는 '깜짝병'이 사라질 것이다. 깜짝병이란 놀라는 병증을 말한다. 놀라는 것이야 인간의 당연한 본능적 반사라고 생각하겠지만 왜 누구에게나 이 현상이 있는지는 생각해보지 않는다.

평소에 죽음을 염려해 긴장하지 않는다면 이 증상은 나타나지 않을 것이다. 하지만 누구나 태어나면서부터 죽음을 인정하고 살아가기에 깜짝병에 걸리지 않을 수 없게 된다. 사형수들은 철창이 열리는 소리만 나도 자기에게 사형집행을 하러 오는 것 같아 온몸이 굳는 긴장과 두려움을 겪는다. 심정적으로 본다면 누구나 죽음이라는 판결을 받은 사형수와 같다. 사형수나 깜짝병에 걸린 모든 중생이나 무엇이 다르겠는가. 누구나 한 번은 치러야 할 일이라는 것에 있어서는 조금도 다름없지만 단지 판사의 결정에 따른 것이라는 사실이 다를 뿐이다. 누구나 이 죽음을 해결하지 않고는 고통의 근본을 없앴다고 말할 수 없으며 행복이나 즐거움도 말할 수 없다. 아무리 모진 고난을 헤치고 소중한 것을 얻었다 해도 당장 모든 것을 두고 떠나야 하는 죽음 앞에서 어찌 즐거울 수 있겠는가. 천사를 부인으로 얻든, 왕의 부인이 되든, 5대 독자가 아들을 얻든, 갑자기 앞마당에서 석유가 샘솟든… 이 뿐인가? 죽음이 오는 것은 빈부나 남녀노소, 학력, 건강, 선악을 막론한 채 느닷없이 그 방법을 가리지 않고 냉정하고 가차 없이 닥쳐온다. 병사(病死), 사고사(事故死), 노사(老死), 피살(被殺), 자살(自殺) 등으로…

'살아 있는 동안 무엇인가를 이루고 가는 것에 인생의 의미가 있다'고 궁색한 변명을 하지만 태어나서 자라나다 어느 날 문득 사라지는 인간이나 그들이 이루어 놓고 간 업적 모두가 무너져 흔적도 없이 소멸되는 것에 있어서는 다를 바 없다. 이것이 삶이라면 과연 유한한 인생 속에서 무슨 의미나 보람을 찾을 수 있겠는가.

어떤 면을 보더라도 죽음이 존재하는 한 행복이나 보람은 있을 수 없다. 만약 병에 걸려 시한부 인생을 살게 된 철부지 자식이 시시덕거리며 노는 모습을 부모의 입장에서 본다고 상상해 보라. 태어난 모든 사람들이 기약도 없는 죽음을 약속받았음에도 무엇을 가장 먼저 해결해야 하는지도 모른 채 살아가고 있다. 아니, 오히려 그런 생각을 하는 사람을 현실적이지 않다고 비난한다.

2,600년 전 인도 정반왕의 아들인 싯다르타 태자는 이러한 모습을 냉정하게 바라보고 가장 호화로운 인간의 복을 뒤로한 채 죽음을 해결하고자 출가한다. 출가의 목적을 달성해 내고 나서 생사를 초월하고 윤회를 벗어나는 방법을 중생에게 전해주기 위하여 제자들과 함께 인도 전역을 유행하며 '죽음을 벗어난 삶의 환희'를 즐겼던 것이다. 이 일이 승려와 승단의 시초가 되었고, 지금도 그 맥이 이어져 오고

있다.

그러나 실제로 생사를 벗어날 수 있는 비전(秘傳)인 불경이 있어도 제대로 번역되지 않았기에 앞뒤 문맥이 맞지 않아 읽으려 하지도 않는다. 이것이 불교계의 현실이니 스스로 먼저 깨닫고 그 깨달음을 세속에 펼쳐야 하는 일은 기대할 수도 없게 되었다. 불경이 특별한 언어를 써서 만들어진 것도 아니다. 누구나 알아들을 수 있는 뜻을 가지고 엮어졌다. 그런데 도대체 왜 이해할 수 없는 글로 탈바꿈이 되었는가 말이다. 진정한 사명감을 가진 출가자들이 참으로 절실히 필요한 때이다. 생사의 고통을 없애줄 테니 제발 내 말 좀 들어보라고 외치는 간절한 자비심의 승려가 필요하다는 말이다.

진정한 승려의 길이란 세상의 모든 실체를 깨닫고 세상의 모든 중생을 죽음에서 건져내 극치의 환희에 차게 해주며 스스로는 신(神)처럼 훠이훠이 자유롭게 삶을 즐기는 자유인이 되는 것이다. 이보다 더 원대하고 위대하며 의미심장한 일은 단 하나도 있을 수 없으며 비교될 만한 일도 있을 수 없고 더 보람차고 행복한 일도 있을 수 없는 최고의 길임을 알아야 한다.

내 안의 나를 바라보면 생각이 쉬어집니까?

참선에서 내 안의 나를 바라본다는 것은 지나간 기억을 바라본다는 것일까요, 아니면 생각을 쉬려고 단순히 들숨과 날숨에 반응하는 육체를 바라본다는 것일까요? 그리고 화두란 생각에서 꺼내오는 것인지, 망상을 쉬기 위해 그저 한 가지 생각에 몰입하는 것인지 궁금합니다.

참선, 화두, 수행, 호흡

참선(參禪)이란 말은 '참구하여 마음을 고요히 함' 또는 '마음의 땅을 평탄하게 하여 천상과 교류하는 것'을 뜻한다. 마음이란 스스로의 판단에 따라 불안하거나 고요해지기도 하고, 그러한 마음의 변화에 따라 호흡도 변화하는 것이니 마음이 고요할 수 있는 판단을 한다면 마음과 호흡은 저절로 고요해질 것이다.

마음이 흔들리는 근본적 이유는 '죽음'이다. 절대 죽을 수 없는 불사신(不死身)이라면 무엇 때문에 마음이 불안하고 힘들며 흥분하고 침울해지겠는가. 그러니 스스로가 죽음을 초월해 있다는 판단이 확고하게 서는 깨달음을 구하는 것이 곧 참선이 되는 것인데, 세간에는 참선의 의미가 곡해되어 있다. 억지로 앉아 있다고 마음이나 호흡이 편해질 수는 없다. 근본에 있는 걱정, 즉 죽음이 사라지면 어떠한 상황이 와도 흔들림이 없는 마음과 호흡을 유지할 수 있는 것이다. 그렇지 않고 편안한 마음과 호흡을 얻기 위하여 다리를 꼬고 앉아 멍청하고 혼미한 정신을 유지하려 노력한다면 오히려 잠을 자는 것이 더 효과적이지 않겠는가.

화두(話頭)란 '말머리'라는 뜻이니 곧 참구해 나갈 재료가 되는 것을 말한다. 깨달음이든 해탈이든 열반이든 이 모두는 수행의 결과를 말하는 것이고, 수행하는 목적은 삶 전체에서 다가오는 모든 고통을 벗어나는 데 있는 것이다. 삶이 완벽하게 행복해지려면 죽음이 없어져야 한다. 그러므로 생사를 벗어남이 곧 일체수행의 목적이 되는 것은 당연하다. 그러나 정말 감사하게도 생사를 벗어나는 방법을 찾을 필요가 없다. 왜냐하면 이미 생사를 벗어나 있는 것이 곧 인간이고 삶이며 일체중생이기 때문이다. 그러므로 중생 가운데 가장 가까운 자기를 돌아보는 방법이 제일 용이하며 또한 그러하기에 자아(自我)와 진아(眞我)를 참구하는 것이다. 무엇이 '나[我]'인가를 올바로 캐내면 '나는 깨달음이구나' 하는 결론에 곧 도달한다.

여기서 깨달음이라는 단어를 착오하면 안 된다. 깨달음이란 각(覺)이라는 글자를 번역한 말이니 곧 알아차림, 느낌, 드러남, 깨어남 등의 뜻이 바탕이 된다. 이 모든 뜻을 취합해 보면 인식(認識)한다는 뜻이 공통적인 면으로 드러난다. 그리고 인식이란 세상과 '나'라는 정신이 상호 부딪침으로 인하여 중간에서 드러나는 현상을 말하는 것이다. 또 한편으로는 그러한 현상을 꿰뚫어 아는 것을 말한다. 즉 '상호작용에 의하여 일어나는 현상을 인식하는 것'이라고 정리할 수 있다.

상호작용이란 작용이 일어나는 쌍방을 말한다. 혼자서는 아무 현상도 일어나지 않는다. 반드시 둘 이상이 화합되든 마주하든 부딪치든 해야만 작용이 일어나게 된다는 말이다. 한 손으로는 박수를 칠 수 없고 눈과 색이 만나지 않으면 절대 보인다는 현상은 일어나지 않으며 몸과 마음이 합해지지 않으면 '자기'라는 인식도 일어나지 않는다. 크게는 진공과 별이 없으면 허공도 있을 수 없고 허공 속에 한열(寒熱)이 없으면 구름도 없고 음양(陰陽)이 없으면 천둥과 번개도 있을 수 없다. 이러함이 온 우주의 상호작용이다. 상호작용이 아닌 만유는 없으니 상호작용에 의하여 우주가 드러나며 우주와 우주를 느끼는 정신이 만나서 드러나는 깨달음이 아니면 우주의 존재 역시 인정받을 수 없다.

이렇게 상호작용에 의하여 가운데서 드러나는 모든 것이 곧 '깨달음'이라는 것이고 이 '깨달음'을 다시 깨닫는 것이 인식이며 인식의 세계를 통달하여 아는 것을 '개오(開悟-깨달음이 열림)'라고 하며 개오된 알음알이와 개오된 자가 하나가 되는 것을 또한 '깨달음'이라고 하는 것이다.

그러니 이 깨달음이란 모두가 환상(幻相)임을 알 수 있다. 마치 도깨비가 생겨나듯 쌍방의 중간에서 드러난 현상이라는 말이다. 양손이 마주쳐 나오는 박수 소리는 이 손도 아니고 저 손도 아닌 중간에서 생겨난 것이다. 그것은 소리다. 손이 아니다. 그러니 환상이라고 해야 할 것이 아닌가. 손은 형체가 있지만 소리는 형체가 없기 때문이다. 구름과 구름이 만나 중간에서 드러나는 번개는 구름이 아니고 전기에너지다. 또 눈과 색깔 사이에서 드러나게 되는 '보인다'는 인식은 눈도 아니고 색깔도 아니니 환상이다. 중간에서 드러난 보이는 현상이나 번개, 박수 소리 등은 목숨이 없다. 생기고 사라지지만 없던 것에서 생기고 없던 곳으로 사라진다. 그러므로 환상이라고 하는 것이며 당연히 생명이라고 할 것도 없다. 이렇게 보면 일체의 깨달음은 환상이기에 목숨이라는 것이 이미 초월된 것임을 알 수 있지 않은가.

'자기(自己)'라고 하고 '나'라고 하는 것은 몸과 마음의 중간에서 나온 관념이다. 관념은 환상이다. 몸도 아니고 마음도 아니다. 몸은 보이지만 찰나마다 변화하는 현상적 물질이고 물질의 본질은 원소지만 허공에 녹아있으므로 사실상 몸이라고 할 것도 아니고 목숨이라고 할 것도 없다. 그리고 마음이라는 이름은 있지만 마음의 실체는 없으니 이 또한 목숨이라고 할 것이 없다. 둘 다 목숨이라고 할 것도 없는데 그 사이에서 나타난 관념이라는 놈에게는 목숨이 있는 것처럼 느껴진다. 목숨이 없는 둘 사이에서 나타난 환상에게 어찌 목숨이 있을 수 있겠는가. 그러나 이 '생각'이라는 관념에는 생사라는 의미가 있으니 정말 어처구니없는 오해가 아닐 수 없다.

이렇기에 생사를 초월하는 방법을 찾을 필요가 없다고 한 것이다. 단지 참구, 참선해 보면 일체중생이 본래 깨달음이라는 것을 깨닫게 되고 본래 생사를 초월한 환상이라는 것을 깨닫게 된다는 말이다. 이렇게 사유함을 참선이라고 하고 이로써 깨달음이 열리게 되니 화두라는 것이 무엇에 필요하겠는가. 아무리 오래 화두를 들고 고민해도 결국 번뇌만 늘어갈 것임을 명심해야 한다. 최고의 대도사는 석가모니 부처님이었으니 그 스승의 가리킴을 따른다면 빠르고 늦은 차이는 있을지라도 누구든 깨닫지 못할 자가 없고 해탈하지 못할 자가 없다. 깨달음으로 이루어지지 않은 존재는 없기 때문이다. 그러니 그 가리킴이 사실 그대로 담긴 불경을 참구하고 불경을 화두로 삼아야 할 것이다. 그 이외에는 모두가 모래로 밥을 지으려는 어리석은 노력에 불과함을 소승은 장담한다.

253

몸을 떠난 마음이 어떻게 숨을 곳을 찾습니까?

윤회와 관련한 큰스님의 법문을 읽고 궁금증이 또 요동을 칩니다. 의지하던 몸을 버리고 마음 혼자 떠난 것이라면 기억마저 사라져 갈 곳을 모를 것 같은데, 어찌하여 습관에 매달려 숨을 곳을 찾아갈까요? 기억이 이미 멸한 것이라면 마음은 청정할 텐데 말입니다. 제 사유가 어디서 잘못되었는지 잘 모르겠습니다.

업(業)의 기능

몸이란 전생의 업(業)에 의해 드러나는 한 템포(tempo)에 해당하는 환상이다. '한 템포'란 마치 하나의 파도와 같이 일어났다가 주저앉는 일련의 과정을 말하는 것인데, 이것을 자세하게 관찰하면 역시 작은 템포들로 구성되어 있다. 즉 한 시간은 일 분이라는 짧은 생멸로 이루어졌고, 일 분이란 일 초라는 더 짧은 생멸로 이루어졌으며, 일 초란 백분의 일, 천분의 일이라는 찰나로 이루어졌으므로 실체 없는 환상이다.

이러한 생멸법은 알아차리는 관념의 법칙 안에 존재하는 이름일 뿐이다. 그리고 이름을 모으는 능력이란 생멸법의 반대쪽에 존재하되 그 능력은 생멸법과 상반되는 성질이므로 생멸이 없는 것이어야 한다. 이것을 적정(寂靜)이라고 한다. 이렇게 생멸과 적정이 상대하고 있는 이유는 깨달음이라는 능력을 충족시키기 위함이라고 말할 수도 있으나 깨달음이라는 능력을 수행하려면 '깨달아질 것'과 '깨닫는 놈'이 갖추어져야 한다는 말이기도 하다. 즉 박수 소리가 나려면 양쪽 손이 필요한 것과 같다.

그리고 생멸법이란 생(生)하면서 사라져야 하는 이치로 이루어져야만 한다. 만약 그렇지 않다면 드러나는 것들이 차지하는 공간에 의하여 드러남을 수용할 수 있는 공간이 점점 줄어들 것이므로 한계에 도달되고 말 것이다. 도화지 위에 그림을 그릴 때 그림이 많아지면 반대로 그림을 그릴 수 있는 공간은 그만큼 줄어들어 더 이상 그림을 그릴 수 없어지는 것과 같은 이치다. 그러므로 끊임없이 어떤 것을 드러내려면 드러내는 즉시 지워져야만 한다. 그 대신 찰나에 사라지는 것들을 기억할 수 있다면 사라진 것들을 모자이크하듯 맞추어 하나의 그림으로, 하나의 사연으로 생각할 수 있게 된다. 이것이 삶의 법칙이고, 정신의 법칙이며 우주의 실질적 법칙이다.

그리고 이렇게 찰나적으로 사라지는 조각들을 모으는 '기억'이라는 이름의 능력은 일단 생멸법을 인식해야 하므로 생멸하지 말아야 하니 고요해야 하고, 또한 임시적이라 할지라도 남겨져 있어야 한다. 이것이 바로 마음의 능력이고 특징이며 모습인 것이다. 다시 말하면 첫째, 마음은 진동이 없는 채로 진동을 받아들일 준비가 되어 있어야 생멸의 진동을 느낄 수 있으므로 적정한 채 있어야 한다. 둘째, 찰나적으로 사라지는 진동의 그림자를 잠시라도 머물 수 있도록 해야 사연이 만들어진다. 마치 찰나적 이미지 컷(cut)들이 연속됨으로써 동영상이 이루어지는 것처럼…

그러므로 마음이란 슬프고 기쁘고 욕심나는 감정이 본래 없는 것임을 알 수 있고, 감정이란 마음과 육진이 만남으로 인하여 생겨나는 부산물임을 알아야 한다. 이는 식정(識精)이지 본심(本心)은 아니다. 여기서 다시 깨달아야 할 것은 물질이라는 모습으로 드러나는 육신은 생멸법이고, 마음은 생멸법에 의지하여 느껴지지만 생멸법에서 벗어난 것이므로 심신이란 모두 본래부터 생겨나거나 남아 있을 수 없었다는 사실이다.

기억이라는 능력 중에는 업이라는 기능이 있다. 업은 이승에서 저승에 이르는 동안 여운처럼 남아 다음 생을 이룰 수 있는 근거가 되어 줌으로써 생멸과 생사가 지속될 수 있게 한다. 그러나 이승에서는 몸이라는 생멸법이 한 템포로 존재하므로 현식(現識)도 그 생멸법을 근거로 해서 일어나고 기억을 쌓아가지만, 몸이라는 템포가 끝난 중음(中陰)에서는 몸이라는 것이 업식(業識)에만 있을 뿐 새로운 현식을 일으킬 수 없으므로 차차 몸을 잊게 된다. 손톱을 가지고 있어도 남을 할퀴는 짓을 해보지 않으면 싸움했을 때 할퀴는 수법을 쓰지 못하는 것과 같다. 이러한 과정에서 시간이 흐르면 몸으로 인식하는 일이 줄어들어 오직 분노와 원한 그리고 애갈, 이루지 못한 아쉬움과 이루고자 하는 욕구만이 남게 되고 사연은 사라지게 된다. 예를 들어 이승에서 사랑하던 마음은 그 근거가 육신에 있었으나 육신을 떠난 마음은 사랑의 사연이라 할 수 있는 키스나 포옹의 기억이 차츰 없어지게 되므로 단지 사랑의 원초적인 느낌인 그리움, 안타까움, 아쉬움, 간절함 등의 애달픔만이 남게 된다는 말이다. 그 애달픔은 다음 생애의 인격이라는 성향이 되어 새롭게 태어나는 원인이 되어주지만 만약 사람의 품위가 아니라면 축생이나 귀신의 성향으로써 그에 합당한 과보를 얻게 되는 것이다.

다시 정리해보면 습(習)이나 과보는 생멸법을 근거로 하여 생멸할 수 없는 마음에 쌓이는 것이고, 마음이란 생멸의 성향과 반대가 되어야 하므로 공하지만 잠시나마 머무르게 되는 법칙(업)을 가지기에 '삶'에 있어서도 사연이 이루어지고 의사소통이 가능하듯 사후에도 몸과 함께하던 사연만 사라질 뿐 짙은 기억의 저변으로 존재하던 성향은 사라지지 않고 다음 생을 이어지게 한다는 말이다.

만약 몸이 사라짐으로 인하여 식이나 업이 함께 사라진다고 생각한다면 이것은 주종(主從)이 바뀐 착각이다. 몸이 사라짐으로 인하여 마음이 사라지는 것이 아니라 마음이 몸을 떠남으로 인하여 몸이 사라지게 된다고 깨달아야 한다는 말이다. 모든 것을 수용하는 허공이 사라질 수 없는 것과 같이 마음도 육신뿐만 아니라 모든 생각과 인식을 포용하지만 본래 있었던 적이 없으므로 사라질 수도 없기 때문이다.

업이란 완전히 사라지지 않고 단지 '있다 할 바 없음[無所有]'으로 남아 있다가 새로운 인연을 맞이하게 되면 그 기류를 따라 새로운 삶의 원인이 되어주는 능력이다. 마치 물질의 특징인 색, 성, 향, 미, 촉이 사라져도 그 성분은 사라지지 않고 허공의 한 성향으로 남아 있다가 재탄생하게 되는 것과 같다.

이러한 업의 연속성을 두려워하는 이도 많고, 두려워하라고 가르치는 수행자나 스님들도 많다. 그러나 스스로의 모습이 무엇이 되었든 이 모든 형상은 스스로가 느끼고 깨닫는 정신속의 대상이고 착각일 뿐 실체는 없는 생멸법이다. 다른 면으로 본다면 진정한 자기는 '고정되지 못한 채 변화하는 생멸법'을 바라보고 있는 '맑고 영원하여 무너질 것도 없는 마음'이기에 아무래도 아무렇지 않을 수밖에 없는 '존재 아닌 존재'였던 것이다.

이러함을 깨닫고 알아차렸다면 어느새 하열(下劣)한 생멸을 받을 수 없는 존재가 되므로 오히려 업보의 법칙이 감사하게 느껴진다. 마치 꿈을 꾸는 중에 꿈이라는 것을 알아차린 자는 꿈속의 어떤 일도 두려워할 필요나 이유가 없어지게 되는 것처럼 삶의 실체를 보아 느긋해진 마음이라면 삶의 저변에 갖추어지는 업은 편안하게 쌓이게 되는 것이다. 그리고 내생의 과보는 무지개와 같이 천상일 수밖에 없지 않겠는가.

몸이 마음을 만드는 것이 아니고 마음이 마음과 똑같은 몸을 만들어 놓고 혼자 놀아나는 것이 사실이다. 거울 앞에 꽃이 있다면 거울 속에도 꽃의 그림자가 있듯 마음 앞에 몸이 있다면 마음속에도 몸이 있는 것이다. 몸과 마음을 갈라놓는 벽이 없기에 몸이 마음에 들어가 몸처럼 마음을 아프게 하고, 마음은 몸으로 들어가 마음처럼 몸을 떨게 하니 몸과 마음은 둘이 아니다. 있는 것은 매 찰나 변화하는 것으로 고정된 실체가 없으니 있다 할 조건을 갖추지 못했고, 없는 것은 변화될 것도 없으니 본래 실체가 없으므로 둘 다 절대적으로 존재하는 것이 아니다. 그러니 몸이라는 것을 마음과 같이 공한 것으로 보아야 옳은 견해라고 할 수 있으며, 마음을 몸처럼 사라질 것으로 본다면 조상으로부터 전해진 어리석음에서 벗어나지 못했음을 깨달아야 한다.

부주색성향미촉법(不住色聲香味觸法)

바래지는 색깔 머물지 못하여
그 흔적을 지워가나 눈을 베풀고,
여울지는 소리 머물지 못하여
그 울림을 숨겨가나 귀를 베풀며,
흩날리는 향기 머물지 못하여
그 진동을 머금으나 코를 베풀도다.
휘감아 도는 맛 머물지 못하여
그 풍미도 사라지나 혀를 베풀고,
스치는 감촉 머물지 못하여
그 저림도 잦아드나 몸을 베풀며,
솟구치는 뜻 머물지 못하여
그 기백은 망실되나 의미를 베푸니
찬란함을 뽐내는 광명을 따라
홀연히 드러나는 그림자처럼
드러나며 흩어지는 이 육신과
이를 따라 드러나는 이 마음은
생겨남도 사라짐도 본래 아니니
청정한 여래의 한 쌍이로다.

저에게도 다섯 가지 눈이 갖추어져 있나요?

『금강경』 제18 「일체동관분」을 공부하다 보니 이해하지 못한 부분
이 많습니다. 특히 여래를 육안으로 볼 수 있느냐는 질문으로 시
작하는데, 다섯 가지 눈을 어떻게 해석해야 할지 모르겠습니다. 육안은 육신
의 눈을 말씀하시는 것 같지만 다른 다섯 가지는 감을 잡지 못하겠습니다. 천
안, 혜안, 법안, 불안은 어떤 눈을 말씀하신 걸까요? 우리에게 이미 갖추어진
눈이라고 하셨는데, 왜 알아차리지 못하는 것인가요?

중생에게도 이미 갖추어진 오안(五眼)

 육신으로서의 눈, 허공으로서의 눈, 지혜로서의 눈, 뜻으로서의 눈, 깨달음으로서의 눈을 말한다.

육안(肉眼)이란 육신의 눈, 즉 물질적인 눈이다.

천안(天眼)이란 중생이 미처 생각하지 못하는 부분이지만 법칙적인 면을 봄으로 하여금 알게 되는 눈이다. 세상의 모든 색깔은 낱낱이 구분할 수 있는 것이 눈의 기능이다. 그런데 만약 처음부터 눈에 빨간색이 채워져 있다면 하얀 종이는 당연히 빨간 종이로 보이게 될 것이다. 마치 색안경을 쓴 것과 같다는 말이다. 그러나 눈이 모든 색을 분명히 구분하여 볼 수 있다면 눈 자체에는 아무런 색이 없음을 알 수 있다. 즉 눈은 모든 색을 보지만 눈 자체에는 어떤 색도 없다. 따라서 이치적으로 보면 무색투명한 것이 곧 눈이므로 허공과 같고 하늘과 같다. 이것이 곧 천안이다.

혜안(慧眼)이란 지혜로 보는 직관적인 눈이다. 즉 중생적(衆生的) 감각으로 보는 눈이 아니라 정신적인 면에서 철저하게 파헤친 눈을 말한다. 눈은 색이 없으면 그 능력을 상실하게 된다. 색이 보일 때만 눈으로서의 능력을 발휘한다는 말이다. 완전히 어두운 곳에 들어가면 눈을 떴을 때와 감았을 때의 차이를 느낄 수 없기 때문에 눈의 존재도 알 수 없다. 또한 반대로 눈이 없다면 색이 있다 해도 확인할 길이 없다. 선천적인 맹인에게 어떻게 색깔을 설명할 수 있으며 눈을 설명할 수 있겠는가. 그러므로 눈과 색은 나눌 수 없는 불가분의 관계임을 지혜로써 알 수 있다. 즉 눈이란 색과 시력(視力)을 함께 갖춘 능력임을 깨닫게 되는데, 이것이 곧 혜안이다.

법안(法眼)의 '법(法)'이란 뜻을 말하니 '생각의 눈'이라는 말이다. 생각이란 홀로 일어나게 되는 것이 아니다. 현실이 되었든 기억이 되었든 어떤 대상과 그 대상을 느끼는 마음이 상즉(相卽), 상응(相應)하게 됨으로써 일어난다. 자기의 마음과 몸이 상즉하든 '나'라는 마음과 남[他]이 상응하든 모두 마음과 대상이 상응하여 생각이 나오게 된다는 말이다. 잠이 들면 자기라고 하던 마음이 사라지게 되므로 생각이 나올 수 없고, 그때는 보인다는 생각 역시 없으므로 눈이라는 기능도 사라지게 된다. 시력은 정신이 없으면 사라지게 된다는 의미다. 즉 지혜로써 눈을 보니 색과 시력의 화합이었고 이 화합을 다시 보니 곧 생각이었음을 알게 된다. 이것을 '생각의 눈'이고 '법의 눈'인 법안이라고 한다.

생각이 정신에서 나온다는 사실은 누구나 인정한다. 그리고 정신의 기능을 딱 꼬집어 말하면 '깨달음'이라고 할 수 있다. 세상이라는 것은 세상이라고 깨달아진 정신이 있기에 세상이라고 일컬어지게 되었던 것이고, 세상이라고 일컫는 나도 깨달아지기에 자기를 주장하는 것이며 나와 세상이라는 깨달음이 있기에 '삶'이라는 깨달음도 생겨나게 되었다. 그러므로 깨달음에 의하여 세상이 인정되고 자기가 인정되며 삶이 인정됨을 알 수 있고 이러함을 모두 알 수 있는 것도 역시 깨달음에 의한 것이었다. 그러니 색이 있음을 아는 것도 깨달음에 의함이고 눈이 있음을 아는 것도 깨달음에 의함이며 눈이 투명함을 아는 것도 깨달음에 의함이고 색과 시력이 합해진 것이 눈임을 아는 것도 역시 깨달음의 능력이며 색과 시력이 합해진 것은 생각이라는 것을 깨닫는 것도 깨달음의 능력이고 생각은 깨달음에 의한 것이었음을 깨닫는 것도 역시 깨달음의 능력임을 깨달을 수 있다. 나아가 이렇게 모든 것이 깨닫는 능력에 의하여 드러나게 되는 것임을 깨닫는 능력도 깨달음이며 이렇게 깨닫는 것도 다시 깨달음의 능력임을 깨닫게 된다. 그러니 어찌 눈이 깨달음이 아니겠는가. 그리고 깨달음을 부처라고 하는 것이니 어찌 눈이 부처의 능력이 아니라고 하겠는가. 이것이 부처의 눈, 즉 불안인 것이다.

이 오안(五眼)은 일체중생에게 이미 갖추어져 있지만 오직 육안에만 의존하며 흘러왔기 때문에 스스로의 위대한 눈을 얻지 못했던 것뿐이다. 이러함을 알면 비로소 불자(佛子)로서 불도를 닦게 되고, 스스로가 본래 부처로 이루어졌었음을 단박에 또는 서서히 믿게 될 것이다.

255

무아를 체득하는 것이 어렵습니다

큰스님의 법문을 몇 달 동안 정독하고 정리해보니 무아라는 가르침으로 귀결되는 것 같습니다. 없는 나로서 살아간다는 것이 즐겁게 느껴지고, 죽지 않는다는 사실이 행복합니다. 하지만 때로는 이 공부를 하지 않는 사람들을 보며 답답한 마음이 들고, 자기 주장을 하는 사람들에게는 화가 나기도 합니다. 무아를 머리로만 아는 것이 아닌가 불안합니다. 제가 올바로 가고 있는 것일까요?

무아를 익히는 수행이 어려운 이유

무아(無我)에 대한 견해가 아직 '개아(個我)적 상상'을 뛰어넘지 못함에서 비롯되는 혼돈이다. 무아라는 견해마저 사라져야 비로소 개아적 무아를 벗어나는 것이요, 지식이라는 알음알이에서 초월되었다고 할 수 있다. 또한 그것이 진정한 믿음을 얻는 것이며 아뇩다라삼먁삼보리와 나아가 원각을 얻게 되는 것이다.

육진과 육근은 상생(相生)의 관계이다. 공동운명이므로 둘이 아니지만 깨달아지는 모양에 있어서는 양자(兩者)라고 할 수 있다. 이 하나이면서 둘 사이에서 드러나는 것이 곧 법(法)인데 마치 부모 사이에서 자식이 드러나는 것과 같다. 부모 없는 자식이 없고 자식 없는 부모도 없다. 부모가 없다면 자식이 생겨날 리 없고 자식이 없다면 단지 부부(夫婦)일 뿐 어찌 부모라고 하겠는가. 그러므로 부와 모, 그리고 자식이라는 삼자는 그 이름이 삼자일 뿐 상관관계를 보면 셋이 아님을 알 수 있다. 육진과 육근 사이에서 드러나는 법 또한 셋으로 깨달아지지만 삼자의 상생관계를 보면 결코 셋이 아니다.

여기서 이 셋의 출생지를 다시 보자. 무엇이든 생겨나기 이전이라면 '무엇도 아닌 것'이니 셋을 드러낸 근원지는 셋이 아닐 것은 당연한 이치다. 그러나 우주 전체에서 이 셋을 빼고 나면 그 무엇도 존재하는 것이 없으니 굳이 설명하자면 셋의 근원지는 표현을 초월(超越)한 자리다. 이 자리를 이름하여 무아라고 하고, 무심이라고 한다. 그리고 바로 이 자리에서 일체의 바라밀(波羅密)⁶⁾이 출생되니 일체법(一切

法)이 드러나게 된다는 말이다.

그러나 이 자리를 익히는 수행이란 그리 쉽지 않다. 그 이유는 바로 중생이라는 특징에 있다. 중생이란 '허깨비에 실체가 있다고 착각한 채 그것에 집착하여 구하려는 마음'을 말하는데, 구하려는 것 가운데 첫 번째는 당연히 '자기(自己)'를 얻는 것이 아니겠는가. 그러므로 어떤 이름이든 어떤 물건이든 가리지 않고 자기를 만들려고 한다. 음식과 약, 지식과 명예, 재물 등 어떤 것을 동원해서라도 잘난 자기를 만들고자 노력한다는 말이다.

이러한 습에 의하여 때로는 몸을 '감각의 본체인 육근'으로 혼동하여 자기로 삼고, 때로는 생각을 '마음'으로 혼동하여 자기로 삼기도 한다. 그리고 그 모두가 자기가 될 수 없다는 것을 안다 해도 다시 '아무것도 아닌 것'을 자기로 삼고 만다. 이러니 어찌 나, 사람, 생각하는 갈대, 생명체 등의 여러 가지 이름으로 자기를 삼지 않을 수 있겠는가.

자기라는 것에는 '개아(個我)로서 죽고 사는 기분'이 담겨있다. 즉 생사의 불안함을 가진 채 육신으로 살아가고자 하는 어리석음을 말한다. 이 어리석음은 어리석음을 낳을 뿐 스스로 어리석음에서 벗어날

6) **바라밀(波羅密)** 바라밀이란 지혜의 움직임으로 허공의 바람과 같이 있지도, 없지도 않은 깨달음의 작용이다. 그리고 지혜란 보고 기억하는 능력으로 일체를 드러내지만 만들어지는 것은 오직 기억뿐이고, 기억은 사라진 것이기에 그저 청정함만이 쌓인다고 할 것이다. 이렇게 세밀하고 은밀하게 흐르는 활력을 바라밀이라고 하지만 그 실체가 없기에 단지 '이름'일 뿐이라는 말이다.

이각스님, 「보살품」, 『유마경 역해』(지혜의눈)

수 없다. 만약 분수대에 뿜어지는 물이 비눗물이라고 가정해 보자. 뿜어내면 뿜어낼수록 주위가 비누거품으로 채워지게 되고, 머지않아 분수대의 형체는 찾아볼 수 없게 될 것이다. 어리석음이라는 것도 이와 같아 분별을 하면 할수록 그로 인하여 더욱 어리석어질 뿐 스스로의 본 모습은 결코 볼 수 없게 된다. 이러한 이유로 여러 경전에서 자기의 견해를 믿지 말고 '선지식을 구하라'는 말씀이 있는 것이다.

善男子 末世衆生 欲修行者 應當盡命 供養善友 事善知識
彼善知識 欲來親近 應斷憍慢 若復遠離 應斷瞋恨 現逆順境
猶如虛空 了知身心 畢竟平等 與諸衆生 同體無異 如是修行
方入圓覺
선남자 말세중생 욕수행자 응당진명 공양선우 사선지식
피선지식 욕래친근 응단교만 약부원리 응단진한 현역순경
유여허공 요지신심 필경평등 여제중생 동체무이 여시수행
방입원각

선남자여 말세중생으로서 수행코자 하는 자라면 명이 다하도록 응당 선우가 선지식의 일을 하도록 공양하되 저 선지식이 친근하고자 다가와도 응시함으로써 교만함을 끊고 만약 다시 떠나가 멀어진다 해도 응시함으로써 진한을 끊어 드러나는 역순 경계가 마치 허공과 같게 되면 몸과 마음을 요달하여 알되 필경에는 모든 중생과 더불어 평등하여 다름이 없는 동체가 될 것이다. 이와 같이 수행하면 두루 원각으로 들게 된다.

위 경문은 『원각경(圓覺經)』 「보각보살장」의 끝부분이다. 병에서 벗어나고 다시 병에 빠져들지 않으려면 반드시 선지식이 필요한데, 그 근본 이유는 사상(四相)과 사병(四病)에 빠지지 않기 위함이다. 사상에 빠진다면 자기에 대한 찬탄과 비방에 진한(瞋恨)이 일어나는 아상, 자기를 앞에 놓고 바라보면서 자기로 삼는 모순에 빠지고도 알아차리지 못하는 병에 빠진 채 남에게 설법하는 어리석음인 인상, 자기를 사랑함이 남아 있는 채 중생과의 경쟁의식에 빠져 교만해지면서 한편으로는 질투에 빠지는 중생상, 깨달아 성도하려는 욕심으로 지식만 늘림으로써 아견만 증장되어 애증의 분별을 하느라 정진하지 못하고 결국 선지식마저 애증으로 분별하게 됨으로써 한 가닥 희망마저 잃고 영원히 깨닫게 될 수 없는 수자상 등으로 인하여 윤회를 벗어나지 못하게 된다.

나아가 오랜 생애를 수행하여 깨달음에 근접한 성문, 연각이 된다 해도 네 가지 병에서 벗어나지 못하면 결국 원각에 들지 못하게 된다. 그러니 깨달음을 이루지 못한 말세중생에게는 선지식을 구하는 일이 무엇보다 중요한 일이다. 그다음은 선지식을 구했다 해도 그에게 분별심을 두고 어리석은 저울질로 트집 잡지 말고 목숨을 다해 그를 공양하고 따름으로써 선지식이 선지식의 길을 가도록 하는 것이 중요한 일이다. 그렇게 한다면 당연히 점차 스스로를 주장함이 사라지고 무아임에 계합됨으로써 원각에 들 수 있게 된다. 그러면서도 응시자란 항상 공(空)해야 함을 잃지 않음으로써 스스로의 공한 위치를 놓치지 않고 그로써 교만과 진한이 끊어지게 되어야 한다. 또한 스스로가 원하거나 싫어하는 일을 짓지 않아 허공을 바라보듯 하면 당연히 몸과 마음뿐만 아니라 일체의 모든 중생이 오직 청정한 깨달음 하나를 공통으로 쓰며 꿈을 꾸고 있음에 사무치게 될 것이다.

그러나 본래 평등하게 공하여 무아인 일체중생이라 할지라도 그 의지의 차이에 따라 스스로 생사의 가시밭길을 걷기도 하고, 단 한 생을 통하여 영원히 고행의 길을 벗어나기도 하니 이것은 억지로 이루어질 일이 아닌 것이다.

출가를 결심하고 일체의 인연과 멀어지려 하지 않는 것처럼.
무아를 설하여 생사에서 건져주시는 스승을 가까이 하지 못하듯.
불경을 수지독송함이 곧 수행이라는 말씀을 믿지 못하듯.
설법을 듣는 것만으로 해탈에 든다는 불경 구절을 못 믿듯.
끊임없이 한 생을 불경과 지내겠다는 의지가 없듯.

'생각의 자리'라는 말이 이해되지 않습니다

 저는 불교를 믿는 사람도, 불경을 공부하는 사람도 아닙니다. 불교에 관심이 생겨 주변인처럼 글을 읽고 있는데, 불멸을 보다 궁금한 점이 있어 카페에 가입까지 하게 되었습니다.

"가는 곳마다 장소를 생각지 말고 생각하는 생각의 자리를 생각하라. 즉 거리에 나섰으면 '이 거리에 왔구나' 하고 생각하기 전에 여기를 생각하는 '생각의 자리'가 '여기'임을 생각하라는 것이다."

윗글에서 생각하는 '생각의 자리' 부분이 이해가 되지 않습니다. 좀 더 구체적인 설명을 듣고 싶습니다.

지금 여기서 깨닫는 것

불도 공부를 처음 접하는 사람에게 '생각의 자리'를 꼬집어 설명하는 것은 쉬운 일이 아니다. 불도란 깨달음, 즉 정신의 실제적 능력과 범위, 한계 등을 다시 깨달음을 통해 깨닫는 것이기 때문이다. 또한 '생각의 자리'란 육신이나 시간을 초월해 있기 때문이다. 예를 들어 '종로 3가에 와 있구나'라고 생각하거나 '충무로 3가에 와 있구나'라고 생각하더라도 생각의 자리는 변하지 않고 항상 한 자리에 머물고 있다. 거칠게 표현한다면 모든 생각은 오직 머릿속에서만 일어난다는 뜻이다. 그러나 알고 보면 머리라는 것도 생각속에서만 인정하고 있는 것임을 깨달을 수 있다. 종로라는 것도 생각에서 벗어나지 않고 충무로 역시 생각에서 벗어나지 않으며 '생각에서 벗어나지 않는다'는 말도 생각 안에서 일어나는 깨달음의 현상이다. 그러므로 온 우주가 오직 깨달음이라는 현상일 뿐임을 다시 깨달을 수 있다. 그렇지만 '깨달음'이라는 것은 그 어떤 것도 아님을 잊지 말아야 한다.

장소뿐만 아니라 시간도 항상 '지금'이라는 순간을 벗어나 있지 않다. 언제나 고정된 시간에 생각이라는 깨달음이 작동하고 있으니, 그 시간이 바로 지금이다. 과거를 생각해도 그 생각은 지금 작동하고 있고 미래를 추측해도 그 생각은 지금에 이루어진다.

이러한 깨달음의 성질을 말하는 이유는 생각이란 깨달음이라는 정신 능력에 의하여 이루어지는데, 이 깨달음이란 시간과 장소를 초월하여 움직임이 있지 않다는 것을 전하려는 것이다. 또한 물질에서도 벗어나 있으므로 오거나 가는 것이 아니기에 태어나거나 죽는 것도 아니고, 남의 깨달음과 자기의 깨달음이 따로 나뉘어 있지도 않다. 단지 무엇이든 '그렇구나'라고 지금, 여기서 깨닫는다는 말이다.

여유롭게 생각하고 한 줄씩 책을 읽고 법문을 반복해서 듣는다면 '깨달음'을 자세하게 깨닫게 될 것이다. 처음 생각의 방향을 어디에 두어야 할 것인가를 얻게 되면 『불멸』이라는 책은 온 우주와 깨달음의 세계를 송두리째 드러내고 있음을 알게 될 것이다. 그리고 인간이라는 생각을 벗어나지 못한 중생의 견해로는 이러한 방향으로 결코 사유할 수 없음 또한 알게 될 것이다.

257

구족(具足)의 뜻을 알고 싶습니다

큰스님 법문을 듣다 보면 '이미 구족되었다'라는 말씀을 많이 하시는 것 같습니다. 우리에게 이미 모자란 것 없이 갖추어졌다고 이해하긴 했지만, 지금 제 상황을 보면 채워야 할 것들만 가득합니다. 구족이라는 말의 의미를 자세히 알고 싶습니다.

가장 넓은 눈으로 본 만족의 의미

글자 그대로 번역하면 만족되게 갖추어졌다는 말이고, 만족이란 어떠한 면에서든 한쪽으로 치우치지 않고 양편이 공평하게 처해진 채 드러난 모습을 말한다. 만족을 가장 넓게 본다면 음양이 가득한 가운데 드러난 자타의 모습이라 할 것이다. 드러나지 않는 무심과 그로부터 발생된 행위, 행동, 표현들로 드러난 일(一)과 체(切)에 이르기까지 모두를 머금은 원만한 하나의 정신을 상징하는 것이기도 하다.

그러므로 구족이란 '음양으로써 갖추어졌다'는 말도 되니 생법(生法)과 멸법(滅法)이 갖추어졌다는 의미다. 이는 음양에 의해 찰나적으로 생멸함으로써 유위법을 드러내게 하는, 즉 있음의 근원적 능력이 갖추어졌다는 뜻이니 드러내지 못할 것도, 알지 못할 것도 없다. 마치 하나의 꿈속에 나와 남이 나타나는 것과 같다. 존재가 있다면 반드시 존재를 인정해주는 자가 존재의 반대편을 차지하니 '존재와 존재를 인정하는 자'는 언제나 함께 있었다. 대상을 알아차리고 존재성을 부여하고 있다면 그 반대편은 '나'라는 주체적 기분이 성립된다. 예를 들어 구름을 바라보고 있다면 구름을 바라보는 나 또한 함께 만들어진다는 것이다. 만약 꿈도 없는 잠에 빠져든 사람에게는 세상도 있을 수 없지만 세상을 느끼는 자기 역시 함께 사라진 것과 같다. 그러므로 존재와 앎은 결코 둘이 될 수 없음을 알아야 한다.

이렇게 나와 남이 마주하고, 정신과 물질이 마주한 상황이 곧 구족으

로써 이룩된 세계이다. 또한 구족의 결과가 곧 '나'였고, 나의 지금이
며 깨달음이었다. 상즉법, 즉 서로가 마주하여 드러나는 법이 수미산
이고 대천세계라고 이름할 수 있으리니 결론적으로 불세계(佛世界)
를 설명한 것이 '구족'이라는 것이고, 구족됨의 결과가 곧 불세계라
할 것이다.

깨달음의 길에 도움이 되는 방법이 무엇일까요?

큰스님의 가르침은 중학생 정도만 되어도 이해할 수 있을 것 같습니다. 하지만 알았다고 해서 제 마음이 쉬어지는 것은 아니었습니다. 안 만큼 마음이 쉬어져야 하는데, 그렇게 되지 않는 것을 보면 제대로 알지 못해서 그런 것일까요? 요즘은 스님들의 가르침을 대하면서 지식만 늘어가는 것이 아닌가 하는 걱정이 들기도 합니다. 아직 시작도 못 한 마음공부 초보자가 깨달음의 길에 좋은 방법이 있을까요?

사행심을 버리라

이 한 생을 살면서 쌓은 습관, 즉 업장도 떨어내기 힘든데 숫자로는 표현할 수도 없기에 무시이래라고 하는 세월 동안 쌓아온 어리석음의 두께가 오죽하겠는가. 사행심으로 도를 닦으려 한다면 이미 수행자의 마음 자세가 아니라고 보아야 한다. 급한 마음 없이 '나 죽었습니다' 하는 느긋한 마음으로 임해야 한다. 석가모니부처님께서도 육 년 동안 고행하신 후 사유를 통해 정각을 이루셨고, 십대제자들은 사십여 년이 지나서야 보살의 경지에 달하게 되었다. 또 어떤 외도는 세존과 언쟁하려고 왔다가 '삼 년만 내 옆에서 말하지 말고 듣기만 하라. 그다음에 논쟁하자.'라는 말씀을 듣고 그날부터 삼 년을 조용히 듣기만 했는데 몇 년이 지나도 그 외도는 논쟁은 커녕 말도 없었다. 그러던 어느 날 어떤 이가 논쟁을 하러 찾아왔다. 그제야 말 없던 외도가 웃으며 '당신도 나처럼 속을 것이다. 삼 년이 지나면 논쟁하자고 하셨지만 법문을 듣다 보니 할 말이 없어졌기 때문이다. 당신도 삼 년이 지나면 논쟁할 마음이 사라져 석가모니부처님께 속았다는 생각을 할 것이다.' 이 말은 본래 할 말이 없었음을 깨달으면 그것이 곧 깨달음이라는 사실을 알려주는 이야기다. 또한 본래 깨달음을 벗어난 적이 없었다는 뜻이기도 하고, 굴리는 생각만이 윤회를 지어낸다는 뜻도 들어 있다. 소승도 이미 답은 주었다. 그러나 스스로의 업장으로 인해 보지 못할 뿐이다.

장난감 뱀을 보고 어린아이가 울었다. 그래서 그 모습을 본 어른이 두려움을 없애주기 위해 장난감 뱀을 주물럭거리기도 하고, 입에 넣기도 했다. 하지만 아이는 그 어른만 보면 더욱 큰 소리로 울었다. 과연 어른은 무엇을 어떻게 해야 할 것인가. 그리고 어린아이의 심정은 어떨까 유추해 보라.

불도수행을 함에 있어서도 위 이야기와 다를 바 없다. 올바른 가리킴[指]을 주는 이를 만나기도 어렵지만 올바른 법을 듣는다 해도 스스로가 받아 지닐 줄 모른다면 스승을 만나지 못한 것과 같다. 그러나 이것은 근기(根器)의 문제이므로 차분하고 진솔하며 진지하게 수행하면 누구든 깨달음을 얻고 윤회를 벗어날 수 있게 된다. 왜냐하면 그릇이 크든 작든 모두가 '없는 것'으로 이루어진 청정한 근기이기 때문이다. 불도수행의 목적은 영원히 흐르는 윤회의 법칙 앞에 공포나 번뇌 없이 편안하게 해탈함이다. 그 기본이 생사가 없음을 얻는 것이다. 소승은 그러한 석가모니부처님의 뜻을 받아 긴 세월 동안 수도 없이 전했고 지금도 전하고 있다. 입으로만 도를 닦으려 하고 삶의 실제적 고통이 얼마나 참담한지 바라보지 않은 채 운동을 배우는 정도의 마음으로 지적 교만을 얻으려 한다면 그만두는 편이 모두를 위하는 길이다. 만약 지식으로 불도를 알고자 한다면 진정으로 편해질 수 없을 뿐 아니라 다른 이들도 외도로 끌고 가기 때문이다. 나아가 스스로가 거짓말쟁이라는 사실을 업으로 쌓아 다음 생에는 혀가 두 개로 갈라지거나 소리를 내지 못하는 미물이 되는 것이다.

불도를 닦음에 있어서는 온 마음을 다해야 한다. 스스로가 이미 부처인데도 그 위대함을 깨닫지 못한 어리석은 존재를 중생이라고 이름한다. 즉 부처란 깨달음 자체를 말하는 것이므로 이해나 오해가 모두 부처에게서 나오지만 오해할 수 있는 법칙, 즉 근본무명(根本無明)에 의하여 부처에 오해가 합해진 것이다. 오해는 번뇌를 낳는다. 그리고 번뇌는 악을 낳게 된다. 그러므로 생사윤회가 있게 될 뿐이다. 직접 찾아와 진지하게 수행에 임하면 반드시 성불하게 된다. 반드시.

가장 흔한 것을 귀하게 여기는 자유인

지난날이 진정 꿈으로 느껴진다면 남은 날들 또한 꿈임을 알 것이니
지금 이 순간부터는 최고의 꿈을 꾸어 행복한 존재가 되는 것이다.

가장 용감하고 가장 명예롭고 가장 청빈한 꿈을…

필요함이란 멀리 있는 것이 아니다.

물, 불, 바람, 흙과 같이…

그러나 취함에 어려움이 없으면 하찮게 여기고, 취함에 어려움이 있
으면 귀하고 사랑스럽게 생각한다.

귀하고 사랑스러운 것은 아끼게 되므로 사라질까 두려워한다.

행복이라 말하지만 몸과 마음을 다하여 집착하느라 괴로움을 느끼지
도 못한다.

과연 영원히 소유할 어떠한 것이 있는가?

영원히 소유할 것이 있다 하여도 영원한 삶을 누리는 자는 없다.

그러므로 알아야 한다.

가장 흔한 것을 귀하게 여기는 사람만이 자유인이란 것을.

그대들이여, 영원함을 얻고자 한다면 찰나를 붙들고 정지시켜라.

찰나는 흐름이 없되 그대의 미혹한 분별만 흐르고 있음을 관찰하라.

그리하면 찰나가 멈추고 그대로 찰나와 그대는 하나가 되어 불생불멸
을 얻게 되리라.

259

살아 있는 꿈을 꾸고 있는 것인가요?

친구가 인생이란 허무한 것 같다며 글 하나를 보여주었습니다. 고등학교 때에도 호접춘몽(胡蝶春夢)이라는 내용을 배웠지만 이해가 가지 않았습니다. 친구가 보여준 글을 보니 또 머리가 어지러워졌습니다. 큰스님께서는 어떻게 보실지 궁금하여 부끄러움을 뒤로 하고 질문 올립니다.

나는 살아 있는 것일까,
살아 있는 꿈을 꾸는 것일까.
나는 살아가는 것일까,
사라지고 있는 것일까.

중생이 깨달음에 들지 못하는 이유

중생이 깨달음의 문에 들어갈 수 없는 첫 번째 이유는 내[我]가 존재한다고 믿기 때문이고, 두 번째 이유는 생사를 피할 수 없다는 굳은 믿음 때문이다. 그리고 이 말의 저변에 깔려 있는 '삶과 죽음'이 분명하게 있다고 단정해버린 거칠고 세밀하지 못한 판단력이 마지막 이유다. 이러한 문제점을 해결하지 못하고는 생사의 고뇌에서 벗어날 수 없고 걸림 없는 지혜의 흐름인 무애행(無礙行)을 이룰 수 없다.

'살아 있는 것인가. 살아 있는 꿈을 꾸는 것인가. 살아가는 것인가. 사라지는 것인가.'라는 우문(愚問)은 해결할 수 없는 번뇌로 남을 수밖에 없다. 이 질문에는 두 가지 명제가 있고, 그 둘 사이에서 고개를 좌우로 흔드는 꼴이어서 당연히 혼란스럽게 된다. 나아가 이 어지러움으로 하여금 생사에 처한 스스로가 점점 더 확연하게 느껴지게 된다. 차를 타고 가면 정지해 있는 땅이 뒤로 지나가는 것처럼 보이고, 고개를 좌우로 흔들면 멈추어 있는 사물도 움직이는 것처럼 착각하게 되는 것과 같다.

'나'란 둘이 될 수 없다. 그러나 중생은 자기를 둘로 놓고 생각하면서도 그 사실을 알아차리지 못한다. 보이는 것은 자기가 될 수 없다. 보이는 것은 세상이고, 또한 남이다. 그리고 천만 분의 일 초도 멈추지 못하고 사라지고 마는 것은 나도, 남도 될 수 없다.

몸이란 물질이고, 물질이란 허공의 원소가 그 재료이며 허공의 원소란 그저 파장일 뿐이다. 찰나에 수도 없이 깜빡이며 진동하는 파장이라는 말이다. 그러므로 몸이라는 물질은 존재로서 정지해 있던 시간이 없을뿐더러 시간 자체도 멈추지 않기에 몸이든 물질이든 그 어떤 것이든 존재할 수 있는 근거가 없다. 이러하기에 몸은 내가 될 수 없다.

나라는 것으로 고정된 자성(自性)이 있어야 남과 다르다고 할 수 있고, 내가 발을 디디고 설 수 있는 '시간적 공간'이 갖추어져 있어야만 스스로의 존재도 증명할 수 있지 않겠는가. 그렇다면 그러한 몸을 바라보는 것은 마음이기에 '마음이야말로 진정한 나다'라고 생각하게 될 것이다. 왜냐하면 보이는 것은 대상이고, 대상을 보는 것은 주체이며 주체가 자기인 것은 당연할 것이기 때문이다. 그러나 만약 마음을 자기로 삼으려 한다면 그 또한 이룰 수 없는 망상이 될 수밖에 없다.

마음이란 고요한 채 고여 있는 물과 같이, 세상을 비추는 거울과 같이 세상의 그림자를 담는 능력이다. 세상의 그림자가 없다면 물이 있다는 사실도 알 수 없고 비추어지는 그림자가 없다면 거울이 있다는 것도 알 수 없다. 맑은 유리에 '유리주의'라는 글씨를 써놓지 않으면 유리가 있다는 사실을 모른 채 지나가려고 하는 것과 같은 이치다. 이렇게 투명하여 존재라고 할 수 없는 것이 마음이니 마음 앞에 비추어지는 만유, 즉 모든 물질이 실다운 자성이 있는 것이 아니라면 마음에 비추어진 그림자 또한 허깨비가 분명하다. 또한 허깨비에 의해 있는 듯이 느껴진 마음 역시 일시적 현상일 뿐임을 알아야 한다. 왜냐하면 물질에게 멈추어져 있을 수 있는 지구력이 없다면 물질의 그림자에 의해 있는 것처럼 느껴지는 마음 역시 그처럼 머무는 찰나 없이 사라지는 것일 수밖에 없기 때문이다.

잠이 든다는 것은 세상의 모든 물질과 추억 속의 모든 사연에서 분리되는 것이다. 즉 정신적 감각현상이 일시정지의 상태가 된다는 말이다. 그러므로 수면상태에서는 마음에 비치는 물질적 그림자가 없어지게 되는 것이고, 당연히 마음이라는 것마저도 느낄 수 없게 된다. 이러함을 본다면 중생이 바라보고 있던 몸과 마음이라는 것은 허깨비 환상에 불과한 것임을 깨달을 수 있으며 나라는 것의 실체가 없다는 사실도 깨닫게 될 것이다. 즉 '무아(無我)'가 '나'의 실체였음을 알 수 있게 된다.

그러므로 내가 있어서 나를 없애는 것이 수행이라 생각해서는 안 된다. 즉 무아를 닦는 것이 아니라는 말이다. 본래 한 찰나도 실제적 내가 없었다는 것에 깊이 감동하여 무아로서 행을 짓는 것이 수행이자 보살행(菩薩行)이다. 이미 내가 없었음을 깨달았다면 이제 살고 죽을 자기가 없었음을 깨달았을 것인데 삶과 죽음을 다시 어디에서 찾을 것인가. 만약 생사가 있다고 한다면 이미 찰나에도 수천 번씩 살고 죽었음을 알아야 한다.

이제 번뇌를 할 수밖에 없었던 이유와 모순을 보았을 것이다. 그러니 결론을 지어 본다면 나의 실체는 무아이며 삶의 실체는 시간을 초월한 지혜의 행이고 산다고 생각하고 사라진다고 생각하던 것의 실체는 번뇌였다.

깨달음에 있어서 가장 중요한 점이 있다면 이것은 '부동(不動)'이라는 것이다. 오지도 않는 것이고 가지도 않는 불래불거(不來不去)이고, 생겨나는 것도 아니고 사라지는 것도 아닌 불생불멸(不生不滅)이 일체중생의 진면목(眞面目)이었던 것이다. 모두 공연한 노고와 부질없는 어리석음의 고통일 뿐 본래부동(本來不動)의 진리에는 예외가 있을 수 없다. 그러므로 아무리 어리석은 중생이라 할지라도 부처의 품[佛法]을 벗어나거나 불도를 벗어난 적이 없었던 것이다. 이 불법이야말로 참다운 자심(慈心)이요, 이러함을 깨달아 중생에게 전하려 했던 석가모니부처님의 마음이야말로 참다운 비심(悲心)이니 깨달은 자의 마음을 일컬어 자비심(慈悲心)이라 한다.

불경이란 무엇일까요?

오늘도 무슨 말씀을 되새기며 깨달음을 얻을까 생각하다가 아주 기본적인 개념부터 알지 못하고 있다는 생각에 이르렀습니다.『화엄경』,『반야심경』,『금강경』등의 이름을 불경이라 일컫는 것으로 생각했는데, 불경이 무엇이냐고 묻는다면 한마디도 못할 것 같습니다. 요즘 자주 언급되는『천부경(天符經)』도 위경이라고 하니 불경에 어떻게 접근해야 할지 갈피를 못 잡겠습니다.

본래의 길과 갈라진 길

불(佛)이란 삼라만상의 근원이며 법칙을 말한다. 즉 물질의 사대 요소인 지(地), 수(水), 화(火), 풍(風)과 정신의 삼대 요소인 견정(見精), 식정(識精), 그리고 무심(無心)과 다름없는 공(空)을 합한 칠대(七大)를 모은 것을 가리킨다. 이것이 순리와 순리에 따른 결과를 드러내며 흐르는[經] 불경(佛經)이다. 즉 삼천대천세계의 흐름 자체가 곧 불경이고, 우리는 불경 속에서 불경으로써 흐르고 있음을 알아야 한다. 그러므로 불경이라는 책 속에는 일체만유의 실체와 인생의 실체, 일체중생의 실체, 나의 실체가 설명되어 있는 것이다.

부처의 흐름임을 모른 채 삶과 인간이 실제로 존재한다고 생각하며 나름대로 우주가 어떻게 생겨났는지 추리한 것이 『천부경』이다. 또한 칠대의 흐름이라는 사실을 전혀 모르고 인간이 존재한다고 믿어 그 인간이 어떻게 살아야 하는지 말하는 것이 도덕경, 사서삼경 등이다.

경(經)이란 '흐름'을 말한다. 온 우주에 흐름이란 법칙 말고는 없다. 인간의 몸이 있는 듯이 드러나게 되는 것도 법칙일 뿐 실질적인 물질이 모여 만들어진 것이 아니라는 말이다. 오직 법칙의 흐름일 뿐인데 그 법칙에 의해 드러나는 찰나적 현상을 보고 왈가왈부하는 것 또한 법칙이므로 경이라고 할 수 있지만, 아주 잘게 쪼개진 흐름인 것임을 알아야 한다. 마치 중심을 이루는 큰길이 있고 그 길에서 나누어진 작은 길이 있는 것과 같다.

석가모니부처님의 길은 법칙 자체와 일치된 길이었다. 하지만 우리네 중생의 길은 법칙이 지말적으로 갈라지고 갈라진 좁은 길이다. 그러니 경이 아닌 것은 없다. 그러나 본래의 길은 당연히 하나뿐이다. 우주의 공간이 하나이기 때문이고 삼천대천세계가 단 한 찰나인 지금에 존재하기 때문이다. 진공이 본래의 경(經)이자 길[道]이라면 허공인 대기권은 중간의 길이며 별들은 좁은 길이라고 보아야 한다. 정신 자체를 자기로 삼으면 '본래의 길 [大道]'이요, 육신을 자기로 삼으면 '좁은 길[小路]'이며 정신과 육신의 중간인 마음을 자기로 삼았다면 '중간의 길'이라고 보아야 한다. '본경(本經)'은 죽음이 없으나 '좁은 경'은 죽음과 고통이 있고 '중간 경'은 죽음과 고통이 없지는 않으나 두렵지 않은 길인 것이다. 이것이 해탈, 그리고 삼악도(三惡道)와 삼선취(三善趣)의 모습이다.

누구든 스스로의 이기주의적 욕심을 버리지 않고는 큰길을 절대 얻을 수 없음을 깨달아야 한다. 곧 버릴 수 없는 자는 얻을 수도 없다는 말이며 베풀지 않는 자는 도움을 얻지도 못한다는 말이다.

261

고통이 성스러운 것인가요?

석가모니부처님께서 네 가지 성스러운 길인 사성제(四聖諦)를 말씀하셨다고 하는데, 이해가 가지 않는 부분이 있습니다. 고통의 원인을 알아 고통을 멸하고 열반으로 향하는 모습은 성스럽다고 하겠으나 맨 앞에 나오는 '고통'이라는 것이 어떻게 성스럽다고 할 수 있을까요? 고통을 즐기는 사람이 아니고서야 이런 생각을 할 수 있을까요? 고집멸도(苦集滅道)에 대한 법문을 청합니다.

사성제(四聖諦)

'성스럽다' 함은 삼라만상 가운데 가장 뛰어나다는 말이다. 그렇다면 찰나마다 피어나고 시들며 무상한 변화를 반복하는 세상의 현상을 표현하는 말은 아닐 것이다. 그러므로 이 삼라만상이 드러나고 사라지는 근본적인 이치, 즉 진리야말로 가장 성스럽다고 말할 것이다. 또한 무언가 확연히 살피거나 안다는 뜻이 '제(또는 체, 諦)'라는 글자인데, 살펴 보고 이해할 수 있는 것들은 세상을 말함이니 '제'라는 글자는 진리인 성(聖)에 의해 드러나고 사라지는 확연한 현상을 가리키는 말이다. 그러므로 사성제란 '우주 공간 전체를 운영하는 참다운 네 가지 이치'라는 뜻으로 볼 수 있다.

불경의 가르침은 본래 있는 것을 알려주는 것이기에 가르침이 아니라 '가리킴[指]'이다. 진리와 이로 인해 생멸하는 일체만유는 본래부터 갖추어진 능력이지 갑자기, 혹은 특별한 능력으로 인해 생겨나고 사라지게 된 것이 아니기 때문이다. 이와 같은 관점으로 보지 않는다면 불경의 언어를 이해하기 어렵다는 사실을 알아야 한다.

고(苦)는 고통이라는 말과 상통한다. 통증이란 물질적이나 정신적인 요동 또는 흔들림에 의해 서로 부딪치는 정도의 느낌을 뜻한다. 그러므로 생각을 많이 흔들면 두통이 오고 심정을 많이 흔들면 심통을 느끼며 팔다리를 많이 흔들면 근육통이 일어난다.

그리고 '고(苦)'는 '통(痛)'을 부연 설명하는 것이니 당연히 심적, 물적 부딪침을 뜻하고 있는 것이며 나아가 우주에 펼쳐진 음양의 상호작용을 뜻한다. 즉 물(物), 심(心), 기(氣) 등이 서로 부딪치게 되면 그 가운데 느낌이 생겨나게 되는데, 이 느낌을 통증(痛症)이라고 한다는 말이다. 마치 손이 비벼지게 되면 그 가운데 열감이나 쓰라림을 느끼게 되는 것과 같다. 그러므로 '고(苦)'란 마찰이나 상충(相衝)의 뜻이고, 만유가 생성되는 최초의 과정이며 없음에서 있음으로 시작되는 시점이다.

중생의 육신이나 마음에 고(苦), 즉 마찰이나 부딪침이 있게 되면 통증이 생겨나듯 허공에서 고기압과 저기압이 상충하면 빗물이 생겨나고 남성과 여성이 만나면 자식이 생겨난다. 그리고 서로의 애틋함이 상충하면 연민의 정이 생겨난다. 이것은 새로운 것이 생겨나는 모습이다. 즉 상충하여 진동이 생기면 이를 '고(苦)'라고 하고, 그 진동이 모여 새로운 것이 생겨나면 이를 모였다는 뜻으로 '집(集)'이라고 한다. 만유는 이렇게 생겨난다는 뜻이다.

멸(滅)이란 사라진다는 말이다. 만유는 진리의 결과로 드러난 현상이고 진리는 만유를 탄생시킨 이치이므로 만유를 초월한 것이다. 그러므로 이치, 즉 진리는 현상 이전의 상태를 말하는 것이므로 있다 없다는 유무(有無)의 개념에서 벗어났으니 '어떤 것'이 아니지만 이해를 돕기 위해 말을 사용하는 것일 뿐이다.

이렇게 진리로부터 드러난 삼라만상에는 실체가 있을 수 없다. 삼라만상은 진리를 재료와 이치로 하여 실체 없는 감각능력과 어우러져 드러난 것이기 때문이다. 그러므로 진동이나 상충함이 정지하면 종소리가 여운을 남기며 서서히 사라지듯 변화하다가 반드시 소멸할 수밖에 없다. 이러함이 우주 전체의 현상이고 실체이니 아무리 우주가 존재한다고 해도 그 모든 것은 이치에 의해 존재하는 양극, 즉 실체 없는 음양의 조화이며 꿈과 같은 환상일 뿐이다.

앞에서 드러낸 순서대로 생겨나고 사라지지만 그 실체가 없으니 사실은 생멸한 적도 없다. 하지만 오로지 정신에는 생겨나고 사라지는 것으로 확연히 느껴지니 전혀 없다고 할 수도 없다. 그리고 이러한 일련의 과정이 영원히 반복된다면 이 가운데 어느 방향이든 선택한 자의 길이 될 것이고, 생애가 될 것이며 이 과정 자체가 우주의 길이 되는 것이다.

일체의 근원인 진리가 유무를 초월한 것이고 그러므로 진리로부터 기인한 존재 또한 '유무를 초월한 재료'와 '존재를 초월한 이치'의 화합으로 드러난 환상일 수밖에 없다. 그렇기 때문에 변화하지 않는 본래의 모습을 간직할 수 없고, 그 실체도 찾을 수 없는 것은 지당하다. 실체가 없는 진리에서 시작된 생멸현상이라면 이 법칙이 사라질 수는 없을 것이다. 실체가 없는 것이 다시 사라질 수는 없기 때문이다.

그러므로 사성제를 이해한다면 단멸이나 영생의 어느 한쪽을 믿지는 않을 것이다. 생(生)과 사(死)라는 것은 정신이 있고 없음을 말하는 것인데, 정신은 본래 있거나 없음을 초월했기에 생사에 처할 수 없기 때문이다. 진동으로 인해 실체 없는 환상이 모이고, 인연이 다해 진동이 사라지면 환상도 사라지되 본래 실체가 없는 이치로써 이루어진 일들이기에 영원히 정지될 수 없는 이것이 우주의 실체였고, 실체 없는 우주를 인식하는 깨달음의 실체였던 것이다.

262

자식을 잃은 슬픔과 고통을 어떻게 잊을까요?

저희 집안은 조상 대대로 불교를 믿어 왔습니다. 부처님 전에 불공을 드리는 일을 자랑스럽게 여겼습니다. 하지만 제 동생이 자식을 앞세우며 처참히 무너지는 모습을 보았습니다. 부처님께 불공 올렸던 공덕이 모자란 것인지 다시 일어설 수 없을 것처럼 망가진 동생의 모습에 저 또한 눈물이 마르지 않습니다. 자식을 잃은 슬픔과 영원한 마음의 고통을 어찌하면 잊을 수 있을까요?

불멸 3
IMMORTALITY

정신속의 이름

잊으려고 하기에 잊지 못하고 오히려 얽매인다. 무엇이든 하려고 하는 것, 이것이 중생의 무명이다. 무명이란 일체의 실체가 있다고 확신함에서 비롯된다. 꿈속에서 본 것을 잊지 못하여 고통스러워할 자는 없다. 꿈이란 헛것임을 너무도 잘 알기 때문이다. 그러므로 잊을 것도 없음을 이해해야만 실제로 잊을 수 있게 되는 것이다.

중생을 비롯한 삼천대천세계 모든 것이 그 실체가 없는 헛것이다. 일체가 존재할 수 있는 시간적 공간이 없기 때문이다. 어제 있었던 시간을 되돌릴 수 있는가. 아주 가까운 1초 전의 시간마저 사라져 돌아올 수 없다. 0.1초 전의 시간도 다시는 돌아올 수 없는 곳으로 이미 사라졌다. 그렇다면 일체중생이 존재하는 시간은 과연 얼마나 되겠는가. 이렇게 쏜살보다 빠르게 연속으로 사라지는 것이 중생이고 물질이다. 중생의 색깔, 소리, 냄새, 맛, 감촉, 뜻이 억만 분의 일도 머물지 못하고 사라진다. 『금강경』「장엄정토분」에서 석가모니부처님과 수보리의 대화를 보자.

如來昔在 燃燈佛所 於法有所得不 世尊 如來在燃燈佛所 於法
實無所得 須菩提 於意云何 菩薩莊嚴佛土不 不也 世尊 何以故

莊嚴佛土者 則非莊嚴 是名莊嚴
여래석재 연등불소 어법유소득부 세존 여래재연등불소 어법
실무소득 수보리 어의운하 보살장엄불토부 불야 세존 하이고
장엄불토자 칙비장엄 시명장엄

옛날 여래가 연등불(燃燈佛)의 처소(處所)에 있을 때의 법(法)
을 얻을 수 있겠느냐? 세존이시여 여래가 연등불의 처소에 있
으면서 얻을 수 있는 바는 없습니다. 수보리의 뜻은 어떠한가.
보살이 불토를 장엄하지 않겠는가? 아닙니다, 세존이시여. 왜
냐하면 불토가 장엄된다는 것은 원칙적으로 장엄이 아니며 이
이름이 장엄입니다.

연등불의 처소에 있을 때의 법을 얻을 수 있겠느냐는 것은 지나간 세
월에 있는 것들을 얻을 수 있겠는가 하는 말이다. 뜻 속에 있는 추억
은 가져올 수 없기에 수보리는 실제로 얻을 수 있는 바가 없다고 대
답한 것이다. 그리고 일체 모든 것은 찰나도 머물지 못하고 무상하게
사라지는 세월을 따라 같이 사라지기 때문에 생각에만 남아 있는 것
처럼 느껴질 뿐 실제로 국토가 꾸며져 있다고 본다면 어리석다는 사
실을 알려주신다. 그렇다면 실재할 수 없는 과거란 어떠하겠는가. 지
나가지 않은 세월은 없다. 단 0.0001초 만이라도 지금을 붙들려고 애

IMMORTALITY 불멸3

쓴다고 해도 철저히 지나가 버린다. 그러니 과거가 아닌 시간은 없다고 보아야 하고, 실제로 세계가 존재할 수도 없다는 사실을 깨달아야 한다. 앞의 경문에 이어지는 내용을 보자.

諸菩薩摩訶薩 應如是生淸淨心 不應住色生心 不應住聲香味
觸法生心 應無所住 而生其心
제보살마하살 응여시생청정심 불응주색생심 불응주성향미
촉법생심 응무소주 이생기심

모든 보살마하살은 머무는 바 없음으로써 생겨나는 그 마음을
상응하니 상응할 수 없는 색이 머묾으로써 마음이 생겨나는
것이고, 상응할 수 없는 성, 향, 미, 촉, 법이 머묾으로써 마음이
생겨나는 것이기에 이와 같이 생겨나는 마음이 청정한 것이다.

마음이란 머무는 색깔을 상응하여 생기는 것도 아니고, 머무는 소리, 향기, 맛, 감촉, 뜻을 상응하여 생기는 것도 아니다. 머무는 바 없는 것을 상응하여 기존의 마음이 생겨나는 것임을 설하신다.
일체중생의 색깔, 소리, 냄새, 맛, 감촉, 뜻은 찰나도 머물지 못하고 사라지는 것이기에 머무는 듯 보이지만 색깔이나 소리, 냄새의 실체가 있을 수 없다. 이렇게 모두 머물지 못하니 중생의 몸이든 물질이든 불

국토(佛國土)든 일체가 실제로 장엄된 것이 아니라고 깨달아야 하고 단지 정신속에서만 이름으로, 생각으로, 맑고 깨끗한 청정으로, 보여 줄 수도 없고 볼 수도 없는 생각의 이름으로만 존재한다는 것을 철저히 통찰하도록 이끄시는 것이다. 마치 혼자의 생각속에만 존재하는 꿈의 세계와 조금도 다름없다. 그러니 일체중생도 실제로 존재하는 것이 아니지만 서로의 생각에는 존재하는 것처럼 느껴지는 것임을 깨달아야 한다. 생각이 믿는 대로, 생각이 향하는 대로… 이러함을 「장엄정토분」의 마지막 부분에서 비유를 통해 정리하신다.

須菩提 譬如有人 身如須彌山王 於意云何 是身爲大不 須菩提
言 甚大 世尊 何以故 佛說非身 是名大身
수보리 비여유인 신여수미산왕 어의운하 시신위대부 수보리
언 심대 세존 하이고 불설비신 시명대신

수보리여 비유해서 몸이 마치 수미산 왕 같은 사람이 있다고 한다면 뜻이 어떠한가. 이러함의 몸은 크지 않겠는가. 수보리가 말하기를 아주 큽니다. 세존이시여. 왜냐하면 부처로부터 설해짐은 몸이 아니지만 이를 이름하여 큰 몸이라고 하시기 때문입니다.

불멸 3
IMMORTALITY

석가모니부처님은 수보리 존자에게 수미산 왕만 한 사람을 상상하게 하신다. 그리고 상상 속의 몸이 크지 않은가를 물으신다. 그러므로 석가모니부처님께서는 모든 질문에서 '뜻이 어떠한가?'라고 하셨으며 수보리 존자 또한 시명(是名), 시신(是身)이라고 하여 자기의 뜻에 '시(是)'라는 글자를 써서 표현한다. 즉 모두가 '이것', 즉 생각일 뿐이라는 것이다.

수미산이란 일체중생의 마음세계이니 실제로 구경할 수 있는 산이 아니다. 그러나 일체중생의 마음세계 전체가 넓고 크며 그 산의 왕이 있다면 그 크기가 엄청날 것이라는 상상은 할 수 있다. 그러니 석가모니부처님께서 말씀하실 때도 수미산 왕의 몸이란 단지 상상 속의 이름이고, 상상 속의 이름을 드러낸 말씀[說]이었을 뿐이다. 이렇게 석가모니부처님께서 가정하신 말씀을 따라 수보리는 머릿속으로 수미산 왕을 생각했고, 심히 크다고 했으나 이 또한 상상 속의 이름이었던 것이다. 과연 석가모니부처님이든 수보리든 모두 무엇을 가지고 대화를 한 것인가. 아니 무엇을 바라보며 몸이 크다는 마음이 생겨난 것인가. 모두가 맑고 깨끗하여 보이지도 않는 청정한 생각을 스스로가 만들어 상상하고 바라보며 다시 말로써 대화하는 모습을 드러내는 것 아닌가.

일체의 물질이란 육진을 벗어날 수 없다. 즉 육진이 곧 일체의 있음[有] 또는 존재(存在)라는 말이다. 그러나 이 육진이 머무는 것이 아니라면 존재한다고 할 수 있는 것이 없다는 말이 된다. 그렇다면 슬프고 기쁜 마음이란 무엇을 보고 일어나는 것이며 분노와 사랑은 무엇을 보고 일어나는 것인가. 머무는 바 없는 것이란 헛것이라는 말이고 환상이라는 말이며 꿈과 같다는 말이다. 꿈이란 실제로 물질이 있는 것이 아니라 스스로의 정신작용으로 일어나는 현상이지만 아주 실감나게 보인다. 삶이라고 하는 것도 이 정신작용을 빼고 나면 있을 수 없다. 이 정신의 작용을 통틀어서 말하면 '깨달음[覺]'이라고 한다. 즉 생각이라는 깨달음이 정신속에서 이름들을 지어내 말하고, 만지고, 느끼지만 '느끼는 자'도 역시 두말할 나위 없이 정신임을 깨닫는다면 정신이 곧 깨달음이고, 깨달음이 생각이며, 생각이 곧 세상이고, 삶이며, 중생이라는 사실도 깨닫게 된다.

대부분의 부모가 자식에게 벗어나지 못하고 여생을 보내는 것은 비슷하다. 자식을 외국으로 유학 보낸 부모나, 천상으로 떠나보낸 부모나, 옆에서 속 썩이는 것을 보는 부모나, 효도라는 이름으로 부모의 집착을 더욱 심하게 만드는 자식을 보는 부모나… 그러나 부모든 자식이든 모두가 머물지 않는 육진으로 드러난 허망한 몸을 생각속에서 바라보며 지내는 것은 조금도 다름없다. 역시 지옥이나 천상도 마찬가지 아니겠는가. 이렇게 생각으로만 지어지는 세계를 부처의 세계 즉 불국토라고 하는 것이다.

이제 스스로를 보라. 머물지 않는 허망한 몸을 무시하고 나면 '나'는 어떤 것인가를 보라는 말이다. 청정하여 볼 수도 없는 정신임이 틀림없는데 어찌하여 슬퍼하는가. 아니 슬퍼하는 스스로가 없는 것으로 이루어졌다면 슬픔은 어디에 있겠는가. 모두가 실제적 세계와 실제적 자기를 깨닫지 못한 어리석음에 의한 것일 뿐이다. 잊을 것이나 잊을 자가 있다면 잊을 수도 있겠지만 그 둘이 모두 실체가 없다면 공연한 수고만 있을 뿐이다.

신흥 종교를 어떻게 바라보아야 할까요?

요즘 아파트 게시판에 항상 붙어 있는 포스터가 있습니다. 칭하이 무상사라는 영적 스승을 통해 죽음으로부터 벗어나라는 내용인데, 아주 화려한 금색 가사도 입고 있습니다. 이곳에서 수행하기 위해서는 지금까지의 모든 수행법을 포기해야 하며 살생과 관련된 직업을 가진 사람은 직업까지 버리고 와야 들어갈 수 있다고 합니다. 공부하는 사람에게 들은 바에 의하면 신구의 삼업(三業)을 닦는다고 하니 불교의 가르침도 차용한 것 같습니다. 오직 자신만이 중생을 구제할 수 있다는 솔깃한 말에 꽤 많은 사람들이 참여하는 것 같습니다. 뭔가 사이비 같은 느낌에 찾아가진 않았지만 이런 신흥종교를 어떻게 바라보아야 할지 잘 모르겠습니다.

생사에 빠진 외도의 스승

만약 일체 모든 것이 본래 각자 모두의 깨달음에 갖추어진 공덕(功德)으로 있되 얻을 것이 없으므로 버릴 것도 없으니 '무언가를 하려 한다면 이미 어리석은 행'이라고 방향을 가리켜 준다면 그른 가르침이라고 할 수 없다. 단지 공(空)한 마음에 육신이라는 환영(幻影)이 찰나에 생멸함으로써 지난밤 꿈[猶如昨夢]을 기억하듯 세계가 갖추어지는 것이기 때문이다. 따라서 미래 세계를 위해 현재를 투자하라거나 과거의 어리석음을 닦아내기 위한 행위를 지어야 한다고 말한다면 외도(外道)임을 알 수 있다.

자타와 사념이 본래 없는 것이라면 삼천대천세계에 존재하는 것은 전무함을 깨달으리니 단지 주인공이 없는 '경치'만 남게 되지 않겠는가. 자기가 없는 꿈처럼⋯ 칭하이 무상사든 어떤 이름이든 그 실체가 없다. 그러므로 옳은 것이든 그른 것이든 모두가 단지 관념이고 심법(心法)일 뿐이다.

생사윤회란 존재라고 할 것이 없음에도 불구하고 자타가 있다고 착각함으로써 생사를 믿게 되고, 그 믿음에 의해 생사를 의심하지도 않게 되는 악순환의 과정이다. 그리고 과정 가운데 욕망과 좌절, 공포와 분노로써 고통받게 되는 정신현상을 말한다. 그러니 만약 누구든 스스로가 있다고 생각한다면 반드시 죽어야 한다고 믿게 되므로 윤회를 벗어날 수 없게 되는 것은 자연스러운 일이다. 그렇다면 제자를 구한다는 말의 정의는 그들 스스로가 존재할 수 없음을 알려주는 단순하고도 명료한 가르침이다.

그러므로 천인사(天人師)이며 일체중생의 본사(本師)이신 석가모니부처님께서도 '찰나마다 사라지기에 남을 바 없는 소리와 같은 것이 육신이며, 햇빛을 받지 못하면 그 모습이 드러나지 않는 달과 같은 것이 마음이다'라는 사실을 불경이라는 손가락을 통해 가리키셨다. 즉 육신은 물론 마음마저 없음을 깨닫게 함으로써 일체중생이 윤회를 벗어나게 하셨던 것이다.

자기에게 남다른 능력이 있어 남을 제도한다고 말한다면 '능력(能力)'이라는 것도 있고, '능력이 있는 자기'도 있다고 주장하는 것이 되므로 이미 생사에 깊이 빠져 있는 것이 아닐 수 없다. 그러므로 그 어떤 방법을 배우는 것보다 스스로를 먼저 되돌아보는 것이 무엇보다 중대하고도 시급한 상황임을 깨달아야 한다.

불도(佛道)는 석가모니부처님께서 최초로 이루시고 펼치신 것이다. 그런데 어찌 석가모니부처님을 능가하는 스승이 있겠는가. 불경을 벗어난 수행법이란 모두가 외도임을 깨달아야 한다.

진정한 옷이란 스스로를 이루는 기억이다. 즉 자기란 기억일 뿐이라는 말이기도 하다. 그러므로 육신을 감싸고 있는 의상이란 전생의 어리석은 업보를 가리는 정도면 충분하다. 피고름이 나는 육신이란 어리석은 업보이고, 어리석은 업보란 상처와 같아 고통스럽고 수치스러운 것이니 단지 가리기만 하면 그만이다. 만약 이러한 것이 옷이라는 사실을 모르고 값비싼 옷을 입으려 한다면 마치 피고름이 나는 상처에다 화려한 장식을 하는 것과 같으니 어찌 우매한 속인과 다르다고 하겠는가. 그러한 자라면 분소의(糞掃衣), 즉 '똥을 닦고 버린 헝겊을 빨아서 만든 가사'를 걸치시고 걸식을 하며 두타행(頭陀行)을 실천하신 석가모니부처님의 제자라고 할 수도 없을뿐더러 불자(佛子)라고도 할 수 없을 텐데 어찌 감히 스승이라고 하겠는가.

꿈과 사랑

이룰 수 없는 꿈을 갖는다는 것은
슬픈 일이지.
반드시 흩어질 몸과 사연을 자기로 삼고
존재로서 남으려 하는 것처럼…

이뤄야 할 꿈이 없다는 것은
한가로운 일이지.
막막한 삶과 두려운 죽음마저 초월된
정신을 자기로 삼아 바람처럼 흐르니…

맺지 못할 사랑을 갖는다는 것은
슬픈 일이지.
반드시 사랑하는 자를 두고 떠나가거나
사랑하는 자를 보내야하는 것처럼…

영원한 사랑을 한다는 것은
아름다운 일이지.
몸짓 속에 감추어진 정신끼리 마주하며
빛과 그림자로 너울너울 춤을 추듯…

명상하는 방법을 알려주세요

얼마 전 TV프로그램에서 바쁘게 사는 현대인일수록 명상이 꼭 필요하다는 내용을 보게 되었습니다. 해외의 유명 기업 CEO들도 명상은 반드시 한다고 들어서 관심이 생기게 되었습니다. 인터넷에는 명상을 하면 선정에 들 수 있고, 온갖 번뇌로부터 벗어날 수 있다고 하였습니다. 그런데 명상을 어떻게 해야 하는 것인지 잘 모르겠습니다. 가만히 앉아 있어 보니 잠만 오고 다리가 저려 뭔가에 집중할 수도 없었습니다. 명상이란 어떻게 해야 하는 것일까요?

명상(冥想)

 명상(冥想)이란 말은 글자의 뜻 그대로 '어두운 생각'이다. 따라서 명상한다는 말은 어두운 생각[7]을 한다는 뜻이니, 이는 외도의 말이다. 불경에는 선정(禪定)에 든다고 말씀하시니 결정된 선나(禪那)에 든다는 것이고, 선나란 적멸(寂滅)을 뜻하므로 '결정된 적멸에 든다'는 의미다.

일체만유는 찰나도 멈추지 못하는 세월을 따라 사라지기에 『금강경』 「묘행무주분」에서 '부주색성향미촉법(不住色聲香味觸法)'이라고 하심으로써 만유의 실체가 없음을 드러내셨다. 그리고 이 여섯 가지 티끌을 빼고 나서 남아 있는 것은 없으므로 색성향미촉법이 곧 일체만유라는 말이고, 이미 사라지지 않은 것은 아무것도 없으니 결국 남아 있는 것이 전무(全無)하기에 머무는 바도 있을 수 없다는 결론에 이르는 것이다. 그런데 이 온 우주가 어찌 적멸함이 아니겠는가. 아니 삼천대천세계가 적멸함으로 결정되어 있는 것이 아니겠는가. 이러함을 깨달은 자라면 '나'라고 할 것도 없고, 나아가 없다는 생각도 없음을 어찌 모르겠으며 다시 무엇에 대해 생각할 것이 있어 생각이 분주

---

7) 어두운 생각

其虛妄語欺迷惑法 得愚冥想猶如小兒 執若干種畫於虛空 虛妄經行

그 허망한 말로 속이고 미혹하는 법이라 어리석고 어두운 생각을 얻으니, 마치 어린아이가 몇 가지 도구를 가지고 허공에 그림을 그리며 허망하게 다니는 것과 같다.

『지인보살경』 4권

하겠느냐는 말이다. 그러니 적멸한 실상(實相)을 깨달은 자라면 선정에 들지 않을 수 없다.

다시 말하면 들어갈 수 있거나, 들어가야 하는 곳이 선정이 아니고, 선정에 들어가야 하는 주체가 있는 것도 아니다. 다만 일체가 이미 적멸임을 깨달아 무아였다는 사실에 사무쳐 고요함만 남게 되면 자연히 선정에 들게 된다는 말이다. 그러니 명상을 통해 어떤 상황에 도달된다고 말한다면 그것은 스스로 선정이나 깨달음이 무엇인지 모른다는 사실을 증명하는 일이 될 것이다.

265

복이 새어 나간다는 말이 무슨 뜻일까요?

유루복과 무루복이라는 단어를 알게 되었는데, 사전이나 인터넷으로 검색해 보아도 자세한 내용은 알 수 없습니다. 복이 새어 나간다는 개념이 와닿지 않습니다. 유루복을 행하면서도 마음으로 행했다는 상이 없으면 무루복이 되는 건가요? 또 무루복을 행하면서도 마음으로 행했다는 상이 있으면 유루복이 되는 건가요?

유루(有漏)와 무루(無漏)

유무(有無)와 비(非)를 비롯해 루(漏)와 복(福)이라는 단어에 대한 깊은 이해가 없고, 복을 받는 주체와 대상의 실체도 모르는 상태에서 유루복과 무루복을 논할 수는 없다.

『금강경』「묘행무주분」에서 물질이 찰나도 머물지 않는 부주(不住)임을, 그러함을 아는 당사자 또한 부주상(不住相)임을 알려주신다. 머무름이 없는 것끼리 상응하여 남에게 보시함은 허공이 허공에게 보시하는 것과 같으므로 시방의 허공이 끝이 없듯 보시하는 복덕 또한 그와 같다고 하신다. 즉 죽어야 하는 중생이 드러내는 공덕은 한계가 있으므로 복 또한 그만큼이지만, 불생불멸하는 허공이 드러내는 공덕은 한계가 없으니 복 역시 끝이 있을 수 없다. 일체중생의 심신(心身)이 모두 허공과 다름없으므로 그것을 알고 믿고 받아들여 행위의 제일 근본으로 받들어[信受奉行] 바람처럼 흐른다면 본래 타고난 복덕을 끝없이 누리게 되는 것이다.

또한 『금강경』 전체에서 무엇을 설하셨는가. 마주하는 모든 것, 즉 색성향미촉법인 육진과 육진을 상응하는 안이비설신의인 육근 모두가 실체 없는 것이 마주했으므로 둘 다 이름뿐인 환상[諸相非相 是名諸相][8]임을 설하셨다. 그러므로 제32「응화비진분」에서도 일체의 있다고 하던 법[有爲法]을 마치 꿈, 환상, 텅-빈 비눗방울, 그림자, 해가 뜨면 어느 사이 자취도 없이 사라지는 이슬, 번개와 같다는 관념(觀念)을 가지고 응시하라[一切有爲法 如夢幻泡影 如露亦如電 應作如是觀]

는 관법(觀法)도 제시하셨던 것이다. 결국 있다고 할 것이 아님[非有], 즉 오묘함으로 있음[妙有]을 드러내신 것이기에 「의법출생분」, 「무위복승분」, 「여법수지분」 등 여러 곳에서 이 경의 뜻을 남에게 설한다면 그 복이 어떤 복보다 수승하다고 하신다.

「법계통화분」에서 언급하신 복덕에 대한 내용을 보자. 중생이 갖춘 능력만 보더라도 복덕이 많다고 할 수 있지만 이런 복덕의 실체가 있다면 그 복덕 또한 한계가 드러날 것이다. 즉 우주의 별을 보고 하늘의 천둥소리를 들으며 보이지 않는 의미마저 느끼는 감각의 능력은 그 복이 많다고 하겠지만 복덕을 가진 자의 수명이 한계에 도달한다면 최고의 복이라고 하지는 않는다는 말이다.

하지만 진리가 드러내는 복덕은 없는 것으로 이루어진 것이므로 얻어지는 복덕이 심히 많다. 왜냐하면 중생 자체도 있다고 할 수 없는 재료로 드러나게 된 진리의 공덕이기 때문이다. 중생과 우주는 똑같이 육진, 육근, 육식으로 이루어졌으나 셋 모두가 세월을 따라 찰나마다 변화하며 머물지 못하고 족족이 사라진다. 또한 화합으로 드러나

---

8) 제상비상 시명제상(諸相非相 是名諸相) 보살심(菩薩心)이란 의미 없이 그저 모든 모습을 비추어 품에 안고 있는 거울과 같이 '의미'가 생기기 이전의 마음을 가리킨다. 이러한 보살이 나, 사람, 중생, 목숨을 마주한다고 해도 보살 자체가 이미 정신으로 이루어졌으므로 어떤 것도 아닌 비(非)고, 오직 이름일 뿐이다. 또한 일체 모든 것은 정신속에 있고 허공 안에서 허공이 변화한 것이기에 근본에서 벗어난 적도 없었던 것이다. 이렇게 『금강경』은 아님으로 이루어진 세계[諸相非相], 이름뿐인 세계[是名諸相]임을 드러내고 있었다는 말이다.

이각스님, 「대승정종분」, 『금강경 역해』(지혜의눈)

지만, 화합된 것을 따로따로 나누면 모두 허공이 되어 실체가 무너져 버리는 허망한 것으로 이루어졌다.

그러므로 유루와 무루의 차이는 마주한 모든 것들을 얼마나 진실하게 보는가의 차이에 있다. 만약 대상과 주체인 일체(一切)의 실체가 있다고 본다면 그만큼 실감 나게 느낄 것이다. 의미심장할수록 긴장하고 흥분하는 심정의 타격도 클 것이므로 소진되는 기력 또한 많을 수밖에 없다. 그러므로 새어 흐름[漏]이 심하다고 표현하는 것이다. 그러나 일체가 실체 없는 환상이라고 볼 수 있는 관념적 혜안을 얻었다면 모든 일에 마음이 가볍고 편안해질 것이다. 마치 꿈이라는 것을 눈치챈 꿈속의 주인공은 저변에서 나오는 분노가 있을 수 없는 것과 같다. 즉 오해로 인한 공연한 노고를 이름하여 루(漏)라고 한다는 말이다.

그러니 복(福)의 차이도 자기와 세상의 실체를 어떻게 보는가에 따라 천지 차이로 달라진다. 즉 꿈속의 주인공과 상대방, 세상과 사연 모두 자기의 정신으로 만들어진 것이므로 나만의 세계이듯 현실이라고 하는 상황과 우주도 오직 자기 정신 하나의 능력임을 깨닫는다면 그 복은 끝이 없는 우주와 같다.

공덕(功德)이란 허공의 바람과 같은 정신의 작용[行]을 말한다. 그리고 그 공덕으로 얻어진 것은 무지개와 같은 몸과 세상이니 곧 복(福)을 말한다. 그러나 정신이 없으면 물질도 사라지고 물질이 사라지면 정신능력도 쓸모없으니 '허망한 물질과 정신'은 본래 하나인 둘이다. '공덕과 복' 역시 하나인 둘이되 잠시도 머물지 않는 세월과 함께 항

상 사라지는 것이어서 유무와 자타가 존재할 수 없고, 그러므로 계율
마저 존재할 수 없음을 깨닫는다면 자기를 위하여 죄를 지을 일이야
어찌 있을 수가 있겠는가.

연기설과 장자의 세계관

저는 대학교 4학년 28세 청년입니다. 이번 학기에 교양으로 철학 수업을 듣고 있는데, 고전인 장자를 읽고 서평을 쓰라는 과제를 받았습니다. 책을 읽다 보니 장자가 말하는 핵심 내용은 '이분법적인 세계관을 탈피하고 모든 것을 하나로 보라'는 내용인 것 같습니다. 그런데 불교에서도 이와 비슷한 '연기설'이 있지 않나요? 존재하는 모든 현상은 상관관계 속에 놓여 있다고 알고 있습니다. 불교에서의 연기설과 장자가 주장하는 '하나의 세계관'의 차이점이 무엇인지 모르겠습니다.

일관성 없는 외도

십이연기(十二緣起)를 설하심에는 두 가지 큰 뜻이 있다. 첫째는 열두 가지 인연 모두가 무명(無明)으로부터 시작되어 생사(生死)에 들게 되는 과정을 드러내신 것이고, 둘째는 애초에 무명이 없다면 열두 가지 모두가 발생될 수 없다는 것이다. 이 두 가지 조건을 종합해 보면 무명으로 시작된 십이연기로 하여금 생사윤회(生死輪廻)를 하게 되므로 무명만 제거된다면 윤회로부터 벗어나게 된다는 사실을 깨달을 수 있다.

이 말씀을 다른 방향에서 보면 '자기라고 할 것도 없는 명[無明]', 즉 깨달음이 일어나기 이전인 근본무명(根本無明) 또는 무심(無心)에서 자기가 있는 듯 깨닫게 됨으로써 나고 죽는다는 착각까지 하게 되었음을 발견하게 된다. 이로써 지옥, 아귀, 축생을 전전하되 현세에서도 탐욕으로 애(愛)가 마르고 좌절에 분노하며 저변에서는 허망한 아상이 더욱 깊어지게 되는 어리석음이 자리를 잡는다. 이 어리석음은 더욱 강한 욕망과 좌절로 되풀이됨을 확연하게 드러내주신 것이 십이연기의 내용이다. 즉 일체의 사념(邪念)은 아상(我相)을 일으키고 아상은 다시 사념을 일으켜 생사에 빠지게 되는 원리를 일깨워주신 것이다.

그러므로 십이연기의 가리킴에는 윤회를 벗어나는 명확한 이치가 담겨 있다. 무심이란 자타도 아니고 생사도 아니지만 자타와 생사의 근본이 되는 것이니 그로부터 발생되었다면 자타와 생사가 모두 '허망한 생각'일 수밖에 없지 않은가. 이러함을 알았다면 어찌 생각이나 자존심(自存心)을 존중하여 수없는 의미를 지어 번뇌하겠는가. 이것이야말로 아무런 노력 없이 가장 빠르게 어리석음의 무명을 벗어날 수 있는 지혜의 수행이다.

그러나 장자, 노자, 공자, 맹자 등의 철학자들은 몸과 마음이 존재한다고 보는 입장에서 그 사상을 펼치기에 이분법적 세계관을 벗어나는 구체적이고 명확한 방법이 제시되어 있지 않을 뿐더러 많은 것을 알아야 하고 지켜야 하는 수고를 해야 한다. 즉 일체를 하나로 보려고 했다면 이미 둘로 나누어져 있음을 인정한 것이므로 아무리 노력한다 해도 일체와 하나가 될 수는 없다는 말이다.

즉 일체를 있음이라는 물질과 없음이라는 정신으로 나누어 보았을 때 이 둘이 하나가 되기 위해서는 어느 한쪽은 사라져야 한다. 그래야 둘이 아니기 때문이다. 그런데 모든 '있음'이란 본래 있었던 것이 아니고 없던 것에서 생겨난 것이며 찰나마다 변화하다가 결국 도로 없어진다. 그러나 '없음'이란 본래 존재하지 않았으니 사라질 수도 없다. 그렇다면 있음의 실체가 허망함을 즉시 알 수 있을 것이고, 허망한 것은 실체가 없다는 의미이므로 무시한다면 비로소 없음으로써 하나를 이룰 것이다. 그러나 없음이란 하나로 볼 것도 없다는 말이니 하나마저 없음을 깨닫게 될 것이고, 없다고 깨달은 깨달음도 없음을 깨달을 것이다. 이제 생사란 없다. 생사는 오직 생각에만 존재하는 관념(觀念)일 뿐이기 때문이다. 이것이 바로 석가모니부처님의 가리킴이다.

장자는 불이(不二)로 보라고 말하지만 어떻게 보아야 둘이 아님으로 볼 수 있는지에 대해서는 말하지 않았다. 오히려 '본다'는 사실 자체로써 이미 보는 주체와 보이는 대상이 나뉘게 되므로 자타(自他)가 있다는 말이 된다. 자타가 존재한다면 사랑과 증오도 있으며 사랑과 증오가 있다면 선과 악도 있고 그에 따른 생사도 있으니 절대 일체와 하나가 될 수 없다.

장자는 천지만물의 근원이 도(道)이고, 도가 일(一)이되 거미, 식물, 기왓장, 똥, 오줌 속에도 도가 들어 있다고 했다. 하지만 거미와 도는 이미 둘인데 어찌 거미와 도를 다시 하나라고 하겠는가. 그러니 물질과 물질을 이루는 도를 둘로, 때로는 하나로, 그리고 존재하는 것이라고 주장할 뿐 이론 자체마저 통일하지 못했던 것이다.

석가모니부처님께서는 근원을 마음이라고 할 수도 있으나 마음 자체가 있다고 할 수 없는 것이므로 마음으로 드러난 모두가 오직 꿈과 같은 환상일 뿐이라고 하셨다. 그러므로 물질이란 본래부터 없는 것이었으니 생사와 그에 따른 의미도 꿈에 불과하여 실체가 없으므로 자타의 다툼이나 사랑도 역시 허망한 것임을 깨달아 탐, 진, 치 삼독(三毒)으로부터 벗어나 공연한 수고로 고통 당하지 말라고 설명하신다. 어찌 장자와 석가모니부처님의 차이를 확연히 볼 수 없겠는가.

또한 장자는 도와 함께 덕(德)이라는 개념을 말하고 있다. 도가 천지만물의 공통된 본성이라면 덕은 사물들의 개별적인 본성이라고 한다. 그러므로 인간의 본성(本性)도 덕이기에 덕을 회복하려면 습성(習性)에 의하여 물든 심성(心性)을 닦아야 한다고 말한다. 이를 성수

반덕(性脩反德)이라고 하는데, 그 방법으로 심재(心齋)와 좌망(坐忘)을 내세웠다. 그러면서 덕을 회복하게 되면 도와 간격 없이 만날 수 있다고 말한다.

여기서도 볼 수 있는 것은 천지만물의 공통된 본성과 개별적인 사물의 본성을 나누어 도(道)와 덕(德)으로 이름을 지었다는 것이다. 또한 인간의 덕에도 본성과 습성에 물든 심성이 나뉘어 있다고 했다. 만약 이 모든 것이 둘이 아니라면 하나인 이유를 제시해야 하고, 하나라면 앞에서 언급했듯이 당연히 '없음'으로 통일(通一) 되어야 한다. 그렇게 통일되면 물든 심성이 따로 있을 수 없고 물든 심성이 없다면 닦을 것도 없을 텐데 어찌 '성(性)을 닦아 덕을 되돌린다'는 이론을 펼치겠는가. 그리고 만약 일체를 하나의 도라고 말한다면 마음이든 마음을 닦는 자든 오직 하나인데 어찌 마음을 닦을 수 있겠는가. 예를 들어 귀만 존재한다면 소리도 없을 것이고, 그렇다면 '소리를 외면하라'는 말도 없을 것이다. 모두가 일관성이 없는 외도의 분별일 뿐이고 관념적인 이론일 뿐 실현될 수 없는 가설이다.

석가모니부처님께서는 본심이 바로 무심(無心)이고 무심에서 신심(身心)이 드러나니 닦을 것도 없고, 얻을 것도 없다는 것을 하나하나 제시하심으로써 듣고 있는 동안 저절로 생각이 가라앉도록 인도하셨다. 하지만 장자는 심재, 즉 마음을 깨끗이 하는 것과 좌망, 즉 앉아서 잊으라고 함으로써 무엇인가 추구하도록 이끌었다. 그러므로 자연히 추구할 것과 추구하는 자가 둘로 갈라지게 되므로 그의 이론대로 도와 간격 없이 만나는 일은 있을 수 없게 된다.

석가모니부처님 이후 불교가 중국으로 건너오면서 왜곡되어 지금에 이르렀고 그 교육을 그대로 받았으니 어찌 올바른 가르침을 분별할 수 있겠는가. 그러므로 합당한 이치와 근거를 제시해도 오히려 놀라고 비난하게 되는 것이다.

어린아이의 죽음

며칠 전 어린이집을 다니는 아이가 등원을 하다 횡단보도에서, 그것도 엄마가 보는 앞에서 교통사고로 세상을 떠났다는 소식을 들었습니다. 그 아이는 제 딸아이와 같은 반이었다고 합니다. 시장으로 가는 길목에 그 아이의 사진과 목격자를 찾는 현수막을 보고 참았던 눈물이 터졌습니다. 그 이후 잠도 제대로 못 자고 그 아이 생각에서 벗어나지 못하고 있습니다. 순식간에 자식을 잃을 수도 있다는 사실이 무섭고 두렵습니다. 그 어린아이가 왜 그렇게 빨리 목숨을 마쳐야 하는지, 이 또한 인과법에 따른 과보인지 궁금합니다. 생사가 둘이 아니라는 말씀이 왜 이렇게 멀게만 느껴질까요?

죽음을 해결하는 일

불도를 닦는 도각사라는 도량은 세상의 지식을 배우는 곳도 아니고 서로의 아픔을 달래주는 곳도 아니며 즐거운 오락시간을 갖는 곳도 아니다. 아직까지 밝혀지지 않은 우주, 인간, 삶 나아가 모든 생명의 실체를 명확하게 밝혀 이번 생을 자유롭고 두려움 없이 누릴 수 있도록 하고, 수없는 생애 동안 생사의 공포에서 벗어난 무한한 자유의 삶을 누리도록 하기 위한 곳이다. 온 인류가 죽음 앞에 무릎 꿇고 극복하려는 노력마저 하지 않는 상황에서 이런 말이 쉽게 믿어지지는 않을 것이다. 하지만 생사가 없음은 소승의 모든 것을 걸고 증명할 수 있는 사실이고, 이미 2,600년 전 일국의 왕자였던 석가모니부처님께서 해결하신 엄연한 과학적 법칙을 전하는 것이니 한 승려의 견해나 지식이 아님을 단언한다.

그러나 이러한 사실을 들으려 하지도 않고, 들어도 깊이 이해하려는 노력마저 하지 않으며 마음속으로는 부정한다는 것이 문제다. 그리고 그보다 더 큰 문제는 모든 법칙이 불경 속에 담겨 있음에도 불구하고 한국어로 잘못 번역되면서 원문을 의심하게 되었다는 사실이다. 그러므로 불경을 보여주기 이전에 현대에 증명된 과학적 지식과 논리적인 이치를 말해야만 합리적인 것처럼 되었다. 어찌 되었든 소승의 모든 강의와 글은 불경에 근거한 논리임을 밝힌다. 그러니 다음의 글을 신중하게 생각하고 읽고 받아들인다면 반드시 삶의 고통이 제거될 것이고, 죽음의 공포도 사라지게 될 것이다. 심지어 죽음이라는 것이 얼마나 허망한 생각이었는지도 깨닫게 될 것이다.

물질은 공한 것으로 이루어진 것이다. 마치 꿈속의 물질과 같다. 원소가 물질의 본질임을 모르는 자는 없을 것이다. 그리고 원소는 이름과 성질일 뿐 허공에 불과함을 모르는 자도 없을 것이다. 그리고 마음이라는 것은 물질도 아니기에 허공과 같은 원소도 아니지만 느끼는 작용과 생각을 굴리는 작용이 있으니 완벽히 '없다'고 할 것도 아니다. 이렇게 보면 물질이란 허공과 같은 것이면서도 허공과 다르게 드러난다는 사실이 확실하고, 마음도 역시 허공의 바람처럼 보이지는 않지만 없다고 할 수 없는 것임이 확실하다. 그러니 이곳은 환상의 세계임이 분명하다.

눈과 귀 등의 육신적 감각이란 매우 둔탁한 것임을 알아야 한다. 형광등이 일 초에 수십 번씩 깜빡이는 것을 지혜로는 알지만 눈으로는 식별하기 힘들지 않은가. 그리고 자외선과 적외선은 분명한 빛이지만 볼 수 없고, 찰나마다 쉼 없이 바뀌고 있는 육신을 인식하지 못하다가 어느 날 거울 속에서 문득 늙었음을 발견하게 되니 역시 육신의 감각이란 믿을 것이 못 된다. 더군다나 꿈이란 자기(自己)인 정신 혼자서 드러내고 정신 혼자서 느끼는 것이니 현실과는 같을 수 없음에도 불구하고 꿈이라는 사실을 알아차리지 못하는 것을 보면 어리석기까지 한 감각이다.

그러나 지혜로 보면 물질도 없고 마음도 없기에 몸과 마음이 모두 꿈속의 세계와 다를 바 없다는 점을 알 수 있다. 그런데도 중생은 육신적 감각을 무척이나 믿는다. 일 초 전에 있던 세상은 이제 존재하지 않는다. 시간적으로 보든 모습을 보든 모두가 바뀐다. 없던 것이 요술처럼 생겨나고, 있던 것이 자취도 없이 사라진다. 자라고 변화하며 무너지고 썩고 움직여 이동함이 찰나마다 진행되니 일 초 전의 세상은 없어진 것이 아니고 무엇이겠는가. 그러나 없어진 세상은 창고에 모여 있는 것도 아니고 축소되어 컴퓨터에 저장되어 있는 것도 아니다. 만약 세상의 실체가 있다면 그렇게 찰나적으로 사라지고 찰나적으로 드러나지는 않을 것이다. 세상이 그러할진대 하물며 인간의 육신이야 어떻겠는가.

마음이란 거울과 같아 꽃을 비추면 꽃으로 이루어진 마음이 되고 산을 비추면 산으로 이루어진 마음이 되며 허공을 비추면 허공으로 이루어진 마음이 된다. 그리고 잠이 들어 아무것도 비추지 않으면 마음도 무심이 되어 무심인지도 모르게 된다. 그러니 반대로 생각하면 마음에 있는 것이 곧 세상의 모든 것이었다는 말이다.

우주에는 단지 세 가지 밖에 없다. 물질과 물질을 느끼는 감각, 그리고 물질과 감각의 사이에서 문득 생겨나 이리저리 상상하는 생각이 전부다.

그러나 물질은 허공으로 이루어진 것이 이미 밝혀졌으니 물질을 인정하는 것은 감각뿐이라는 사실을 알아야 한다. 그리고 감각은 완벽히 고요하고 맑아야 한다. 미세한 것을 느끼려면 더 세밀해야 하기 때문이다. 실바람을 느끼려면 멈추어 있는 허공과 같아야 하고 투명한 물을 느끼려면 물보다 더 투명해야 하며 보슬비 소리를 들으려면 귀에는 숨소리마저 없어야 하지 않는가. 이러니 물질이든 감각이든 모두 꿈속의 재질과 같다.

그리고 이 둘은 서로 통하기에 알아볼 수 있고, 통했다면 둘이 아니며 하나인 것이지만 서로 양끝을 이루고 있음을 알 수 있다. 마치 막대기의 양 끝처럼… 그리고 그 사이에서 생각이 나오지만 허공으로 이루어진 물질과 감각능력은 따로 떨어진 것이 아니므로 생각과 물질과 감각능력은 하나다. 꿈에서도 셋이 하나의 정신에서 나와 어우러져 있고, 생시에서도 허공으로 이루어진 물질과 투명한 감각, 그리고 생각이 셋이지만 하나로 이어져 있다. 이 셋 가운데 하나만 사라지면 잠이 들고, 세계는 사라지게 된다. 아니, 감각도 사라지고 '나'라는 생각마저 사라진다. 셋 중에 하나만 사라지면 나머지 둘도 함께 사라지니 분명한 삼위일체였던 것이다. 이렇게 꿈과 생시는 모든 조건이 같다. 몸이 느껴지지 않으면 감각이 없다는 말이다. 그러면 생각도 사라진다. 이것이 수면상태다. 감각이 없으면 몸이 없어지고 생각도 사라진다. 이것도 수면상태다. 생각이 없다면 감각과 몸이 모두 느껴지지 않는다. 역시 수면상태다. 죽음이라는 생각이나 삶이라는 생각도 있을 수 없고, 있을 수 없다는 것도 있을 수 없는 상태 말이다.

그러니 삼위일체라고 한다. 우주에도 세 가지가 존재하고 정신에도, 꿈에도, 나에게도, 남에게도 모두 허공으로 이루어진 물질과 감각과 생각이 공통적으로 존재한다. 그러니 이 셋으로 이루어진 모두가 공으로, 즉 꿈으로 이루어진 한 덩어리임을 인정해야 한다.

죽음은 없다. 물질을 죽는다고 표현할 수도 없겠지만 이미 공으로 이루어진 물질이므로 없어진다면 본래로 돌아가는 것이지 죽는 것은 아니다. 감각은 투명하고 고요하다. 그러므로 이미 생사와는 무관하다. 허공이 어찌 죽고 살겠는가. 역시 생각도 그러하다. 그러나 이 생각에만 보이지 않는 의미로써 죽음이 존재한다.

분명히 꿈이지만 둔탁한 오감(五感)에는 실감 나게 느껴진다. 이 업보의 감각을 믿고 사는 어리석은 자들을 중생이라고 한다. 그러나 꿈인 줄 알아차리지 못했다고 해서 반드시 사라질 것을 어찌 몰랐겠는가. 이미 태어날 때부터 각오해야 할 일이었다. 아무 때든, 어디서든, 어떤 모습으로든 반드시 사라질 것은 약속되어 있었다.

물론 전생의 업으로 이러한 꿈이 드러나는 것이 당연한 일이지만 어차피 꿈인 줄 안다면 어떤 결과가 드러나든 무슨 상관이겠는가. 그러나 꿈이 꿈으로 느껴지지 않는다면 악연을 피해야 할 것이다. 악연 중에 가장 큰 악연은 서로 자기가 존재한다고 생각한 채 짓는 모든 인연이다. 사랑의 의미가 짙을수록 떠날 때의 고통은 이루 말할 수 없이 크다. 내가 먼저 떠나도, 사랑하는 사람이 먼저 떠나도 가슴에 못을 박는 것이다. 이런 꿈이 이어지는 것이 업연이고, 생사윤회다. 그러나 꿈이 아니고는 이런 일이 벌어질 수도 없다. 진짜 없어져서 완벽히 사라진다면 어찌 또 태어나고 죽고, 다시 태어나 앙갚음하며 서로를 쫓겠는가.

열심히 이 글을 읽는다면 그런 힘든 일은 없을 것이다. 다시 말하지만 도각사는 오락실도 아니고 살기 위해 돈을 버는 곳도 아니다. 여기는 죽지 않는다는 사실을 깨닫는 곳이다. 죽음을 해결하는 일보다 무엇이 더 급하고 중요하겠는가. 죽은 다음 무엇을 하겠는가. 인간의 생사

불멸 3
IMMORTALITY

가 덧없듯 도각사와 스승의 인연도 덧없어 언제 사라질지 알 수 없다. 부지런히 수행하라. 부지런히 읽고 깊은 감동으로 큰 믿음을 얻으라.

268

불국정토가 천국인가요?

불자들이 '불국정토'라는 말을 많이 쓰는데, 부처님의 나라라면 하나님의 나라처럼 천국을 의미하는 것인지요? 열심히 염불하면 깨끗한 나라에 날 수 있다는데, 살아 있는 사람은 증명할 수가 없으니 맹목적으로 믿기도 어렵습니다. 불국정토에 대해 알고 싶습니다.

정토(淨土)

  불국정토(佛國淨土)는 불지(佛地), 불계(佛界), 불토(佛土), 정찰(淨刹), 정수(淨首), 정국(淨國) 등으로도 표현한다. 불지, 불계, 불토 등으로 표현하는 면을 보면 정(淨)이라는 의미와 불(佛)이라는 의미가 같음을 알 수 있고, 정찰, 정수, 정국 등으로 표현하는 면을 보면 토(土)라는 의미는 찰(刹)이나 수(首), 국(國) 등과 다르지 않음을 알 수 있다.

불이란 깨달음[覺][9]을 말하는데 깨달은 '사람'이 아닌 깨닫는 '능력'을 의미한다. 깨달음은 자기를 깨닫는 능력과 대상을 깨닫는 능력으로 나뉘지만 이 둘은 모두 하나의 깨달음에 의한 것으로써 그 능력 자체는 맑고 고요해야 한다. 예를 들어 글씨 위에 글씨를 덧쓰게 되면 알아볼 수 없고, 백지 위에 글을 쓰면 명료하게 보이는 것과 같이 자타를 깨닫는 능력은 백지와 같다는 뜻이 곧 불(佛)이고 정(淨)이다.

그리고 불경에서 흙[土]과 땅[地]은 의미가 다르다. 흙은 앞에서 해석했듯이 절 또는 사원, 머리, 나라 등의 의미를 담고 있는데, 자타를 이해한 깨달음 하나하나를 말한다. 땅은 하나하나의 토가 모여 이루어진 것을 의미하므로 삼승(三乘), 이승(二乘), 일불승(一佛乘) 등의 수

---

9) 불(佛)이란 깨달음
覺寤名爲佛
깨어 있는 깨달음을 이름하여 부처라고 한다.
『대비로자나성불신변가지경』 4권

준, 즉 지위(地位)의 의미까지 가지고 있는 것이다.

그러므로 정토란 이해하여 알게 되는 모두가 맑고 깨끗한 깨달음으로 이루어졌다는 말이었음을 알 수 있다. 마치 허공에 구름이나 번개 등이 생멸하지만 그들에게 물들지 않아 사라지고 나면 자국마저 남지 않는 것과 같다. 즉 오염될 수 없는 유일한 정신이 실체 없이 맑은 삼천대천세계를 깨닫는 능력임을 표현한 것이다.

이렇게 본다면 불국정토란 가거나 오는 곳이 아니라 현실을 어떻게 이해하는가에 따라 오탁악세에서 극락세계까지 스스로의 세계로 지니게 됨을 알 수 있다. 따라서 지금 여기에서 정토를 보지 못한다면 그 어디에도 불국정토나 극락정토는 없다. 왜냐하면 깨달음이란 지금, 그리고 여기가 아니면 일어날 수 없으며 깨닫는 순간이 아니라면 극락이나 정토도 있을 수 없기 때문이다.

자아(自我)의 독(毒)

눈 가리고 아름답다 하고
귀 막고 이해한다 하며
코 쥐고 향기롭다 하고
혀 끊고 깨달음을 노래하네.

깍지 끼고 달 없는 뜻 손가락질하고
미쳐 집나간 자식 앉아서 찾으려 하며
잠든 뒤에 깨달음 얻으려 하는구나.

본래로 갖추어진 보배 공덕 버리고
피투성이 맨발로 삼악도를 돌고도
쉴 곳을 못 보니 갈 길이 멀도다.

색이 공하지 않다면
무지개는 어디로 가는 것이며
공으로 이루어진 색이 아니라면
별들은 무엇으로 생멸하는가.

읽을 것이 없다면 왜 기웃거리고

글에 매여 깨닫지 못한다면
깨닫는 자는 짐승뿐이리라.

오체투지 못하여 지옥을 향하니
본래의 무아를 어떻게 누리며
스스로 삼키는 자아의 독,
해독할 곳은 어디인가.

환경에 따라 마음의 동요가 너무 심합니다

저는 주변의 환경에 의해 마음의 변화가 많은 편입니다. 그래서 평상심을 가지는 것에 굉장히 관심이 많았고, 여러 가지 수행법을 시도해보기도 했습니다. 대부분이 호흡을 통한 통제, 또는 가부좌를 하고 고요히 앉아 있는 것이었습니다. 앉아 있을 때에는 고요한 상태를 유지할 수 있었지만 어떤 상황을 대면할 때에는 다시 마음이 흔들리는 경험을 하며 스스로에 대한 실망감이 커졌습니다. 몸과 마음을 컨트롤하는 것이 이렇게 힘든 것인지 몰랐습니다.

몸과 마음이 하나임을 알고, 생사가 하나임을 알면 번뇌를 하지 않는다고 합니다. 하지만 그런 경지를 가지는 것이 가능할까요? 몸과 마음 중 무엇이 나인지도 모르고 헤매는 저에게는 불교가 너무나도 어렵습니다.

평상심(平常心)

평(平)이란 같지 않은 것들이 서로 고르게 같아짐을 말한다. 같지 않다는 것은 둘 이상이 상이(相異)한 상태로, 그 근원은 이원론(二元論)적인 면에 있다고 할 것이다. 즉 천지(天地), 음양(陰陽), 자타(自他), 유무(有無), 생사(生死), 심신(心身), 오매(寤寐), 희비(喜悲), 손익(損益) 등의 양분된 개념이다.

그러나 이 모든 것에는 이미 둘일 수 없는 이치가 있다. 상대적이라는 이치 속에 이미 불가분의 관계가 형성되어 있기 때문이다. 하늘이 없다면 땅은 존재할 수 없다. 왜냐하면 땅은 물질의 원소가 집합되어 있는 허공이기 때문에 허공이 없다면 물질이 생겨날 자리마저 없기 때문이다. 허공의 원소가 나무가 되고, 나무가 흩어져 다시 허공이 되는 것을 볼 때 허공이 둔갑하여 물질이 되는 것이니 하늘이 변화하여 땅이 된 것도 당연한 이치다. 하지만 허공이란 없는 것이므로 없는 것이 변화했다 해도 그 결과 역시 없는 것이어야 한다.

물질의 대명사인 땅이란 감각에만 드러나는 것이지 실체는 없는 것임을 깨달아야 한다. 일체의 물질을 분해하면 원자, 전자를 지나 파장을 이루고 파장마저 사라져 고요한 공이 되지 않는가. 그러므로 하늘과 땅은 본래 둘이 아니다. 즉 마음이란 하늘과 같고, 몸이란 땅과 같은 것이나 물심(物心)은 둘이 아니었던 것이다.

만약 물심이원론을 주장한다면 자기의 감각과 물질의 관계는 전혀 생각해보지 못했음을 쉽게 알 수 있다. 아니, 자기의 감각을 한 번도 의심해본 적 없었거나 지독히도 믿었던 것이라고 할 수밖에 없다.

해가 없으면 그늘도 생길 수 없고, 어디에도 그늘이 없다면 분명히 해가 없는 상태인 것이다. 이렇게 보아도 음양은 둘이 아니다. 자기가 없다면 남도 없고, 있음이 없다면 없음도 없기에 모두가 나눌 수 없는 관계, 즉 불가분의 관계이며 나눌 수 없다면 하나라고 해야 한다.

하지만 그 실체는 모두 허공으로 이루어진 것이며 한 찰나도 머물지 못하는 시간을 따라 절대 머물지 못하고 사라지는 것이기에 상대적으로 존재하듯이 느껴지던 것들도 하나마저 아니었던 것이다. 그러므로 오직 그러함을 알고 있는 이 지혜에만 모든 것이 꿈과 같이 존재하는 것임을 알아야 한다.

꿈과 꿈에서 깨어난 것이 모두 지혜의 작용이므로 같은 하나지만, 지혜란 물질을 떠난 공한 것이기에 '무엇'이라고 할 수 없다. 그러므로 그저 그런 하나라고 표현한다. 같은 하나이고, 그런 하나를 일여(一如)라고 한다. 오매일여(寤寐一如), 심신일여(心身一如), 자타일여(自他一如)… 살았다고 하는 것도 지혜로써 알고, 죽는다는 것도 지혜로써 아는 것이므로 모두가 '그렇고 그렇게 같은 지혜'요, 생사일여(生死一如)인 것이다. 이와 같음이 곧 평(平)이라는 뜻이다.

상(常)이란 무상한 것이 모두 사라지고 변함없는 것만이 남은 상태를 말한다. 모두가 일여한 지혜뿐이고 지혜는 유무, 희비, 손익을 지어내지만 어찌 되었든 지혜 자체는 공하다. 공하다는 것은 모든 것이 이미 사라진 자리이므로 없다는 것이고, 없는 것이라면 사라질 수도 없으니 당연히 변화가 없는 것이라고 해야 한다. 그러므로 항상(恒常)이고, 불변(不變)이다.

나아가 지혜란 마음[心]이라고 표현되니 평상심이란 '일여한 마음'을 말한다. 그러나 본래 일여한 마음 말고는 아무것도 없다. 단지 일여한 마음이 분별한 꿈과 같은 것이 있었을 뿐이니 모두가 평상심에서 나온 분별이었음을 알 수 있다. 그러니 평상심이란 따로 있는 것이 아니었기에 따로 지어야 하는 것도 아니었던 것이다. 단지 일여였음을 몰랐기 때문에 지혜를 가지고 지혜를 써서 힘들게 분별하고 있었음을 깨달으면 되는 것이다. 얻어서 만족했더라도 얻은 것은 화(禍)가 될 수 있고, 잃어서 아쉬울 수 있지만 화가 사라진 것일 수도 있다. 모두가 다 그렇고 그런 것일 뿐 손익이 없음을 알아 마음의 요동이 가라앉으면[不動心] 되는 것이다. 이것이 바로 평상심이다.

평상심을 얻으려 노력했듯이 무엇이든 먼저 '하려고' 하기 전에 이 우주와 인간, 물질과 정신의 실체가 무엇인지를 먼저 본다면 저절로 수고스러운 노고가 사라지게 될 것이다.

인간의 생각으로 아뢰야식에 도달할 수 있나요?

현대과학이 발달할수록 불교의 우월성이 입증되고 있다고 들었습니다만 아직 정신의 영역에는 미치지 못하는 듯합니다. 심리학자들은 무의식의 세계까지 도달했으나 불교에서 말하는 아뢰야식(阿賴耶識)에 대해서는 부정적인 입장이라고 하고요. 아뢰야식이 인간의 생각으로 도달할 수 있는 영역인지 궁금합니다. 그리고 한 가지 더 여쭙습니다. 윤회의 관점에서 인구의 증가는 어떻게 바라보아야 할까요?

유식과 윤회 속의 증감

일체인 삼라만상과 그것들을 느끼는 모두가 곧 깨달음이다. 그리고 깨달음이란 쉽게 정리하면 정신력이고 정신을 다시 분별하면 오온, 즉 색온(色蘊)이라는 물질과 수온(受蘊)이라는 정신의 감각능력과 상온(想蘊)이라는 사고력과 행온(行蘊)이라는 정신의 활동력과 식온(識蘊)이라는 기억능력에 한정된다. 시간적인 면에서 보면 일체의 세월은 지금이라는 찰나에 한정되지만 그 지금은 즉시 과거로 흘러가 기억으로 탈바꿈된다. 즉 오온의 모든 작용은 결국 기억에 불과하므로 유식(唯識, 오직 기억)이라고 하는 것이다. 식온에는 육식(六識), 칠식(七識), 팔식(八識)이라는 이름이 있다. 육식은 현식(現識)이라고 하고 찰나적 지금을 인식하는 능력이다. 칠식은 찰나적 현식이 즉시 기억으로 바뀐 상태로 학습을 통한 지식이 이에 해당한다. 그리고 팔식은 칠식이 모여 이루게 되는 감정으로 아상(我相), 인상(人相), 중생상(衆生相), 수자상(壽者相)의 사상(四相)을 말한다. 나아가 잠재의식이라고도 하는데 폭발하는 감정들은 모두 여기에서 비롯되는 것이다. 그리고 이 모든 기억들마저 영원히 사라지는 망각의 능력도 있다. 이것을 제 구식(九識)인 백정식(白淨識)이라고 한다.

여기서 깨달아야 하는 것은 물질과 그 물질을 느끼고 사고하고 이리저리 믿음대로 행(行)하여 기억하는 능력인 오온 모두가 오직 찰나의 깨달음에 의한 작용이며, 나아가 이 모든 것은 완벽히 과거로 사라진 꿈과 같은 기억일 뿐이라는 사실이다.

또한 기억이란 일체중생에게 본래 공통적으로 갖추어진 근본능력이니 그 가운데 아뢰야식이라고 하는 팔식 또한 항상 사용하고 있었고 이미 도달되어 있었다. 단지 중생류(衆生類)[10]에 따라 그 성향이나 강도에 차이가 있을 뿐이다. 그러므로 인간이라는 것도 오직 기억일 뿐이요, 아뢰야식에 도달될 수 있겠는가 하는 의문도 이미 기억일 뿐이다. 그렇지 않다면 절대 적멸경계(寂滅境界)라는 말을 이해할 수 없을 뿐만 아니라 적멸의 즐거움[寂滅爲樂]에 들어갈 수도 없다. 어찌 세상을 그대로 놓아둔 채로 나와 대상이 모두 사라진 적멸경계에 들어갈 수 있겠는가.

본래 일체만유와 사유가 찰나에 사라져 기억이라는 환상으로 변화되지만, 기억은 반추할 수 있을 뿐 실제가 아니므로 기억을 무시할 수 있다면 우주 전체에 남아 있는 것은 단 한 티끌도 없다는 말이 된다. 이렇게 일체의 생사고뇌는 무시되고 적멸의 기쁨을 누리게 된다. 만약 이러함을 깨닫는다면 인구의 증가를 궁금해 할 일이 있겠는가.

10) **중생류(衆生類)** 중생의 종류를 총망라해 볼 때 그것의 공통된 점은 '표면장력으로 인해 하나의 개체를 이루는 현상'이다. 생각의 유무를 떠나 무생물까지도 모두가 자기만의 특성을 가지고 존재하기에 '나' 또는 '어떤 것'이라는 개념을 부여할 수 있으나, 분해해 보면 허공으로 이루어져 환상과 같음을 확인할 수 있다. 마치 허공의 구름처럼 찰나도 견디지 못한 채 세월을 따라 사라지면서도 끊임없이 드러나니 그저 묘하다고 할 뿐이다. 일체중생 역시 묘하게 드러나는 환상으로써 있게 된 것이니 실체가 없는 중생의 종류를 어떻게 분량과 숫자와 크기로 말할 수 있겠는가.

이각스님, 「대승정종분」, 『금강경 역해』(지혜의눈)

꿈이란 꾸고 있는 찰나에는 실감 나지만 깨고 나면 즉시 사라져 스스로의 기억 말고는 증명할 수 없는 정신세계를 말한다. 중생의 현실도 그러하니 어찌 꿈이라고 하지 않을 수 있겠는가. 일 초 전의 일도 이미 사라져 기억만 남지 않았는가. 그러므로 십 년 전의 세상이 없어졌다고 하는 것이고 일 년 전의 세상, 한 달 전의 세상, 하루 전의 세상, 한 시간 전의 세상이 모두 사라졌다고 하는 것 아닌가.

현실이라고 이름 붙이기는 하지만 실제는 존재하지 않는다. 실제(實際)란 실질적 사이, 실다운 때를 뜻하니 과거와 미래의 중간인 지금이라는 시간을 말한다. '지금'을 말하려고 하면 지금은 이미 지나가 버린다. 세월은 찰나도 멈추지 않기 때문이다. 그렇다면 과연 물질이든 정신이든 모든 것이 존재하는 실제적 시간이란 언제를 말하는 것인가. 무엇인가 존재하려면 존재하는 시간이 있어야 한다. 그러나 존재하는 시간 자체가 없으니 일체의 존재란 본래 허망한 관념일 뿐임을 깨달아야 한다. 그리고 일체와 현재라는 시간이 관념이라면 이 세계와 몸과 마음도 모두 관념일 수밖에 없다.

이 모든 관념은 오직 '깨달음'이라는 근원적 능력에서 나왔다. 이 깨달음이 바로 꿈의 법칙이고 우주의 실체다. 관념이란 꿈을 꾸는 능력이기 때문이다. 기억하는 능력인 염력(念力)이 염력을 보며[觀] 이런저런 관념(觀念)을 지어내고 있다면 스스로 꾸는 꿈일 수밖에 없지 않겠는가.

지옥이든 천상이든 인간계든 윤회계 전부가 관념의 세계임을 알면 어떤 세계라 할지라도 실체가 없음을 아는 것이니 세계나 자기에 대하여 연연할 일이 없어진다. 이것이 무장무애(無障無碍)의 마음이다. 이제 남은 과제는 어떻게 인간이 증가할 수 있느냐, 아니면 어떻게 천상계로 갈 것이냐, 또는 어떻게 함이 선행이고 악행이냐 하는 문제가 아니다. 꿈의 세계를 꿈의 세계로 보지 못하고 사실로 보아 두렵고 악착같아지는 마음이 곧 험난한 행이고 혼란한 행이며 악행임을 깨닫는 것이 제 1의 과제다. 그리고 꿈의 세계임을 깨닫고 꿈의 세계에 맞게 행하는 것이 곧 천상세계의 행일지니 이런 행이 있는 곳이라면 이미 천상계였음을 깨닫는 것이 제 2의 과제다. 나아가 꿈속에서의 인간이라면 생사가 있는 듯 보여도 그마저 꿈이며 인간 자체도 꿈이니 늘어나고 줄어듦이 본래 없음[不增不減]을 알아차리는 것이 부처를 깨닫는[舊來不動名爲佛] 제 3의 과제다.

과학이란 꿈속에서 꿈임을 알아차리지 못한 채 꿈으로 이루어진 자가 꿈의 세계를 실제라고 생각하며 연구하는 것을 말한다. 그 근본이 잘못된 시작이다. 물질은 오직 보는 자의 견해로만 이루어진 것임을 모르고 견해 밖에 객관적인 물질이 있다고 생각하여 그것을 분석하는 것이기 때문이다. 이런 생각이나 말 자체도 이미 스스로의 정신작용이면서…

271

천도재를 지내면 깨달음을 얻을 수 있나요?

제사에 대한 큰스님의 법문을 보고 질문드립니다. 영가를 천도한 다는 것은 진정한 깨달음의 경지에 있는 스님들이 49일을 보내는 동안 황당해하고 있을 영가에게 깨달음을 전하여 그 두려움에서 안심하도록 만드는 것이라고 이해하였습니다. 그렇다면 어리석은 중생일지라도 깨달은 스님을 통해 우리의 정신은 순수함으로 돌아갈 수 있을 것입니다. 만약 영가의 상태에서 깨달음을 얻을 수 있다면 지금 당장 열심히 수행할 필요가 없을 것 같은데 제 견해가 맞는지 점검해주세요.

가장 시급한 수행

이승의 인연이 다하여 중음에 들어가는 것은 개아(個我)의 기억을 담은 중음신(中陰身)이다. 그리고 살았을 때의 습관을 그대로 가지고 중음신을 받기 때문에 살아 있을 때와 똑같은 수준의 견해로 당면한 상황을 판단하게 된다. 그러니 육신을 가지고 사는 동안 깨달음을 외면하던 자였다면 중음에 들어가서도 불도를 외면할 수밖에 없다. 아무리 큰 깨달음을 가진 스님이라 해도 귀를 기울이지 않는 자를 천도할 수는 없다. 불도를 비방하고 외면하며 무관심했던 자들이 더 많으니 사후에 천도될 수 있는 자가 하나라도 있을지 의심하지 않을 수 없다.

살아 있다고 생각하는 이승에서 수행하지 않으면 삼악도(三惡道-지옥, 굶주리는 귀신, 축생)를 면한다는 것이 너무도 어려운 일이다. 왜냐하면 한 발자국이라도 잘못된 길을 갔다면 다시 돌아와야 할 길이 멀어질 수밖에 없고, 이미 어리석은 견해를 가졌다면 그만큼 어리석은 계산을 하게 되지 갑자기 현명한 생각을 할 수는 없기 때문이다. 술 먹고 취하기 전에도 스스로의 실체를 보려는 수행을 하지 않았는데 취한 채로 지혜와 멀어진 상태에서야 어떻겠는가. 그러므로 단 하루도 지체하지 말고 지금 수행에 임해야 할 것이다.

그리고 살아 있는 수행자들에게도 깨달음을 주지 못하는 승려가 불도의 문외한이었던 망자들을 천도한다는 말은 어불성설이다. 하물며 불도와는 상관도 없는 무당, 사이비 도사 등 너 나 할 것 없이 천도재

(薦度齋)를 영업적으로 행하니 안타까운 일이 아닐 수 없다. 양자가 모두 천도재라는 의미도 모른 채 어리석은 기억을 쌓고 있을 뿐이다. 천도(薦度)란 건너갈 것을 추천(인도)한다는 뜻이고, 재(齋)란 재계 (齋戒)라는 말을 줄인 것으로 근엄, 경건하고 깨끗한 계율을 말한다. 그리고 계율이란 '이미 결정되어 있는 법칙'을 뜻한다. 예를 들면 석녀는 아이를 낳을 수 없고 토끼에게 뿔이 있을 수 없으며 치아에 털이 있을 수 없는 것과 같이 본래 결정지어진 법칙을 계율이라고 한다. 그러니 청정한 계율이라면 당연히 일체만유가 공하여 청정하다는 말이니 일체만유가 아무리 실감 나게 존재하는 것처럼 느껴져도 결국 원소의 집합인 허공이요, 정신으로 이루어진 꿈과 같은 환상이다.

따라서 천도재란 망자에게 무사상(無四相)을 주지시키는 일이고, 일체가 환상의 세계임을 알려주는 일이라 할 것이다. 이는 곧 『금강경』 가운데 핵심인 무아(無我), 무인(無人), 무중생(無衆生), 무수자(無壽者)의 내용과 일체유위법(一切有爲法) 여몽환포영(如夢幻泡影)의 내용을 전해주는 일이고, 이 말대로 바라보는 것을 곧 지계(持戒)라고 한다.

그러니 심신이 있기에 자기도 있고 혈육도 있으며 생사가 있다는 허망한 믿음으로 인해 공포에 떨며 중음을 헤매는 망자에게 '심신이 공(空)하여 본래 죽을 수도 없고 태어난 것이라고 볼 수도 없으므로 불생불멸(不生不滅-생겨나지 않았으니 사라지지도 않는다)'임을 깨닫게 하고, 생사의 공포가 어리석은 생각이었음을 돌아보게 함이 곧 천도재의 참뜻이라 할 것이다. 결국 살아 있는 자에게 불도를 깨우치게 하는 방법과 조금도 다름없다는 말이다.

진정 올바르게 깨우친 자라면 천도재를 지내고자 하는 사람들을 먼저 깨닫게 해주어야 한다. 망자가 가장 깊게 신뢰하고 의지하는 마음이 가족들이기에 그들의 깨달음을 가장 잘 이해하고 믿어 받아갈 수 있기 때문이다. 그러므로 가족에게 깨달음을 주지 못하는 자라면 망자도 천도할 수 없다는 사실을 알아야 한다.

그리고 영가는 생각을 못할 것이라고 생각하는데, 이치를 모르는 발상이다. 영가란 몸이 없는 상태, 즉 정신을 말한다. 몸은 생명도 없는 음식의 무더기였을 뿐 몸을 끌고 다니고 움직이게 하던 것은 정신이 아니었던가. 즉 살아가던 주인공은 바로 정신이었음을 어찌 부정하겠느냐는 말이다. 그리고 정신은 물질이 아니므로 썩거나 부서지는 일이 있을 수 없고, 그렇기에 죽을 수도 없는 것이니 중음에 간다고 무엇이 달라지겠는가.

잠을 자다가 꿈에서 졸지에 몸이 생기면 그 몸으로 달리고 걷는 것이 평소의 느낌과 다르지 않아 꿈인 줄 모르는 것처럼 중음에서도 문득 중음신을 얻더라도 살았을 때와 다름없는 감각을 가지고 똑같이 생각하고 도망치며 공포에 떨게 된다. 상황이 이러하니 어찌 생사가 따로 있다고 하겠는가. 단지 이러한 말이 깊이 믿어질 때까지 끊임없이 참구하는 것이 바로 참선이고 수행임을 잊지 말아야 할 것이다.

272

서로가 서로를 죽이는 생명활동에 대하여

미물들도 자기가 죽는 것은 알아서 그들 가까이 가면 살기 위해 도망칩니다. 그렇다면 미물 또한 죽음에 대한 공포와 상대에 대한 증오심이 있을 것 같습니다. 그러니 최대한 서로를 죽이지 않고 사는 것이 최선책인 듯합니다. 하지만 미궁 속으로 빠져들게 됩니다. 우리가 먹고사는 존재라는 사실입니다. 그저 삶을 연명하기 위해 살아 있는 것들을 먹는데 그러기 위해서는 죽이는 일이 불가피하기 때문입니다. 정신을 나로 삼고 살아간다고 해서 이 육신에게 밥을 주지 않고 병들게 한다면 말이 되지 않습니다. 생명을 유지하기 위해 하는 일에 대해서 죄책감 없이 살아갈 수 있을까요?

물질과 정신의 실체에 대해 말하는 이유

 육신이나 마음으로 사는 것에 대해 분별하라고 물질과 정신에 대해 그토록 수없이 설명한 것이 아니다. 육신이란 이름하여 물질이고 물질은 느끼는 마음에만 존재할 뿐 그 실체는 모두가 허공으로 이루어진 원소에 불과하다. 그리고 원소는 파장, 즉 허공의 떨림이며 마음은 물질을 느끼는 능력이니 마음은 떨림마저 없어야 한다. 작은 소리를 듣기 위해 숨을 죽이는 것과 같다.

그러니 물질인 육신과 마음은 모두가 공으로 이루어졌음을 알 수 있다. 여기에서 도대체 무엇이 죽고 무엇이 살고 있는지 잘 생각해 보라. 무엇이 생명인가. 그 이름이 육신이지 이치적으로 보면 그저 떨리는 허공이다. 마음 또한 이름이 마음일 뿐 떨리는 허공이 없다면 자취도 찾을 수 없는 투명하고 적멸한 허공이다.

눈은 색을 느끼는 것이다. 그렇지만 만약 세상의 모든 색이 사라진다면 눈은 쓸 곳이 없어지기에 무용지물이 될뿐더러 나중에는 눈이 무엇에 쓰이는지도 모르게 될 것이다. 즉 색이 있을 때만 눈으로서의 능력이 있게 된다는 말이다. 이러하듯 마음이라는 것도 세상을 느끼는 능력이지만 세상이 모두 사라지면 아무런 할 일이 없어지게 되므로 스스로가 있는지도 모르게 된다. 그러니 마음은 본래 물질이 아니어서 생사가 있을 수 없는 것이다.

그리고 눈이 없으면 색이 소용없고 색이 없으면 눈이 소용없듯 떨리는 허공인 육신이 없으면 마음이 있다 해도 소용없고 마음이 없으면 육신이 있다 해도 소용없다. 이렇게 서로에게 의지하는 것을 보면 이 둘은 둘이 아님을 알 수 있다. 떼어놓으려 해도 떼어놓을 수 없는 불가분(不可分)의 관계, 즉 하나의 몸체라는 말이다. 이 하나의 이름을 식(識)이라고 하고 쉽게 표현하면 인식(認識)작용이다. 몸과 마음은 인식작용이 사라지면 아예 없는 것이다.

몸과 마음이 이러함을 설명한 것이니 죽을 수 없을 뿐 아니라 산다는 생각 또한 말이 되지 않는다. 단지 정신속에 그 두 가지가 인식되고 있는 것이다. 인식은 정신의 작용이니 정신이 떨리는 허공을 보며 물질이라고 하고 고요한 허공을 인식하며 마음이라고 했을 뿐이다. 그러니 육신이든 생명이든 아낄 것도 아니고 버릴 수 있는 것도 아님을 잊지 말아야 한다.

물론 떨리는 허공을 고요하게 할 수는 있다. 다시 말해 죽는 모습을 보일 수 있다고 해도 완전히 끝나는 것은 아니다. 떨리는 허공을 고요하게 했다 해도 그것은 일시적인 것이다. 고요한 허공은 더 이상 고요하게 할 수 없으니 오직 다시 떨리게 될 일만 남아 있기 때문이다. 마치 바람이 잠든 고요한 허공일지라도 인연만 만나면 바람이 일어나는 것과 같다.

그러니 죽자마자 몸이 또 생겨난다. 물론 세계가 다르니 그 세계에 맞는 달라진 몸이지만 반드시 생겨나게 되어 있다. 떨리는 허공과 고요한 허공은 둘이 아니기 때문이다. 아무리 한쪽을 없애려 해도 다시 생겨나게 된다. 만약 이곳에서 자살했다 해도 3일만 지나면 중음계(中陰界)에서 어느새 몸을 받고, 언제 받았는지도 모른 채 중음을 헤매게 된다. 헤매고 있다면 죽은 것이 아니다. 절대 몸을 없앨 수 없다는 말이다. 마음이 있는 한 몸은 절대 사라질 수 없고, 마음은 본래 없는 것이므로 사라질 수 없으니 영원히 몸을 없애는 방법은 없다. 그러니 무엇을 육신이라고 할 것이며 무엇을 생명이라고 정의하여 다시 끊을 수 있겠는가. 단지 어리석기 때문에 미처 깨닫지 못할 뿐이다. 원소는 물질이 아니다. 그리고 물질이 아닌 원소가 모인 것을 물질이라고 한다면 이름만 있을 뿐 실체는 없는 허공의 집합이라는 말이 된다. 이러함을 깨달았다면 육신을 너무 아끼지도 말고 육신을 버리려고 하지도 말아야 한다. 육신은 언젠가 반드시 사라질 것이니 육신을 아낀다면 항상 잘못될 것을 염려하는 두려움이 따라다닐 것이고, 헤어질 때는 한(恨)이 남을 것이다. 반대로 육신을 버리려고 한다면 다시 생겨날 것을 모르고 버리려고 한 것이니 어리석음만 늘어나 점점 하열한 짐승으로 태어나게 될 것이다.

육신은 정신의 인식일 뿐이니 편하게 생각하고 집착하지 않으면 저절로 건강해지고 아름다워진다. 삶이 힘들지만 죽음도 두려운 자는 이러지도 저러지도 못하는 마음 때문에 '죽지 못해 산다'라는 말을 하곤 한다. 이것은 고통이지 삶이 아니다. 그들의 얼굴에서는 갈등의 고통이 그대로 드러나게 되니 그것이 곧 병(病)이다. 몸에 집착하면 오히려 고통스러워지게 되고 병이 생긴다는 말이다. 때로는 여자로 때로는 남자로 영원히 끝없이 바꾸어 받으며 흘러가야 할 육신이다. 그러나 가장 큰 문제는 자기의 실체를 모르면 벌레, 짐승, 때로는 아귀의 몸을 받을 수 있다는 데 있다. 그러니 불도수행을 하지 않는다면 자기의 실체를 알 수 없으니 당연히 자기의 뜻과는 무관하게 처절한 형상을 한 채 지옥, 아귀, 축생의 길을 걸어야 함을 알아야 한다.

생사가 없다는 것쯤은 알아야 수행이 시작되었다고 할 수 있다. 생명, 육신, 죽음 등에 대해 무거운 의미를 가지고 말하는데 도대체 자기가 어디에 있는 무엇을 보고 그렇게 말하고 있는지 깊이 사유해보길 바란다.

실제로 있는 것을 부정하고 있는 것일까요?

육신으로 보고 듣고 느끼는 것이 다 공하다고 하였습니다. 제가 공하다는 이 생각도 '나'라는 틀을 두어야 한다는 강박에서 나온 것 같습니다. 이렇게 공에 집착해 실제로 있는 것을 부정하고 있는 것은 아닌지 궁금합니다. 그리고 모든 것이 공하다면 오직 의식의 흐름만 저의 본성이라고 할 수 있을까요?

스스로의 관념을 믿는 어리석음

실제로 있는 것을 부정하는 것이 아닌가 하는 말은 스스로의 판단을 고집하는 것이다. 일체 물질이든 정신이든 존재하는 것이라면 존재하는 시간이 있어야 할 것이 아닌가. 우리는 몸과 마음이라고 말하지만 이 심신(心身)은 과연 언제 존재하는가. 과거에, 아니면 미래에? 그것도 아니고 실제에 존재한다면 그것은 바로 '지금'일 것이다. 그러나 지금을 잡아보라. 잡으려고 하면 이미 사라지는 것이 '지금'이라는 시간이다. 그렇다면 내가 존재하는 시간은 언제인가? 과거, 현재, 미래가 모두 관념이라는 말이다. 그것이 '나[我]'라는 것임을 깨달아야 한다.

관념이라는 말은 위대하다. 관념에 내가 있고 슬픔도 있고 즐거움도 있으며 나와 남도 있어 무시와 교만도 교차하지만 이것은 오직 마음의 움직임일 뿐이다. 지금의 이 질문도 역시 오직 관념임을 깨달아야 하고 나아가 '몸이 나다'라는 관념도 역시 관념임을 깨달아야 한다. 관념이 곧 스스로의 판단이었다는 말이다. 관념이 만드는 것은 '뜻'이다. 뜻은 의미, 즉 이름에 붙여진 사연이고 편견이며 자기의 상대적인 의견일 뿐이다. 이 의견이 옳다고 우긴다면 남의 의견을 받아들일 수 없고, 그로 인해 스스로가 바뀔 수도 없으니 영원히 자기의 수준을 벗어날 수 없을 것이다.

공하다는 말은 안개와 같고 환상과 같으며 꿈과 같다는 말이지 '없다'는 말이 아니다. 모두들 공하다고 말하면 자기의 생각에 맞추어 '없다'는 의미로 받아들이는 것이 문제다. 허공이 만약 '없는 것'이라면 왜 숨은 쉬어야 하는가.

공하다는 말은 물질이라고 생각하던 개념을 바꾸어 주려고 하는 말이다. 돌이라고 생각하던 마음을 '안개'라고 말해주고 싶은 것이다. 물질은 원소이니 허공이지만 우리는 허공이 나에게만 물질로 느껴지게 되었다고 생각하지 않았기에 실재(實在)인 몸이 죽는다고 착각하고 있었다. 그러나 물질은 무지개와 같기에 생겨나고 사라질 수는 있지만 죽고 산다는 의미는 있을 수 없다고 생각할 수도 있다. 이 두 가지 판단은 과연 무엇이 다를까.

꿈을 꿈으로 보지 못하면 공연히 안간힘을 쓰게 된다. 이것이 중생의 믿음이고 안타까운 생활의 모습이다. 이러한 질문을 하게 되었던 것이 스스로의 관념을 지독하게 믿었기에 생겨난 어리석음이었음을 깨닫는다면 비로소 수행이 시작되었다고 할 수 있다. 그러나 자기의 생각을 고집하며 귀를 닫는다면 다른 이의 견해를 들을 수 없기에 배울 수 있는 마음도 되지 않으며 배울 수 없다면 더 수승한 행복이나 위대한 모습을 기대할 수도 없을 것이다. 스승이 필요 없는 존재가 될 것이라는 말이다. 그렇다면 앞날은 오직 암흑일 뿐이다. 본래 부처임을 깨달을 때까지 자신을 인정하지 말아야 한다. 그래야 진정한 스스로를 찾아 행복해질 수 있기 때문이다.

관람자(觀覽者)

텔레비전 속으로 들어와 있는 나는

실제가 아니며 영상인 것처럼

지금 '나'라는 것은

대형 멀티비전 속에서

이곳에서의 역할을 할 뿐이다.

배경도 영상이고, 사람과 온갖 생물이 모두 영상이라면

그대들은 관람자이며 주인공들이다.

관람자든 주인공이든 선택은 자유이나

잊지 말자!

관람자만이 주인공을 움직이며

관람자만이 무너지지 않으며

궁극에 다다를 것이라는 사실을.

274

질량불변의 법칙에 대해 어떻게 생각하시나요?

딸 숙제를 도와주다가 질량불변의 법칙에 대해 다시 생각하게 되었습니다. 화학반응이 일어날 때 반응하는 물질의 총 질량과 반응 후 물질의 총량이 서로 같다는 내용입니다. 큰스님의 법문이 문득 생각났습니다. 허공에서 구름이 만들어졌다면 이것을 구름이라고 할 수 있을까 하는 것입니다. 허공의 화합으로 만들어졌다면 그저 이름만 구름일 뿐 재료는 허공임에 틀림없습니다. 아무리 사람들이 태어나고 죽어도 허공이 줄거나 늘지 않는다는 말씀이 질량불변의 법칙과 닮아 있었습니다. 제가 제대로 이해한 것이 맞는지 궁금합니다.

고정된 법칙

어떤 물질이 되었든 '존재하는 것'이라면 반드시 사라질 것이고 사라진다면 보존될 수 없다. 그러니 보존되려면 존재가 아니어야 한다. 온 우주에 존재하는 것은 없다. 단지 우주를 느끼는 인식능력에만 질량과 형체, 색깔, 소리 등이 존재할 뿐이다. 즉 색깔, 소리, 냄새 등을 느끼게 하는 것은 허공의 진동이지만 이 여섯 종류의 진동은 망막, 고막, 후상피 등의 감각기관을 통해서 육근에 전달됨으로써 색깔, 소리, 냄새 등으로 바뀌어져 인식된다는 말이다. 물론 육신적 감각기관이라는 것도 역시 여섯 가지 진동으로 이루어진 육진이므로 외적 진동과 그 외적 진동을 맞이하는 내적 진동인 육신의 감각기관이 서로 통하게 된다면 육근 가운데의 한 종류를 자극하여 육식 가운데의 한 가지 식을 이루게 되는 것이다.

예를 들어 색깔을 느끼는 눈의 진동이 100에서 200이라면 색깔로 느껴지게 하는 허공의 진동도 100에서 200이어야 고요하고 맑은 안근을 흔들 수 있고, 안근이 받은 진동을 안식이 받게 되면 '보인다'는 안식(眼識)이 생겨난다는 말이다. 만약 인간이 들을 수 있는 음파, 즉 성진(聲塵)을 가정하여 300과 400 사이라고 한다면 고막도 당연히 300에서 400 사이의 음파를 느낄 수 있는 경도(輕度)를 가지고 있어야 할 것이다. 또한 고막이 밖의 진동에 따라 떨리게 되었다면 그 떨림은 이근(耳根)이 감당할 수 있기에 이식(耳識)을 일으키게 된다는 말이다. 이렇게 물질은 모두 허공의 떨림이다.

게다가 그 허공의 떨림이란 지금 있는 것이 아니라 이미 지나간 여운을 인식하는 것이다. 즉 기억속의 떨림을 느낀다는 말이다. 육체적 감각기관도 그러하고 나아가 정신적 감각기관인 육근이란 더욱 공하여 일체의 움직임이 없다. 그러므로 물질이든 정신이든 모두가 공(空)으로 이루어졌다는 점에서는 공통된다. 차이가 있다면 떨림과 고요함의 차이일 뿐이다. 그러니 꿈을 꾸는 것이라고 표현한다.

과학에서는 이러한 이치를 모르고 대상에 육진이 고유하게 갖추어져 있다고 착각한다. 질량불변의 법칙이라는 말을 주장한 사람도 거기에 모순이 있었다. 색깔이나 소리는 질량이 없다. 그러니 빛에도 질량은 없다. 또한 냄새에도 질량은 없다. 단지 정지되어 있는 것을 움직일 때 질량을 느끼게 되고, 움직이는 것을 정지시키고자 할 때 질량이 있는 듯 느껴지는 것이다. 아무리 큰 바위라도 들어 올리거나 떠밀어서 움직이게 하기 전에는 질량이 없다. 그리고 흘러가는 물도 보기만 할 때는 질량이 있다고 말할 수 없다. 흐름을 멈추게 하려고 하거나 물을 뜰 때만 촉각에 느껴질 뿐이다. 즉 촉진(觸塵)과 신근(身根) 두 허공 사이에서 나온 허공인 신식(身識)이 무게라는 것을 느낄 뿐 무게의 실체는 어디에도 없다.

그러므로 십팔계 전체가 공하지만 일체의 실체가 있는 것처럼 느껴지게 하기도 하고, 느끼기도 하는 능력이 있으니 이름하여 원각(圓覺), 즉 깨달음이라고 한다. 그러므로 깨달음 자체에는 자타(自他)가 있을 수 없다. 공(空)하여 실체가 없기 때문이다. 하물며 변화가 있을 수 있겠는가. 단지 인식이 변화를 느끼는 것일 뿐이다. 꿈처럼…

이러한 견해로 본다면 '질량불변의 법칙'이라는 말에서 '질량'이라는 말만 뺀다면 진리에 어긋난 말은 아닐 것이다. 다시 한번 짚고 가지만 질량이란 단지 인식능력에만 느낌으로 있다는 것을 잊어서는 안 된다. 이것을 항상 잊지 않고 세상을 바라본다면 머지않아 맑고 투명한 천상세계를 볼 것이고 그 가볍고 안락한 기쁨이 극치에 이르리니 극락세계를 누리게 될 것이다. '나'라는 정신의 바깥에는 아무것도 없다. 단지 바깥이라고 느껴지고, 바깥에 육진으로 이루어진 모든 것이 정신에 깨달음으로서 '있다'고 느껴질 뿐이다.

과학이란 진리에 들어 있는 착각의 한 부분이다. 그리고 진리나 착각은 정신에 갖추어진 능력이다. 그러므로 모든 일은 진리나 원각을 벗어나지 않지만 착각을 제거하지 못한다면 어리석음으로 인해 악(惡)을 키우는 일이 될 것이다. 왜냐하면 육진이 정신의 바깥에 존재한다고 생각하면 서로 탐심을 일으키고 그로 하여금 쟁취하려는 다툼이 일어나며 급기야는 죽을 수 없는 완벽한 신(神)들임에도 불구하고 서로를 죽이는 일을 하게 되기 때문이다.

과학과는 비교할 수 없는 진리가 이미 2,600년 전 석가모니부처님에 의하여 완벽하게 설명되었건만 어리석은 중생은 아상(我相)을 버리지도 못하고 간절히 배우려는 마음도 없었기에 생사를 초월하지 못했다. 그뿐만 아니라 진리에 수순하지도 못하였기에 스스로 힘들고 악한 세상을 만들어 고통받고 있었던 것이다.

불도수행의 기초 견해에 대해 여쭙습니다

업이란 무엇입니까? 업이란 누군가 공부를 잘하고 못하고, 일이 잘 풀리고 안 풀리고, 부잣집에 태어나고 가난한 집에 태어나는 등의 차별을 일으키는 법칙이라고 알고 있습니다. 업에 의해 다음 생이 결정되는 중요한 요소이기도 하고요.

업(業)이란 정신활동이 이루어지는 동안 가졌던 희비(喜悲)의 평균적 결과를 말한다. 이 결과로 인하여 스스로의 견해가 갖추어지게 되니 자기라고 하는 습성과 성향, 그리고 개성으로 나타나게 된다. 그러므로 업에 의한 견해가 곧 스스로의 삶에 판단력이 되는 것임을 알 수 있다.

정신이란 색깔이 없으니 모습도 없고 냄새나 감촉도 없는 비(非)물질이므로 마치 허공과 같기에 생겨났다고 할 수 없다. 그러므로 정신능력이 처음 만들어진 시점도 말할 수 없다. 만들어진 형체나 개체가 없기 때문이다. 마치 허공이 언제 만들어졌는지 말할 수 없는 것과 같다. 그러므로 '시작된 적이 없고, 또는 없는 것으로써 시작되어 지금에 이르렀다[無始以來]'라고 하는 것이다. 수천억만 년 전부터 지금까지 쌓아온 업에 의하여 지금의 판단력인 견해(見解)에 도달하게 되었고, 지금의 견해에 의하여 새로운 업이 이루어지고 그 새로운 업으로써 다시 다음의 견해가 이루어진다. 따라서 지금 슬퍼하거나 분노하거나 불안에 떤다면 이와 같은 업이 쌓일 것이고 그 업에 의해 자기도 모르게 슬프고 불안한 세상으로 보이게 될 것이다. 이것이 정신의 기억능력 가운데 숨겨진 '무의식적 기억력'인 업의 작용이다.

인연은 무엇입니까? 단지 사물과 사람이 만나고 헤어지는 것입니까?

인연(因緣)이란 것도 결국 업의 진행 과정과 다름없다. 사람을 만나고 헤어지더라도 아무런 생각 없이 무심하게 지나간다면 기억에 남지 않을 것이고 그렇게 되면 업도 남지 않을 것이다. 그러니 다음의 삶에 어떤 영향도 끼치지 않게 된다. 그러나 만나서 사랑하다 결국 죽음에 의해 헤어지게 되면 한(恨)이 남고, 뜻대로 사랑이 전해지지 않았다면 분노(忿怒)가 남는다. 이와 같은 사연은 쉽게 잊히지 않고 기억에 진하게 남게 되므로 업에 영향을 주게 된다. 한과 분노로 이루어진 업에 의하여 다른 일을 맞이할 때 짜증이나 분노가 이어진다면 이것이 곧 업에 의해 얻게 되는 '괴로운 삶[苦生]'이 되니 사

불멸 3
IMMORTALITY

랑은 원인이요, 괴로운 삶은 결과인 것이다.

이 원인이라고 하는 인(因)과 결과라고 하는 과(果)를 연결해주는 정신적 과정(過程), 즉 사랑에 의하여 집착하거나 분노하거나 안타까워하는 일련의 사연(事緣)은 연(緣)이 된다. 인(因)에 의하여 연(緣)이 이루어지고 연(緣)에 의하여 과(果)가 드러나게 되며 과에 의하여 보(報)가 있게 되므로 인연과보(因緣果報)라고 하는 것이다. 여기서 보(報)란 결과에 대한 스스로의 변화나 고통 또는 행복을 말한다. 그러므로 인연이란 만남만을 말하는 것이 아니라 대상과 주체가 만나서 이루어지는 모든 정신활동의 과정을 말하는 것이라고 이해해야 할 것이다.

전생이란 무엇입니까? 자신의 지금 현세를 보면 전생을 알 수 있다고 하는데 정말 그렇습니까?

금생(今生)이라는 것은 '지금'을 말하지만 지금이란 찰나에 과거가 되어 버리므로 그 실체가 멈추어 있을 수 없다. 즉 세월이란 단 한 찰나도 멈추어 있지 않기에 사실상 현세라고 하거나 금생이라고 하는 것은 관념적인 이름에 불과하다. 실제적 세월은 없다는 말이다. 오직 꿈과 같은 정신속에만 세월이 이름으로 존재할 뿐이다.

그러므로 기억속에 있는 모든 것이 곧 인생이고 세월이라고 해야 한다. 이미 흘러가 버린 사연들인 기억들을 빼고 나면 삶이라는 것을 꼬집어 말할 수 없으니 인생은 꿈과 같다고 하는 것이다.

모든 기억은 다 전생이다. 찰나의 지금을 빼고 나면 모두가 전생인 것이다. 그리고 기억은 지나간 꿈처럼 당분간 환상으로써 정신속에 남아 있다가 결국 그마저 사라진다. 이 망각된 사연들은 업으로만 존재한다. 즉 전생에 자라를 보고 놀란 적이 있었던 자는 비록 현생에서는 자라를 보고 놀란 적이 없다고 할지라도 이상하게 자라를 보면 두려움이 일게 된다. 전생의 사연은 기억이 나지 않지만 업의 작용으로 인하여 싫은 마음이 일어나게 된 것이다. 앞에서 말했듯이 지금의 모든 견해는 전생의 업에 의한 것이니 지금의 견해를 본다면 당연히 전생을 알 수 있게 된다는 말이다.

운명이라는 것은 무엇입니까? 자신이 노력하는 것도 노력하지 않는 것도 운명일까요?

정신이나 업이 모두 없는 것으로 이루어졌기에 이루어졌다고 할 수도 없다. 꿈은 물질의 세계가 아니다. 그러므로 꿈이란 '이루어졌다'라고 할 수 없지만 아무것도 없다는 뜻은 아니다. 단지 정신작용임을 인정하는 정도다. 그러니 운명이라는 것도 그러한 것임을 깨달아야 한다. 슬픔이든 불운이든 행운이든 기쁨이든 모두 정신이 느끼는 상황인 것이나 정신 자체가 물질이나 생명이 있는 생명체가 아니므로 죽고 살 수 있는 것이 아니다. 그러나 바람 같은 정신속에서 생사(生死)의 의미를 지어낼 수는 있다. 물론 상상으로 지어내고 감각을 믿는 어리석음으로 인정하는 것이지만 말이다.

그러므로 운명을 말하기 전에 일체를 판단하는 견해, 즉 자기(自己)라고 하는 정신적 활동의 재료가 무엇인지 먼저 참구해야 한다. 정신은 허공과 같고 정신속의 사연은 안개나 구름과 같다. 그리고 그 환상에다 의미를 집어넣으면 바로 나의 생각, 자존심이 되고 삶이 이루어지며 운명이 되는 것이다. 이것은 꿈의 법칙과 완벽하게 같다. 그러니 일초 전의 일도 되돌릴 수 없지 않은가. 아무리 실감 나는 꿈이었어도 지나가고 아침이 되어 깨어나면 가져올 수 없듯이.

운명(運命)이라는 단어는 '목숨을 운전한다' 혹은 '명령하고 운전한다'라는 뜻이다. 운전자가 있고 운전되는 것이 있다는 말이며 명령하는 자와 명령받는 자가 있다는 말이다. 운전자는 '나'를 말한다. 나란 정신이고 마음이다. 자존심(自存心)이란 '자기(自己)로서 존재(存在)하는 마음'이라는 뜻이니 마음이 곧 자기라는 말이고 '나'라는 말이다. 그러므로 명령하거나 운전하는 것은 '마음'이고, 명령을 받거나 운전되어지는 자동차와 같은 것은 '육신'이다. 마음이란 시작된 적도 없으므로 그 나이를 알 수 없다. 그러나 몸이란 길어야 백 살 안팎이니 주인은 당연히 마음이고 몸이란 임시로 빌려 쓰는 '렌트카'와 다를 바 없다.

어떻게 마음을 갖느냐에 따라 희비가 갈리고 업이 쌓이게 된다. 그리고 그에 따라 업보인 몸이 생겨나는데, 항상 무섭고 두려워 사람을 피하고 밝음보다 어둠을 좋아하는 업을 쌓는다면 내생은 반드시 쥐가 될 것이다. 이것은 마음이 육신을 운전하되 두렵고 불안하게 생각하며 삶의 운전을 잘못한 결과다. 마음이 편치 못했다는 말이다. 마음이 생각하기를 마음이 자기라고 한다면 죽고 사는 것을 두려워하지 않을 것이다. 마음이 편해지는 만큼 용감해질 것이고, 용감하면 자유롭게 될 것이니 다음 생애도 반드시 위대한 운전(運轉), 즉 운명(運命)을 맞이하게 된다. 그러나 반대로 마음이 생각하기를 몸이 자기라고 한다면 생사의 두려움을 갖고 비겁해지고 불편해지게 되니 내생의 운명도 초라하게 될 것은 자명한 이치다.

마음이 스스로를 마음이라고 하는 것은 지극히 당연한 일이지만 몸은 마음 없이 자기를 몸이라고 할 수 없다. 이렇게 본다면 자기란 분명히 마음일 텐데 몸을 무시하지 못하기에 항상 죽음에 휘둘리게 되는 것이다. 그러므로 마음이 자기라는 사실을 깨닫고, 나아가 마음은 생사가 없는 것임을 확신하게 됨으로써 '대자유'를 만끽하게 되는 이 일을 어찌 나중으로 미루겠는가. 수행을 다음으로 미룬다면 어리석은 견해를 만든 다음 올바른 견해를 갖겠다고 하는 것과 조금도 다름없고, 정신이 흐려진 후에 깨달음을 얻겠다고 하는 것과 같다. 이 같은 생각보다 더 어리석은 운명이 어디 있겠는가.

 영가는 정말 존재하는지, 영가 때문에 흥망성쇠 할 수 있는 것인지, 그렇다면 지장보살님께 기도드리면 해결할 수 있을지 궁금합니다.

불멸 3
IMMORTALITY

인간에게서 몸을 빼면 영가가 되고 인간에게서 영혼을 빼면 시체가 된다. 그러나 물질인 몸이든 영혼인 정신이든 이 모두는 실체가 없다. 물질의 본질은 원소이며 원소는 허공이다. 그리고 정신이란 '깨닫는 능력'을 말하므로 몸이 갖추고 있는 색깔, 소리, 냄새, 맛, 감촉, 뜻이 없다면 할 일이 없어진다. 즉 깨달을 일이 없어진다는 말이다. 색깔이 없어지면 눈의 역할도 사라지는 것과 같다. 깨닫는 능력이 사라진 상태를 수면상태라고 하지만 수면상태에서는 잔다는 생각이나 정신이라는 생각도 없는 완전한 무(無)의 상태이다. 그러니 물질이 공(空)하다면 깨달음도 공한 것이다. 이러한데 어찌 있는가, 없는가를 물을 수 있겠는가. 또한 우주 전체에서 물질과 정신을 빼고 나면 도대체 무엇이 남는가. 어떤 공간이 있어서 신이 존재할 수 있으며 '지금'이라는 시간도 없는데 언제 신이 존재할 수 있겠는가. 또 내가 없는데 어찌 기도를 할 것인가. 허공과 같은 '나[我]'임을 깨닫는다면 무엇이 그리울 것이며 무엇이 부족하여 기원을 하겠는가. 모두가 어리석은 정신들이 꾸며내고 상상해낸 이야기다.

지장보살이란 모든 중생의 본질적인 감각능력을 말한다. 일체중생에게 이미 갖추어져 있으나 육신이 있다고 착각한 어리석음에 가려져 있는 정신능력이다. 눈이란 색을 보는 것이니 눈에는 색이 없어야 하는 것이 당연한 이치다. 만약 눈에 붉은색이 본래 있다면 색안경을 쓴 것처럼 백지를 볼 때 붉은색 종이로 보이게 될 것이다. 그러나 온갖 색을 분별하고 물의 맑은 모습까지 볼 수 있다면 눈에는 아무런 색이 없었음을 깨달을 수 있다. 이것이 일체중생에게 숨겨진 정신의 눈이다. 눈

알[肉眼]이 아니고 색이 없는 투명한 눈이 일체중생의 본질적인 눈이라는 말이다. 이렇게 볼 때 귀에는 본래 소리가 없기에 밖의 소리를 듣게 된다는 것도 알 수 있고, 코에는 본래 냄새가 없기에 밖의 냄새를 맡을 수 있음도 느낄 수 있다. 그러니 감각으로 이루어진 '나'란 투명인간과 같고 그렇다면 이미 생사가 없는 것이 본래의 자신임을 깨닫게 될 것이다. 이것이 지장보살의 모습이고 능력이며 중생에게 갖추어진 감각의 본질이다. 어리석은 자들이 어리석은 견해를 가지고 어리석은 자들을 속여 재물을 구하느라 지어낸 말일 뿐 절대 신이 있을 수도 없고 그렇기에 기도가 필요할 일도 없다는 것을 깨달아야 한다.

 모든 욕심의 근원은 육체에서 오는 것입니까? 정신은 욕심이 없을까요?

욕심은 오해에서 오고, 오해를 무명(無明)이라고 한다. 육체가 있다고 생각하는 것도 오해고 정신이 있다고 생각하는 것도 오해이니 이 모두가 욕심의 근원이 된다. 존재하는 것을 구태여 찾는다면 '깨닫는 능력' 말고는 없다. 꿈을 물질이라고 할 수 없으니 있다고도 할 수 없다. 그리고 꿈이 사라진다면 잠을 자고 있는 상태로 그때는 잠을 잔다거나 정신이 없다는 생각도 없다. 그러나 꿈이 꾸어지는 현상은 없지 않으니 그 현상을 이름하여 깨닫는 현상, 즉 '깨달음'

이라고 하는 것이다.

 석가모니부처님께서도 색욕을 금하라고 하셨습니까?

 물질을 인정하고 집착함이 곧 욕심이지만 물질이 존재하지 않으므로 결국 얻을 수 없다. 그러니 만약 얻으려 한다면 헛된 고생만을 하게 되는 결과가 될 것이다. 꿈에 아름답고 실감 나는 궁전이 있다고 하자. 그리고 그 궁전을 얻으려 목숨을 걸고 수없는 전쟁을 하여 결국 정복했다면 어떻겠는가. 꿈을 깨고 나면 아무것도 남지 않는 헛것이었음을 깨닫듯이 현실 또한 그와 같다. 일체의 욕심을 부리지 않아야 편안한 삶이 될 것임은 자명한 일이다. 그러니 색을 비롯한 일체에 대한 탐욕을 금하라고 하신 것이 아니라 본래 그 모든 욕구는 이룰 수 없게 되어 있다고 하신 말씀임을 알아야 한다. 삼천대천세계가 모두 환상이므로 실제로 구할 수 있는 것은 절대 없음이 계율이다. 즉 금계(禁戒)가 실제인 것이다.

그리고 편안한 삶을 얻으면 편안한 업을 쌓게 될 것이고 힘든 운명을 자초하면 힘든 업을 쌓을 것이니 현생만 힘든 것이 아니라 내생도 망쳐버리게 된다. 그러니 욕심의 근원인 무명을 벗기 위해 불도수행을 하라는 말이다.

생각에 대해 여쭙습니다. 아픈 것입니까, 아프다고 생각하는 것입니까? 이 둘의 차이가 무엇인지 모르겠습니다.

 생각 말고는 아무것도 없다. 본래의 깨달음인 원각(圓覺) 속에는 성(性)과 본(本)이 마주한 채 한 덩이로 무변하게 상즉(相卽)되어 있다. 마치 하나의 자석에 음극과 양극이 마주하고 있는 것과 같다.

이 둘 사이에서 인식하는 능력인 여섯 가지 인식[六識]이 발생된다. 곧 스파크(spark)와 같은 것을 말한다. 그것을 쉽게 표현하면 생각이라고 한다. 그러니 생각을 나누어 보면 감촉이라는 촉진(觸塵)과 감촉을 바라보고 느끼는 신근(身根)이 거울처럼 있게 된다. 그것은 반드시 생각 속에 있는 것이기에 생각이 사라지면 근본인 감각이나 감각의 끝에 드러난 티끌인 대상도 사라지게 된다. 즉 전신마취를 시키면 생각이 사라지므로 감각이나 육신도 사라지게 된다. 그러므로 아픔도 있을 수 없다.

생각이 없으면 수면상태다. 그 상태에는 티끌로 이루어진 몸도, 감각도 없으니 맛이라든가 아픔이라든가 보인다는 현상이 모두 사라진다. 그러므로 '오직 생각[唯識]'이라고 말하는 것이다.

 지금의 불교는 2,600여 년 전 석가모니부처님의 가르침에서 점점 멀어져 변질된 것인가요? 큰스님의 글을 보면 현 불교의 모습이 본래의 모습과 너무나도 달라진 것 같은 느낌을 받습니다.

일체의 근원은 깨달음, 즉 정신작용이므로 변질될 수 없으나 그 이해의 정도나 오해가 늘어나고 줄어들 수는 있다. 오해의 학습이 많아지면 올바른 견해가 줄어들고 정견(正見)이 늘어나면 사견(邪見)이 줄어들게 되어 있다. 그러나 이 모두는 견해라는 정신능력이고 정신은 있다고 할 수 있는 것이 아니므로 멀어지거나 가까워짐도 있을 수 없으며, 변질될 수도 없다. 마치 허공도 먼지와 비에 물들지 않는 것과 같다.

마지막 질문입니다. 현재의 과학, 사상, 종교 모든 것들이 인간이 만들어냈습니다. 인간은 불완전한 존재이기에 절대적이지 않다고 배웠습니다. 부처님도 인간이었습니다. 이 부분은 어떻게 이해해야 합니까? 형이상학적이고 종교적으로만 받아들여야 할까요?

앞에서 모두 설명되었다고 생각한다. '부처'란 깨달음이지 인간이 아니다. 인간은 깨달음의 능력이 오해로 빚어낸 이름일 뿐이다. 그것을 모르고 인간의 실체가 있다고 생각하므로 태어나 살아가는 것이 있게 되는 것이다. 살아가는 것은 죽음을 피하는 과정이므로 저절로 두렵고 고통스러우며 피곤하지 않겠는가. 이것을 생과 사의 고통이라고 한다.

그리고 석가모니부처님께서는 인간이란 오직 우둔한 육신적 감각에만 느껴지는 현상임을 깨달으셨고, 삶이란 정신세계의 오묘한 작용이었음을 통달하셨다. 이러함을 중생에게 낱낱이 설명하신 분이 어찌 스스로가 사람이 아님을 몰랐겠는가. 『금강경』의 가장 핵심적인 내용이 바로 '무사상(無四相)'이다. 무아(無我), 무인(無人), 무중생(無衆生), 무수자(無壽者), 즉 나도 없고, 사람도 없으며, 생물체도 없고, 수명이라고 할 것도 없다는 말이다.

인간이 있다는 생각이 이미 어리석음이다. 그러니 스스로가 인간이라고 생각한다면 이미 불완전한 정신임을 인정한 것이다. 즉 오해는 불완전한 정신이라는 말이고, 불완전한 정신을 어리석은 중생이라고 한다. 이러한 존재를 깨우쳐주려고 하는 정신이 스스로를 인간이라고 착각할 수 있겠는가. 석가(釋迦)는 정신세계인 도량(道場), 즉 절[伽]의 비밀을 완전히 풀어냈다[釋]는 뜻이고, 모니(牟尼)란 출가한 수행자의 뜻이므로 석가모니는 '정신의 왕'이라는 의미다.

소승은 제자를 가리키고 후세에 남길 경전 번역서를 만드는 일만 해도 두문불출해야 한다. 그러나 생사를 초월하고자 하는 간절한 수행자들이 보고 있기에 글을 썼다. 처음부터 차분히 글을 읽어본다면 많은 부분이 해결될 것이니 신중하게 질문하고 깊이 감동하기를 바란다.

마음에 대한 사유

 친구의 장례식 후 화장하는 모습을 보았습니다. 그저 한 줌의 재가 되더군요. 그 친구는 존재한 적도 없는 것처럼 보였습니다. 그리고 마음만이 사람이 아니었을까 하는 생각이 들었습니다.

'마음이 존재함으로써 사람이 되는 것인가? 마음이 무엇인가? 마음은 모양도 없고, 멈춤도 없다. 그래서 마음에 부족함이란 없다. 오직 마음이 가는 길이 마음이요, 마음이 마음에게 말하는 것이 마음이 아닐까?'

구체적이고 목적성 있는 생각

이렇게 갈피가 없는 생각이 계속된다면 그 결과는 당연히 혼돈일 수밖에 없다. 올바른 생각이란 생각이 무엇인지 깨닫는 과정까지의 생각을 말한다. 마음이 어떠어떠한 것이라고 생각한다고 해서 삶이 달라지지는 않는다는 말이다.

잘못된 방향으로 생각한다는 말은 아니지만 좀 더 구체적이고 목적성을 띤 생각을 해야 한다. 예를 들어 보겠다. 어떠한 이치에서 물질이 존재하게 되고 어떠한 이치에서 마음이 느껴지게 되며 또한 마음을 느끼는 것은 무엇인가. 어떻게 삶이라는 법칙이 있게 되었는가. 생로병사의 정체가 무엇이며 왜 꼭 그렇게 되어야 하는가. 죽어버린다면 모든 것은 물거품이 된다. 죽지 않을 수는 없는가.

이 모든 것을 다 이해하려면 생각을 사용해야 할 것이다. 그리고 나서 이해가 남게 되지만 이해되고 깨닫는 것도 생각이며 이 생각의 주인을 말하자면 곧 자기(自己)가 되는 것이다. 나아가 자기의 정체마저 이해한다면 더 이상 통달치 못한 것이 없을 것이다. 이것이 불도수행의 과정이다.

내 마음을 바라보는 마음은 생각의 장난인가요?

내 마음이 슬픈 마음을 바라보며 '그건 환상이고 잡을 수 없는 마음의 장난이야'라고 되뇌곤 합니다. 이렇게 슬픈 마음과 기쁜 마음을 바라보는 이 마음은 무엇일까요? 내 마음에 두 개의 마음이 공존하고 있는 듯한 느낌을 받습니다. 본래 마음은 허공과 같이 하나이니 두 개로 보이는 것은 생각의 장난이 아닐까 싶습니다.

혼자만의 놀음

마음이 두 개일 수는 없다. 그리고 몸과 마음도 둘일 수는 없다. 만약 그렇다면 모든 중생에게 '자기(自己)'라는 것이 한 개의 몸과 두 개의 마음으로 드러날 것이니 항상 셋이 싸우고 있을 것이다. 그러나 갈등하는 놈은 하나뿐이고 단지 선택할 길이 여럿으로 놓여있다는 것을 알지 않는가.

여기서는 마음이라는 단어를 잘 깨달아야 한다. 마음이란 몸과 마주하는 불가분의 동체(同體)로서 단지 거울과 같은 감각능력임을 알아야 한다. 그렇다고 몸이 있다는 말이 아니다. 몸은 마음의 끝에 드러나는 환상이고 마음은 환상적인 몸에 의해 드리워지는 그림자인데, 이 둘은 모두 허깨비 같은 육식에만 느껴지는 것이다. 그러나 슬프고 기쁜 인식능력이 감각능력과 합해짐으로써 혼란스러운 중생이 생겨나게 된다.

"내 마음이 슬픈 마음을 바라보며 '그건 환상이고 잡을 수 없는 마음의 장난이야'라고 되뇌곤 합니다"라고 했는데 이 말을 예로 설명하겠다.

슬픈 마음을 바라보는 마음을 (1)이라고 하자. 그리고 슬픈 마음은 (2)라고 하자. 즉 보는 마음은 (1), 보는 마음의 대상은 (2)다.

(1)이 (2)를 바라보며 '그건 환상이고 잡을 수 없는 마음의 장난이야'라고 할 때 그렇게 생각하는 그 마음은 보는 마음과 대상 사이에서 다시 생겨난 마음이니 제 (3)의 마음, 즉 '생각'이다. 그러나 중생은 그

'생각하는 마음'을 깨닫지 못하고 있다. 앞에서 말했듯이 마음이란 것이 거울과 같다고 깨닫는다면 '바라보는 마음'을 말하는 것이므로 (1)을 가리키는 것이다.

그리고 (1)이 대상(2)를 바라보며 (3)이 생겨났다는 것을 보았으니 대상(2)라는 '슬픈 마음'은 어떻게 생겨났는가를 보자. 즉 '슬픔'은 어떻게 생겨났는가를 보자는 말이다.

슬픔이란 바라던 대로 되지 않았을 때 일어나는 마음이다. '바라던 마음'이란 '보는 마음(1)'이 기억속에 있는 어떤 '기쁜 추억(2)'를 보며 그와 같이 되고자 하는 '생각인 마음(3)'을 말한다. 그러므로 그 때에는 '기쁜 추억'이 곧 대상(2)이었던 것이고 그 '기쁜 추억'을 보던 마음은 역시 (1)이다.

그러나 시간이 흘러 '기쁜 추억과 같지 않은 결과'가 오자 다시 (1)이 '기쁜 추억과 같지 않은 결과'라는 '대상(2)'를 바라보게 되었고 그것을 바라보며 (1)과 (2)의 중간에서 '슬픈 생각(3)'이 생겨나게 되었던 것이다. 그리고 다시 시간이 흐름을 따라 '보는 마음(1)'은 '슬픈 생각(3)'을 보게 되고 그러면 '슬픈 생각'이 졸지에 보는 마음의 대상(2)가 되어 버린다. 그리고 (2)가 된 '슬픈 생각'을 보면서 '그건 환상이고, 잡을 수 없는 마음의 장난이야'라고 생각하는 (3)을 지어낸 것이다.

그러므로 만약 다시 '그건 환상이고, 잡을 수 없는 마음의 장난이야'라는 마음을 바라본다면 다시 마음의 대상, 즉 (2)가 될 것이다. 이렇게 끊임없이 (2)는 (3)을 만들고 (3)은 다시 (2)가 되어 주고, 다시 (1)과 (2)의 사이에서 또 다른 (3)이 생겨남을 반복하고 있다.

그러나 (1)은 맑고 투명한 거울과 같아 변하지 않고 (2)와 (3)은 찰나마다 변한다. 그리고 사라진다. 그러므로 항상 보는 마음(1)만 존재하고 사라진 마음(2, 3)은 기억으로 저장되는 것이다. 이것이 바로 '원각(圓覺)의 놀음인 의(義)'이다.

보는 마음은 투명한 정신의 감각능력이므로 사상(四相)이 없다. 또한 대상과 생각은 이미 사라져 남는 것이라고는 기억뿐이고 기억도 투명한 정신의 능력일 뿐이니 사상이 있을 수 없다. 공하여 맑고 투명한 채 온 우주에 가득한 하나의 '깨달음'이 실체가 없는 셋으로 나뉜 듯 꿈을 지어가고 있었다는 말이다.

삶이 무의미한 것 같아 무섭습니다

 저는 19세 소녀입니다. 예전부터 죽음에 대한 생각을 많이 했습니다. 사십구재에 대한 법문을 읽고 너무 무서워 온몸이 떨리고 잠도 오지 않습니다. 제 영혼이 윤회를 하는 것이 아니라 삶에서 행한 업만이 윤회를 한다고 이해했습니다. 그렇다면 49일이 지난 후 제 감각은 저절로 사라지고 다른 자아가 생긴다는 말인가요? 진정한 자아란 업을 말하는 것인지, 아니면 우리 모두가 하나라는 것인지 잘 모르겠습니다. 저는 제 영혼이 윤회한다고 믿고 싶습니다.

죽을 수 없는 정신의 상상력

석가모니부처님께서는 생사윤회(生死輪廻)란 오직 '있음'에 착각된 중생에게만 존재하는 것일 뿐 '무(無)'를 깨달은 자들에게는 있을 수 없는 법칙이라고 하셨다. 또한 생사윤회를 벗어나 있는 중생의 본래 모습이자 깨달음의 법칙인 '불법(佛法)'을 설하셨다.

즉 윤회란 '묘한 깨달음[妙覺]'으로 이루어지는 이치다. 중생은 스스로가 존재한다는 오해에서 시작하여 생로병사까지 모두가 있다고 착각한다. 그 과정에서 찰나도 쉬지 않고 불안, 초조, 긴장, 공포, 분노 등의 정신적 노고를 자처하게 된다.

깨달음이란, 본성은 투명하지만 항상 무엇인가 느끼는 능력을 말한다. 그러므로 감각이나 인식, 이해, 오해, 지식 등은 모두 '깨달음'에 속한다. 그리고 감각, 인식, 이해, 오해, 지식 등은 모두 생각이라는 정신작용에 의하여 얻어지는 것이므로 역시 깨달음의 작용이며 나아가 마음의 움직임도 모두 같다.

깨달음이라는 것은 오직 하나지만 그 작용은 홀로 일어날 수 없다. 반드시 주체와 대상이 이루어져 서로 인연되어야 깨달음의 작용인 감각작용, 인식, 이해, 오해, 지식작용이 일어나게 된다. 밝음을 깨달으려면 반드시 눈과 빛이 인연되어야 한다. 즉 눈과 빛이 주체와 대상이 되어 서로 인연되어야 깨달음이 발생되는 것이다. 그리고 인연되었다면 서로 이어져 떨어진 곳이 없다는 말이므로 이 둘은 둘이 아니니 주체와 대상이라고 분리해서 정의할 수가 없다.

여기서 주체와 대상이라고 하는 것이 무엇인지 생각해보자. 주체란 변화하지 않는 근본을 말하고 대상이란 변화하는 현상을 말한다. 이것을 다른 말로 표현하면 정신과 물질 또는 마음과 몸, 더 넓은 의미로 말한다면 없음과 있음이라고 한다. 왜냐하면 정신이나 마음은 '없음'이라고 말하며 비물질이기에 변화하지 않는다고 생각하고, 물질이나 몸은 '있음'이라고 말하며 변화하는 것이라고 생각하기 때문이다. 그리고 우주 가운데 '있음'이라는 것에서 색성향미촉법(色聲香味觸法)을 제하고 나면 '있음'으로써 남을 것이 없다. 즉 '있음'이란 육진(六塵)을 말하는데, 이 육진을 제하고 나면 육진을 느끼던 정신적 감각능력만 남게 된다. 그리고 있음을 제하고 나면 없음이 남는 것이기에 감각능력이란 곧 '없음'으로써 남아야 할 것이다. 그것이 이치 아니겠는가.

실제의 감각능력은 육근(六根)을 말하는데 정신에 갖추어진 감각능력이므로 정신으로 이루어졌고, 정신은 그 재질이 공하여 진공과 같으므로 일체의 근본이라고 한다. 그러니 진공으로 이루어진 감각능력은 공하여 있다고 할 수 없다.

색진(色塵)을 감각하려면 눈이 작동해야 하지만 꿈의 세계를 보는 것은 정신의 눈이고, 정신의 눈이 있어야 현실적 색깔도 감지할 수 있게 되므로 육안(肉眼)인 눈알이란 제 2의 눈이라는 사실을 알 수 있다. 또한 눈이란 색을 보는 것인데 만약 눈에 검은색 필름이 씌워져 있다면 백지를 볼 때 검은 종이로 보이게 될 것이다. 그러니 온갖 색깔이 그대로 보인다면 눈 자체에는 색이 없음을 깨달을 수 있다. 귀에 본래 소리가 없으니 솔바람 소리까지 들을 수 있는 것과 같다. 정신의 눈이나 정신의 귀에 무슨 색이나 소리가 있겠는가. 정신 자체가 진공과 같으니 정신으로 이루어진 감각도 당연히 아무것도 없는 진공과 같아야 한다는 말이다. 그러니 육진을 감각하는 육근은 진공과 같이 투명하고 실체가 없다고 하는 것이다. 즉 물질이라고 할 수 있는 육진을 느끼는 마음, 다시 말해 색성향미촉법을 깨닫는 정신은 투명한 진공과 같으니 그 본질이 없다고 표현해야 옳다. 그러니 육진인 색깔, 소리, 냄새, 맛, 감촉, 뜻을 대상이라고 하고 '있음'이라고 한다면 느끼는 능력이자 깨닫는 능력인 주체는 '없음'으로 이루어졌다고 정리한다.

그러나 대상인 물질을 '있음'이라고 말할지언정 육진의 실체도 없기는 마찬가지다. 원소의 화합이 물질이고, 원소는 허공으로 이루어진 것이며 허공은 진공에서 비롯되었기 때문이다. 그러니 물질이든 육신이든 이 이름들은 단지 진공과 같은 감각에만 깨달아지는 환상임을 알아야 한다. 정신에만 느껴지는 꿈과 같다.

주체와 대상은 이처럼 모두 진공으로 이루어진 것이기에 둘이 아니지만 서로 반대의 능력을 가지고 있다. 그리고 진공의 두 가지 능력이 상응하여 그 사이에서 깨달음이 이루어지니 당연히 깨달음도 진공과 같으며 그 또한 둘도, 셋도 아니다. 그러나 이 진공의 두 가지 능력에 '있다'는 의미를 부여하게 되고 '나와 남'이라는 의미를 넣으면 깨달음이라는 현상에도 의미가 들어가게 되니 그것이 곧 신심(身心), 생사(生死), 자타(自他), 손익(損益), 선악(善惡) 나아가 옳고 그름으로 분별하여 나뉘게 되는 것이다. 그렇지만 이 모두가 진공이라는 깨달음에 진공으로 이루어진 의미가 화합되어 비롯된 것임을 안다면 삶이 곧 확연한 꿈임을 어찌 모를 수 있겠는가.

이렇게 본다면 자기란 육진과 육근, 인식, 생각 가운데 과연 어디에 근거를 두고 있었던 것인지 의심하지 않을 수 없다. 모두가 없는 것으로써 어우러지는 꿈과 같은 현상이기에 둘도 아니고 셋도 아니지만 이 모두를 '나[我]'라고 해도 역시 진공은 진공인 것이다.

게다가 이런 깨달음의 작용은 찰나적으로 사라져 버린다. 멈출 수 없는 세월의 흐름을 따라 찰나에 모두 사라진다. 똑똑 떨어지는 낙숫물 소리가 그때그때 즉시 사라지듯 일체의 깨달음도 그러하다. 그러므로 생각의 작용이 사라진다면 이 온 우주의 현상도 그와 함께 사라지게 되는 것임을 인정해야 한다. 오직 깨달음으로 이루어진 환상이 우주이기 때문이다. 아니 역으로 보면 깨달음은 본래 진공과 같이 '있는 것'이라고 할 수 없으므로 '사라질 수도 없는 것'이고 이러한 깨달음으로 이루어진 우주도 '있는 것'이라고 할 수 없으니 '없어질 수도 없는 것'이라 해야 한다. 그리고 또 한편으로 보면 사실은 실제로 생겼던 적도 없는 것이 우주이고 깨달음이기도 하다. 그렇다면 윤회라는 것은 어디에 있겠는가. 어리석은 착각 속에만 윤회나 일체의 의미가 있었다는 것을 알 수 있지 않은가.

진공이 바로 깨달음이고 깨달음이 곧 '나'다. 그리고 일체가 '나'라는 깨달음에 의하여 환상으로 드러나지만 그 재료가 곧 진공이므로 이름만 환상일 뿐 그 실체는 없었음을 깨달아야 한다.

깨달음에는 또 하나의 능력이 있으니 바로 기억의 능력이다. 지나간 모든 것을 기억하지 못한다면 어리석음도 있을 수 없다. 그러나 찰나에 사라진 깨달음, 즉 인식했던 환상적 생각들을 한동안 저장해놓는 능력에 의하여 과거가 있게 되고, 과거가 있다고 생각하니 삶 또한 있다고 믿으며 살아온 자기도 있다고 착각하게 된다. 주인공은 '나'라는 이름이지만 '나'의 실체는 진공과 같다. 그러므로 무아(無我)라고 해야 실제의 자기를 바로 정의(定義)하는 것이나 중생에게는 있음으로써의 의미와 착각으로 쌓은 기억, 그리고 그 기억속에 흐르던 희노애락(喜怒哀樂)과 근심, 걱정, 두려움, 비굴함 등의 업이 있게 된다. 그 업의 전체적 기분을 자기라고 착각하여 '내가 있다'라고 믿는다. 그러니 찰나의 생각들이 모두 분노로 이루어지게 된다면 기억도 분노로 쌓일 것이고 그 전체적 느낌인 업식(業識)도 분노가 될 것이니 분노로 이루어진 기분의 '나'가 될 것은 분명하다. 찰나의 깨달음들이 환상세계에서 노닌다는 생각을 이루게 된다면 기억도 환상세계의 기억이 이루어질 것이며 업식도 그러하여 환상으로서의 '나[我]'가 될 것은 당연한 일이다.

이것도 업에 의해 윤회하는 법칙이다. 그러나 없는 것으로써 업을 쌓고 윤회한다면 과연 이것을 윤회한다고 해야 하겠는가. 이것이 생사윤회에서 벗어나는 법칙이다. 일체의 실체를 깨달아 실체대로 오해 없이 윤회하는 것이 곧 생사윤회에서 벗어나는 길이다. 그렇게 된다면 사십구재(四十九齋)의 시간 없이 법신의 세계[11]에 이르고 스스로의 선택에 따라 천상에 나게 된다. 기억이 법신으로 이루어지고 업이 법신으로 이루어진다면 다음 생은 당연히 법신의 세계에 도달될 것이기 때문이다.

불법이란 일체가 모두 진공과 같아 둘이라 할 수 없지만 하나의 바다에 수없는 파도가 일고 하나의 깨달음이 주체와 대상으로 나뉘듯 격별성(隔別成−각각으로 나뉘어 이루어지는 법칙)의 법칙이 있기에 완벽하게 하나가 되기까지는 그 세월을 헤아릴 수 없다. 그러므로 중생이 부처를 이루게 되는 수기를 내리실 때 그 세월을 '무량아승지겁'이라고 표현하시는 것이다. 이 세월이란 말 그대로 형용할 수 없는 세월이며 헤아릴 수 없는 세월이다. 또한 그렇게 부처와 하나가 되는 정도의 깨달음을 이루었을 시기를 중생으로서 헤아린다는 것은 불가능하다. 기억은 이미 사라진 것이므로 다시 사라질 자기가 있을 수도 없다. 하지만 중생은 너무도 어리석어 기억, 즉 학습된 지식과 기분을 가지고 자기라고 고집하며 죽을까 봐 두려워하고 있다. 이런 마음으로 어찌 부처를 이루는 정신을 상상이나 하겠는가. 아무것도 두려울 것이 없는 속에서도 이렇게 혼자서 두려워하니 한참 더 공부를 해야 한다. 이번 생만이 아닌 세세생생을 바꾸는 일이기 때문이다.

11) 법신(法身)의 세계 법이란 색깔, 소리, 냄새, 맛, 감촉으로 인해 느껴지는 의미를 말한다. 그리고 이 의미의 본체인 정신은 법신(法身)이라고 한다. 즉 온갖 크고 작은 깨달음들의 근본이 법신이다. 그 법신에서 비롯되는 찰나의 깨달음이란 즉시에 사라지기에 어떤 의미도 없었음을 기억시킨다면 기억에 청정함이 쌓일 것이요, 청정한 기억으로 인해 드러나는 세계는 역시 청정한 법신의 세계일 수밖에 없을 것이다.
이각스님, 「위덕자재보살장」, 『원각경 해설집』(지혜의눈)

어떻게 사는 것이 옳은 삶인가를 고민하지 말라

지금의 모든 삶은 이미 그대들이 설정해놓은 삶의 의미를 벗어나 있는 것이다. 사는 것도 아니고 죽는 것도 아니며 괴로움도 즐거움도 아니니 고민할 것도 없지만 고민하지 않을 수 없었다. 얼마나 멀고 먼 여행길이었는가. 공(空)에서 유(有)까지의 여행길이. 그러나 조금도 움직인 적이 없었다.

상대는 없다. 그저 이곳까지 왔으니 다섯 가지 매운 것을 잘 즐겨보는 것이다. 살아 있는 것이 없다. 단지 사는 것이라는 생각만 흐를 뿐이며 위대한 여래(如來)만이 존재하고 있다. 죽는 것도 없다. 죽는다는 생각만 흐를 뿐이며 역시 여래만이 존재하고 있다.

도(道)는 닦는 것이 아니며 닦을 것도 없다.
이미 도의 한 가운데 들어와 있음을 본다면 모든 것은 끝난 것이다.
써먹는 것도 신기하고 재미있고 죄(罪)라 할 것도 없으며
결박해 보아도 결박할 것이 없으니 고통이라 할 것 역시 없다.
삶도 아니고 꿈도 아니며, 진실도 아니고 거짓도 아니다.
'어떻게 사는 것이 옳은 것'은 더욱 아니다.
그 생각은 곧 만들어진 것이다.
좋은 인연만 지어가는 것이 곧 사는 것이다.

279

법(法)이 무엇입니까?

 법이라는 말이 어디에서든 많이 쓰이는 것 같습니다. 그런데 사용

처에 따라 그 의미가 너무 상이하여 사전을 찾아보았으나 오히려

더 머리가 복잡해졌습니다. 법(法)을 어떻게 정의할 수 있을까요?

꿈속의 이름

법신(法身), 보신(報身), 화신(化身)의 삼신(三身) 가운데 가장 원초적이고 근원적이며 본질적인 몸이 법신이니 우주적으로 보면 진공에 속한다. 물질의 대표라고 할 수 있는 지구는 대기권 가운데 존재하는 원소의 집합이다. 지구를 원소의 변화라고 본다면 변화를 보상해준 것은 원소에 해당하며 원소란 지구와 같은 물질이 산화된 상태, 분해된 상태를 말하니 허공 또는 대기권이라고 할 수 있다. 따라서 물질이라고 이름하는 모든 것은 대기가 응집되어 변화한 화신이라고 해야 하고, 이 화신의 재료를 보상해준 허공은 보신이라고 해야 한다. 그리고 허공이며 대기인 원소가 마지막으로 한 번더 분해되면 진공이 되는데, 이렇게 더는 분해될 수 없는 상태를 변화의 근원이라고 말한다. 일체의 변화가 없는 진공에서 모든 삼라만상이 드러나니 우주의 법칙을 끌어안고 있는 몸이라고 해야 하기에 법신이라고 하는 것이다.

그러면 법칙이란 어떤 것인가. 법칙이란 '법의 이치'를 말한다. 그러니 법신은 법과 이치를 함장하고 있다고 보아야 한다. 다시 말하면 법과 이치가 순수한 상태로 숨겨져 있는 곳이 법신이라는 말이다.

법이란 정신적 감각의 대상으로 드러나는 여섯 가지 티끌 가운데의 하나이다. 즉 안근에 의하여 확인되는 것은 색진이고 이근에 의하여 확인되는 것은 성진이듯 의근에 의하여 확인되는 것은 법진이다. 의근은 의미를 느끼는 감각이므로 법진이란 '뜻'이라는 말이 된다. 뜻이

풍겨지면 의미를 느끼기 때문이다.

뜻이란 각자가 믿고 있는 의견(意見)을 일으키는 것으로써 물질적으로는 그 특성을 말하고 정신적으로는 감정(感情)이나 심정(心情)을 말한다. 물질에 붙여지는 이름은 용도나 특징 또는 성질, 모양, 크기 등에 따라 달라진다. 똑같은 물이라는 재료를 가지고도 하나는 얼음, 또 하나는 수증기, 눈, 비, 고드름 등의 이름이 붙여진다. 이러함을 크게 보면 일체의 본질은 모두 진공이지만 허공이 되고 다시 엉기면서 갈라져 각각의 이름이 붙여지게 된 것이다. 또 똑같은 마음에서 슬픔과 사랑, 분노, 욕구 등이 일어나니 이 모두도 허공과 같은 마음이 갈라져 이름을 이룬 것이다. 그러므로 모든 뜻을 일으키는 일체의 이름을 법이라고 정의한다.

그릇이 있다고 하자. 그 그릇이 주는 뜻은 느끼는 자의 소신적 의견에 따라 달라진다. 어떤 이는 '물그릇'이라고 보고 어떤 이는 '밥그릇'이라고 보며 또 어떤 이는 '뒷박'이라고 볼 수 있을 것이고 때로는 '골동품'이라고 볼 수도 있을 것이다. 그릇은 그저 색, 성, 향, 미, 촉을 드러내고 있을 뿐이지만 정신에서는 그 뜻을 나름대로 정하게 되니 법은 그 수를 헤아릴 수 없이 다양하게 드러난다.

그러니 자연이라는 모습으로 드러나는 일체와 그 사대를 재료로 하여 중생의 뜻으로 드러내는 모든 작품들, 그리고 그 모든 것들을 느끼며 부여하는 의미에 따른 이름들… 이 모두가 뜻이 아닌 것이 없으니 중생의 의미를 자극하는 모든 것이 곧 '법'이 된다. 그러나 모든 이름의 본질은 진공이므로 아무것도 없는 것이지만 의근에 의하여 느껴지게 되면 모두가 법이 되는 것이므로 법이란 곧 의미라고도 할 수 있다.

'이치'란 변화하는 과정을 말한다. 법이 변화하는 과정이 곧 이치다. 이것은 상즉이다. 서로 마주하여 인연되면 변화를 이룬다. 마주함이란 앞에서 보았듯이 육진과 육근의 마주함이다. 이 마주함을 여래라고 하고, 여래에 의하여 육식이 발생한다. 그리고 육식은 육진과 육근에 뜻[法]을 두고 의미를 느낀다. 그러니 이치란 여래를 말하는 것임을 알 수 있고, 여래는 상즉이며 상즉에 의하여 일체의 이름이 생겨나니 여래에 의하여 일체법이 드러나게 된다는 것을 알 수 있다.

일(一)은 육근이고 체(切)는 육근에 드러난 육진이니 일체는 곧 여래이며 일과 체에 의하여 육식이 일어나고 이름이 붙여지니 일체가 곧 법이다. 또한 일체에 의하여 일어난 육식이 온갖 번뇌를 일으키니 일체가 바로 중생인 것이다. 그러니 일체가 드러나면 법계라고 하지만 법계는 진공으로 이루어진 묘유(妙有)임을, 꿈임을 잊어서는 안 될 것이다. 만약 일체법이 꿈속의 이름이라는 사실을 모르면 악몽에서 깨어날 수 없기 때문이다.

믿음과 의지박약에 대하여

 믿음이라는 말은 사람에게 있어 너무나 가벼운 의지 같습니다. 신이나 진실을 믿고 안 믿고는 자신의 선택일까요?

자신(自身)이라는 말을 자세히 보면 '자기의 몸' 또는 '스스로의 몸'이라는 뜻이 들어 있다. 여기서 자기 또는 스스로가 주인이라면 몸이라는 것은 소유물이 된다. 인간에게 몸을 제외하고 나면 무엇이 남는가. 두말할 나위 없이 마음이라고 해야 할 것이다. 따라서 마음이 자기(自己)이자 스스로이고, 몸[身]은 마음[心]의 소유물이다. 그리고 마음은 보이지 않으니 생겨난 것도 아니므로 죽을 수도 없고, 있다고 할 수 없으므로 '없는 마음[無心]'이라고 한다. 몸이란 문득 생겨서 찰나마다 변화하며 성장하다가 흩어지고 사라지는 것이니 무상함을 알 수 있다. 거기에다 몸의 재료는 원소이고 원소는 허공에 존재하는 허공의 성질일 뿐이므로 실제적 몸이란 허공의 화합물이라고 해야 할 것이다. 그리고 허공은 아무리 화합해도 허공일 수밖에 없으니 육신이란 허공에서 드러나 허공으로 사라지는 것이 확실하다.

이것은 어느 한 특정인에 한정된 사실이 아니다. 일체중생 모두가 허공으로 만들어진 환상적 몸을 가지고 중요하고 간절한 사연을 지어가고 있다. 보이지도 않는, 죽을 수도 없는 마음들이… 그러나 마음들은 어느 때부터인지 착각하여 몸을 자기라고 우기기 시작했다. 나아가서는 죽으려고 해도 죽을 수 있는 자체(自體)가 없는 마음인데 죽을까 봐 두려움에 떤다. 나중에 만들어진 육신을 버린다고 무엇이 잘못되겠는가. 허공과 같은 마음이라면 무엇을 의심하고 누구를 의심하며 무엇을 믿고 누구를 믿을 것인가. 이렇게 번뇌하는 생각을 중생이라고 한다. 육신은 허공으로 다시 만들면 되고 마음은 영원히 변함없는 것임을 안다면 서로가 의심할 것도 없고, 의심할 것이 없으므로 다시 믿어야 할 것도 없다. 즉 자기의 실체를 파악하고 나면 의심하고 불안해하거나 믿고 의지할 주체나 대상이 사라지게 된다는 말이다. 누구의 몸이든 누구의 물건이든 모든 물질은 무궁무진하게 드러나고 찰나마다 사라지는 허망한 환상의 세계다. 또한 누구의 마음이든 무심(無心)이 아닌 자가 없으니 투명인간을 자기로 삼고 이름뿐인 슬픔과 기쁨, 행복과 불행, 사랑과 미움, 그리고 생사의 사연을 지으며 노니는 것이 바로 이 삶의 실체이고 사실이기 때문이다.

다시 말하면 일체의 세계를 통틀어 공한 마음과 마음 끝의 환상이 마주하고 이름뿐인 사연을 지어가지 않는 곳이 없으니 실제의 자기는 없다. 일체중생 모두 서로가 그러한 채 지어가는 꿈이었으므로 본래부터 믿고 의심할 일이 없었다는 말이다. 모두 어리석음에서 지어진 피곤함이고 악함이다. 그러나 이러한 정신의 법칙을 명확히 알고 있는 중생끼리 모인다면 그곳이 바로 천상세계가 된다. 만약 천인들에게 자기가 무엇인지도 모른 채 서로가 서로의 환상적 몸에 속아서 공포에 떨며 윤회하고 있는 중생의 모습을 설명한다면 믿을 수 있겠는가. 마찬가지로 남염부제에서 천상을 말했을 때 이해하거나 믿는 자들은 극히 드물 것이다. 물론 천상을 그리워하는 사람들이 있기야 하겠지만 그들마저도 지금 이곳이 천상과 결코 다르지 않음을 깨닫고 믿기란 매우 어렵다는 말이다. 불도수행이란 바로 이곳에서 천상을 보고 그로 하여금 일체의 의심과 불안이 해소된 해탈심을 얻는 과정을 말한다. 본래 의심할 것도, 의심할 주체도 없는 편안한 마음을…

그리고 불교에서는 인과응보가 굉장히 중요하다고 들었습니다. 뿌린 대로 거둔다고 하지만 원인이 나쁜데도 불구하고 결과가 좋은 경우를 종종 목격합니다. 그 반대의 경우도 많겠지요. 이런 경우는 어떻게 바라보아야 할까요?

원인이 나쁘고 결과가 좋다는 것은 어리석은 판단이다. 일체의 원인은 없는 것에서 시작되었다는 사실 하나뿐이다. 그러므로 결과도 있을 수 없는 것으로 이루어진다. 일체중생의 몸도 본래는 없었다. 그러다 인연이 닿아 정신의 감각능력 앞에 드러나게 되는 것이다. 그리고 찰나마다 형상은 사라지고 새로운 형상이 다시 드러나고, 드러나자마자 그 형상도 사라지고 새로운 형상이 드러난다. 이렇게 찰나마다 생멸을 반복하다가 불꽃이 사그라지듯 인연이 다하면 생멸도 사라지게 되어 없는 허공으로 돌아가는 결과를 낳는다. 그러니 일체중생의 몸도 없는 것이 원인이 되어 드러나고, 다시 없어지는 결과가 되므로 좋고 나쁠 것이 본래 있을 수 없다. 좋고 나쁘다는 의미는 모두가 어리석은 판단이었다는 말이다. 남녀 간의 사랑을 얻으려다 얻지 못하면 결과가 나쁘다고 할 것이다. 그러나 사랑을 얻지 못함으로써 자식이 없었다면 그들에게는 자식의 죽음도 없을 것이니 어찌 나쁘다고만 하겠는가. 자식의 목숨보다 자식의 재롱이 더 귀중한 것인가. 사랑하는 자를 얻지 못했다면 사랑하는 자를 잃을 일도 없다. 무엇을 잃어도 아깝지 않으나 사랑하는 자를 잃을 때는 너무도 깊은 한이 남게 된다. 그 한으로 가슴 터지는 눈물의 윤회를 하게 되는 것이다.

 부처님의 말씀을 인정하고 이해하면서도 시간이 지나면 다시 의심이 생기게 됩니다. 이것은 아직 부처님의 가르침을 진정으로 이해하지 못했기 때문이겠지요? 자꾸만 초심을 잃어버리고 의지박약이 되는 것 같습니다. 해결 방법이 없을까요?

 불경을 듣고 그 당시에는 이해가 가지만 시간이 지나면서 다시 의심이 생기는 경우가 있다. 이는 자기가 자기의 판단을 믿지 못한 것이니 결국 자기가 자기를 믿지 못한다는 말이다.

모두가 공하여 자기라고 할 것도 없기에 무아(無我)를 깨닫고, 사람이라고 할 것도 없으니 무인(無人)임도 깨닫고, 이런저런 생각들도 모두 허망하게 즉시 사라지는 것이기에 무중생(無衆生)임을 깨달으며, 이 깨달음마저 공한 허깨비처럼 찰나에 생겨나지만 찰나에 사라지는 것이므로 아무것도 남음이 없음을 깨닫는다면 수명을 가진 자도 없으니 무수자(無壽者)임을 깨닫는다면 더 이상 생각할 것도 없이 마음 놓고 즐거워 할 것이다.

그러나 마음을 놓지 못하는 것은 스스로의 판단을 다시 의심하는 생각이 일어났기 때문이다. 이것은 평소에 자기를 생각이라고 믿은 결과다. 생각은 찰나마다 세월과 함께 사라진다. 어떤 생각이든 항상 사라지므로 결국 남는 생각은 없다. 그러므로 그 의심이나 불신이라는 것이 바로 생각임을 돌아본다면 생각이란 나라는 이름도 붙일 수 없는 환상임을 알 수 있다. 그리고 생각 자체를 사람이라고 할 수 없다는 사실은 누구나 알고 있지 않은가. 그렇다면 생각에 중생이나 수명이라는 이름도 붙여질 수 없음을 깨달아야 할 것이다. 당연히 자기의 판단을 의심하는 이 생각 역시 이름 붙일 수 없는 허망한 환상일 뿐이다. 스스로의 생각을 무시할 수 있을 때 비로소 제대로 수행한다고 할 수 있게 된다.

281

형상이 없는 것으로 보아야 여래를 볼 수 있다

『금강경』을 읽을 때 이해가 가지 않는 부분이 있어 글을 쓰게 되었
습니다. 형상이 있는 모든 것들, 즉 알에서 태어난 것, 습에서 자라
난 것, 태에서 자라난 것 등을 형상이 없는 것으로 보아야 여래를 볼 수 있다는
구절을 어떻게 보아야 할지 모르겠습니다. 없는 것으로 보아야만 여래를 볼
수 있다면 여래도 없는 것일 텐데 여래는 어떻게 볼 수 있을까요?

아님[非]으로 이루어진 세계

 아래의 경문은 『금강경』 「대승정종분」의 일부다.

佛告 須菩提 諸菩薩摩訶薩 應如是降伏其心 所有一切衆生之
類 若卵生 若胎生 若濕生 若化生 若有色 若無色 若有想 若無
想 若非有想非無想 我皆令入 無餘涅槃 而滅度之 如是滅度 無
量無數無邊衆生 實無衆生 得滅度者 何以故 須菩提 若菩薩 有
我相 人相 衆生相 壽者相 卽非菩薩
불고 수보리 제보살마하살 응여시항복기심 소유일체중생지
류 약난생 약태생 약습생 약화생 약유색 약무색 약유상 약무
상 약비유상비무상 아개영입 무여열반 이멸도지 여시멸도 무
량무수무변중생 실무중생 득멸도자 하이고 수보리 약보살 유
아상 인상 중생상 수자상 즉비보살

부처님께서 수보리에게 이르시기를 모든 보살마하살은 이와
같음으로 응시하니 그 마음이 항복되었다. 있다 하는 바 일체
로써의 중생 종류를 가정하면 난생, 태생, 습생, 화생, 색이 있
는 것, 색이 없는 것, 생각이 있는 것, 생각이 없는 것, 아님으로
써 생각이 있는 것, 아님으로써 생각이 없는 것들인데 모두가

'나'로 하여금 무여열반에 들어 이로써 사라짐으로 건너가되 이와 같음으로 멸도되지만 무량, 무수, 무변한 중생이기에 실제로 멸도를 얻은 자로써의 중생은 없는 것이다. 왜냐하면 수보리여 가정하여 보살에게 나를 마주함, 사람을 마주함, 중생을 마주함, 삶을 마주함이 있다 해도 즉하는 보살은 '아님'이기 때문이다.

여시(如是)란 '이것과 같다'라는 뜻인데 '이것[是]'이란 저것[彼]을 알아보는 주체를 말하므로 '나라는 정신'으로 보아야 한다. 그리고 무엇인가를 아는 나는 알아볼 것이 사라지면 함께 사라지는 깨달음이기에 깨달을 것이 없으면 잠들었을 때와 같이 '나'라는 기분까지 전부 사라지는 마음을 말한다.

여(如)란 '같다'라는 뜻의 글자다. 그러면 여시란 '나의 정신과 같다'라고 해석되고, 이는 자기의 정신속을 가리킨다는 뜻이다. 예를 들어 꽃을 보았다면 정신속에는 무엇이 있겠는가. 꽃이 있을 것이다. 그러니 중생을 보았다면 정신속에는 중생이 있게 된다. 이렇게 정신속에 있는 꽃이나 중생은 정신 밖에 존재한다고 생각하는 꽃이나 중생과 항상 똑같다. 마치 거울 앞에 있는 사물이 거울 속에도 똑같은 형상이 들어 있는 것과 같다.

그런데 여기서 반드시 알아야 할 것이 하나 있다. 눈의 망막에 꽃이 있다면 눈 밖에도 꽃이 있을 것이라고 생각하지만 사실 그렇지 않다. 만약 눈 밖에 꽃이 있고 눈 안의 망막에도 꽃이 있다면 꽃은 둘로 보여야 할 것이다. 그러나 눈 밖에 있는 꽃 하나만을 볼 수 있다. 그러니 눈 속에 있는 꽃과 눈 밖에 있는 꽃은 둘이 아니라는 말이고, 둘이 아니면 내가 인식하고 있는 꽃은 과연 어디에 있는 것일까. '밖에 있는 눈'에 있다. 무슨 말인가 하면 '안에 있는 눈'은 망막을 가리키지만 그 망막은 허공과 붙어 하나가 되므로 허공도 눈이 되어준다. 즉 허공이 망막의 연장선상에 있으니 '밖의 눈'이라고 해야 한다는 말이다. 이런 말을 하는 요지는 눈에 있는 꽃과 눈 밖에 있는 꽃은 둘이 아니라 하나듯 정신속에 있는 꽃과 정신 바깥에 있다고 생각되는 꽃도 역시 그렇다는 말이다. 보이는 것들과 정신이 깨닫고 있는 것들은 둘이 아니라 하나며 같은 것임을 깨달아야 한다.

그러니 정신속에 있는 중생이란 어떤 재료로 이루어졌겠는가. 당연히 정신으로 이루어졌다. 정신의 재질은 어떤가. 어떤 것도 아니다. 세상에 있는 것은 육진이 전부다. 그리고 정신은 육진을 느끼고 사유하는 마음이고 육근이므로 육진으로써 표현할 수 없다. 즉 세상에 없는 것이라는 말이다. 이러한 정신의 재질을 가장 적절하게 표현하려면 '육진이 아닌 것'이라고 해야 할 것이다. 그러니 간단히 말하면 '아님[非]'이라고 해야 한다.

만약 정신 밖에 있다고 해도 육진으로 이루어진 중생이란 역시 '아님[非]'이라고 해야 하는 이유를 여기서 설명하고 있다. 그 이유는 일체 중생이 나라는 개념을 가지고 있고, 남음이 없는 열반으로써 찰나마다 변화하여 사라져 건너가되 추측할 수도 없고 숫자도 없으며 개체로 볼 수 있는 테두리도 없으니 '실제로 사라져 건너감을 얻은 자'라고 할 중생도 없다[我皆令入 無餘涅槃 而滅度之 如是滅度 無量無數無邊衆生 實無衆生 得滅度者]고 하는 데 있다.

즉 육진으로 이루어진 것을 '있음'이라고 하지만 육진은 얻을 수 있는 실체가 없다. 색깔, 소리, 냄새 등의 여섯 가지 특징은 정신에 느껴지기만 할 뿐 하나하나를 보면 따로 가질 수 없다. 또한 찰나도 견디지 못하고 멈출 수 없는 세월을 따라 변화되고 소멸되다가 어느 한계점에 도달하면 자취도 없이 완전히 사라진다. 마치 얼음을 놓아두면 물이 되다가 결국 물마저 말라버려 얼음의 자취는 어디에도 없는 것과 같다. 이렇게 변화하여 사라지는 모습을 멸도(滅度)라고 한다. 그러니 그 본래의 재료도 허공으로 만들어졌음을 알 수 있고, 또한 허공이 변화하여 있는 듯이 느껴지지만 쉴 사이 없이 변화하다 다시 허공이 되어 버리는 이러한 현상이란 환상이나 꿈과 같으며 요술로 드러나는 헛것과 같다. 이와 같은 허망한 환상적 현상을 이름하여 '열반(涅槃)'이라고 한다.

뿐만 아니라 이렇게 찰나에 사라지는 환상은 무엇이라고 표현할 수도 없으니 '추측할 수도 없다[無量]'고 하는 것이며, 색깔이나 소리를 숫자로 말할 수도 없으므로 무수(無數)라고 한다. 또한 허공으로 이루어진 것이 허공 속에 드러나는 것이니 무변(無邊)이라고 하신 것이다. 그러므로 일체의 중생이란 '나'라는 관념으로 열반의 현상 속에서 찰나를 견디지 못하고 사라져가는 환상임을 또한 깨달을 수 있기에 사라진다는 개념마저 있을 수 없다. 즉 사라진 실체가 없기 때문에 중생이라고 할 것마저도 실제로는 없다는 말이다.

중생이 정신속에 있는 것이라 해도 달라질 것은 없다. 예를 들어 문득 꽃을 보았다고 하자. 그리고 즉시 눈을 감았다면 그 꽃을 잊을 수 있겠는가. 아무리 빨리 눈을 감았다 해도 눈앞의 꽃이 있다는 것을 기억할 수 있다. 이것은 꽃이 찰나적으로 깨달아지고 나면 즉시 기억으로 사라짐을 의미한다. 기억이란 과거로 간 것을 회상하는 행위다. 그러니 중생을 느꼈다면 그 정신에 느껴진 중생은 즉시 과거로 사라져 기억이 된다는 말이다. 정신속에 느껴진 중생은 정신으로 이루어진 것이다. 정신은 허공과 같으니 정신으로 이루어진 중생이 생기고 변화하고 사라지는 모습도 결국 열반의 현상이요, 무량, 무수, 무변한 것이다. 또한 이러한 모든 중생의 공통된 기본이 바로 '나'라는 정신 아닌가.

정신은 둘이라고 할 수 없지만 정신의 경치는 항상 둘이 마주하고 있다. 그렇지 않으면 잠이 든 상태가 되어 정신이 없다는 것도 없게 된다. 즉 깨달아진 것과 그것을 깨닫는 놈이 있다는 말이니 꽃과 꽃을 보는 놈이 정신 하나의 작용으로 존재한다는 말이다. 이것이 여시(如是)라고 이미 설명했었다.

여기서 시(是)는 '보살'이라고 해야 하는데, 이 보살은 사실 자기와 같은 것을 보고 있으므로 이런저런 의미가 없다. 아무런 의미를 세우지 않고 모든 모습을 비추어 품에 안고 있는 거울과 같은 것이다. 기심

(其心)이란 '그 마음'이라는 뜻이니 이미 의미가 생긴 마음을 말하지만 '그런 마음'이 있기 전, 즉 의미가 있기 이전의 마음을 보살심(菩薩心)이라 하고 항복심(降伏心)이라 하기에 보살이 아상(我相), 인상(人相), 중생상(衆生相), 수자상(壽者相)을 마주한다 해도 보살 자체가 이미 정신으로 이루어진 것이고 일체를 비추어 깨닫는 능력이므로 비(非)로써 이루어졌다고 해야 한다. 그러니 보살이나 보살 속에 비추어진 중생이나 모두가 '아님[非]'이 아닌 것이 없고, '아님'이 서로 마주한[相] 것이므로 '마주함도 아닌 것[非相]'이니 적멸(寂滅)일 뿐이다. 그러므로 일체 모든 것은 정신속에 있는 것이고 허공 속에서 허공의 변화로 있는 것이니 열반 속에서 벗어난 적이 없는 것임을 깨닫게 된다. 그러므로 『금강경』 전체에서 드러내는 것이 바로 '아님[非]으로 이루어진 세계, 적멸의 세계, 즉 이름뿐인 세계[諸相非相 是名諸相]'의 오묘함이다. 그렇다면 비로소 '같은 것으로써 온다'라는 여래(如來)의 뜻을 이해할 수 있게 된다.

여(如)란 정신에 깨달아진 것, 즉 육진을 말하지만 그 역시 정신으로 이루어졌고, 허공으로 이루어진 것이다. 그러나 없는 것은 아니니 환상이라고 이름하는 것이고, 오는 것[來]이란 환상이 다가오게 되는 것을 말하니 세상이 드러나게 되는 과정을 말하는 것이다. 즉 일체가 드러나는 법칙, 또는 이치를 뜻한다.

『금강경』에 '색이 없는 중생[若無色]'이 이미 거론되었는데, 어찌 색이 없는 중생에게 형상은 있겠는가. 형상이 있는 것을 형상이 없는 것으로 보아야 여래를 본다는 말은 여래(如來)나 비(非), 그리고 보살(菩薩), 여시(如是), 열반(涅槃), 멸도(滅度), 중생(衆生) 등의 의미를 모른 채 깨달음도 없이 번역한 이치 없는 번역문이라 할 것이다.

282

진아(眞我)를 알 수 있는 방법이 궁금합니다

무명에 대한 큰스님의 글을 보고 궁금증이 생겼습니다. 거짓된 자기를 버리고 진짜 자기를 안다는 논리가 이론적으로는 이해가 갑니다. 하지만 진심으로 수긍하는 마음이 들지 않습니다. 어떻게 하면 효과적인 방법으로 진아를 알 수 있을까요? 어리석은 고집 때문에 감화되지 못한다는 것을 알면서도 헤매고 있습니다.

불멸 3
IMMORTALITY

생각일 뿐이라는 말

환상의 세상이 실감 나지 않는다는 말인 것 같다. 내 머리를 흔들면 정지해 있는 벽도 움직이는 것처럼 보인다. 역시 생각이 굴러다니면 절대 무아의 경지를 느낄 수 없게 된다. 생각이란 물질과 마음의 양쪽을 오가고 있으며 양쪽을 오간다면 이미 양쪽을 인정하고 있는 것이기 때문이다. 인정하기에 환상이라고 이해하고도 그렇게 보이지 않는 것이다.

물질이란 색깔, 소리, 냄새, 맛, 감촉, 뜻이다.

그리고 마음이란 이 여섯 가지 육진을 느끼는 능력이다. 그러므로 육진이 없다면 하는 일이 없게 된다. 하는 일이 없으면 곧 잠에 이른 것이고, 없다는 것도 없는 본래의 모습으로 돌아간 것이다. 그러므로 마음은 본래 무심(無心)이지만 해가 뜨면 그림자가 생기듯이 감각이 살아나 육진을 느끼면 그제야 마음이 있는 듯 깨닫게 된다. 이 말은 마음 스스로 존재할 수 없고 반드시 육진에 의해서만 드러나는 실체 없는 그림자와 같음을 알려주는 법칙이다. 마음이 없는 것임을 잊지 말라는 뜻이다.

이제 생각이 오갈 수 없게 되었다. 마음이 없다면 물질이 있거나 없거나 무슨 상관인가. 즉 마음이 없는 것이라면 이런저런 생각을 해봐야 모두가 헛생각일 뿐이기 때문이다. 마음은 없는 것이고 그 없는 것에서 생각이 나오니 생각도 있게 될 수는 없다. 아무리 생각이 생각하기를 나는 몸이라고 하든 죽는 것이라고 하든 모두가 공연히 골치 아픈 헛된 공상이다. 없는 것으로 만들어진 생각이란 투명인간과 같아 몸이 될 수도 없고 죽을 수도 없기 때문이다. 아무리 생각이 생각을 많이 해도 다를 것은 없다.

육진이란 찰나마다 변한다. 즉 찰나마다 사라진다. 종소리는 한 찰나에 생기지만 매 찰나마다 사라져 잠시 후면 완전히 사라진다. 사라지고, 사라지고, 사라지고, 사라지고… 그때마다 모두 지금이라는 시간이다. 그리고 다 사라진 지금도 지금이다. 시간이란 오직 지금이다. 오직 지금인 이 절대적 시간이 사라지는 시간이라면 모든 시간은 '육진이 사라지는 시간'임을 깨달아야 한다. 색깔도 바래고 소리도 사라지고 냄새도 맛도 감촉도 뜻도 사라지는 시간인 것이다. 그렇다면 다른 시간이 또 존재하지 않을 텐데 소리는 언제 생긴 것일까. 사라지는 시간을 빼고 나면 다른 시간이 남아 있지 않는데 말이다. 그러니 지금 생기고 지금 사라지는 것이라 표현할 수밖에 없다. 과연 이것을 생기고 사라진다고 말할 수 있을까. 지금은 과연 몇천 분의 일 초 정도나 될까. 아니 몇만 분의 일 초일까. 생각으로 헤아릴 수 없을 정도로 즉시 지나간다. 그러니 느껴지기는 하지만 실제로 존재하는 것은 분명히 아니다.

그리고 이 육진 모두는 허공으로 만들어진 것이다. 허공은 아무것도 없는 것이 특징이다. 그러므로 만질 수도 없다. 그러니 허공으로 만들어진 것이 육진이고, 육진으로 만들어진 것이 물질이라고 하지만 그저 관념일 뿐 실체가 없다. 허공은 아무리 합해도 허공일 뿐임을 어찌 모르겠는가. 그러니 이 육진이란 정신의 한 능력인 감각능력의 끝에 드러나는 현상이라고 생각해야 옳은 것이다. 꿈이 실제적인 물질로 만들어져서 그렇게 실감 나겠는가. 오직 정신의 감각능력 끝에 드러나는 자각현상일 뿐이다. 이제 생각은 물질에서도 떠나야 한다. 생각일 뿐이기 때문이다. 물질도 마음도 오직 허망한 생각일 뿐이고 생각이 없다면 물질도 마음도 있을 수 없는 것이기 때문이다.

그럼 이제 어떻게 살아야 하느냐고 묻고 싶을 것이다. 하지만 사는 것이 실제로 존재하는 것은 아니다. 역시 생각일 뿐이다. 그렇다고 생각을 멈추고 아무 일도 안 하면 죽을 것이 아니냐고 다시 묻고 싶을 것이다. 죽는 것도 생각이고 모든 일도 생각일 뿐이다. 단지 그렇게 알고 똑같이 생활하라는 것이다. 일을 한다고 생각하지 말고 생각한다고 생각하고, 산다고 생각하지 말고 생각하는 것이 이어지고 있다고 생각하고, 물질이라고 생각하지 말고 생각이라고 생각하고, 마음이라고 생각하지 말고 생각이라고 생각하고, 사람이라고 생각하지 말고 생각이라고 생각하고, 생각은 허망한 생각일 뿐 즉시 사라지는 헛것이라고 생각하라.
이렇게 한다고 해서 예전의 삶과 조금도 달라지지 않는다. 단지 자기만 생사를 초월한 투명한 생각으로 이루어진 투명인간이 되었음을 알 뿐이다. 그리고 원한, 두려움, 번뇌, 분노, 탐욕 등이 나날이 줄어들 뿐이다.

283

죄(罪)가 아니면 무엇이든 해도 됩니까?

죄라는 것은 찰나도 견디지 못하고 사라지는 것이며 마음에만 있는 듯 느껴지는 것이기에 죄라고 할 수 없음을 법문을 통해 독송하였습니다. 그렇지만 어리석은 중생은 '죄가 아니면 뭘 해도 되겠네'라는 식의 악업을 쌓을 것 같습니다. 깨달은 자에게는 하지 말아야 할 것, 해야 할 것도 따로 없겠지만 저같은 부족한 사람에게는 하지 말아야 할 것도 분명 있을 것 같습니다. 보편적인 인간으로 살기 위한, 또는 불자라면 가져야 할 자세가 있지 않을까요? 어떻게 바라보고 어떤 자세를 가져야 도움이 될 것인지 궁금합니다.

불멸 3
IMMORTALITY

죄의 본질

물질이 공하고 마음도 공하다면 이미 생사의 의미는 사라진 것이다. 공한 것의 생멸은 환영이기 때문이다. 그리고 물질과 마음이 공하다면 물질[物]과 마음[心]과 그리고 공(空), 이 셋이 나뉠 수 없다. 그러므로 생사일여(生死一如)이고 신심일여(身心一如)인 것이다. 일여(一如)란 '평등하여 같은 하나'라는 뜻도 있고 '변함이 없는 하나'라는 뜻도 있다. 즉 여럿이지만 이름만 여럿일 뿐 모두 같은 것이니 여럿으로 나뉘었다고 할 수도 없다는 말이다. 허공은 아무리 많은 조각을 내도 모두 공하므로 있는 것이 아니다. 그러므로 모두라고 할 것도 없으므로 오직 공한 것으로서의 일색은 공 뿐이라는 뜻이 된다. 이렇게 공으로 이루어진 물질이고 마음이기에 그 본성을 들여다보면 모두가 실체가 없다. 물질의 본질인 원소도 공, 분노의 본질인 마음도 공, 죄의 근원인 사랑도 그 본성은 단지 공일 뿐이다.

소승은 많은 중생에게 이 공(空)함을 전하였다. 모두가 그 자리에서는 인정하지만 돌아서면 그 사실을 무시하거나 잊어버린다. 아니 잊지는 않겠지만 실제로 적용하려 하지는 않는다는 말이 맞을 것이다. 어찌 보면 죽는 것이 옳다는 고집이기도 하고 몸이 자기라고 우기는 것이기도 하지만 물질을 실제로 존재한다고 믿는 것이 가장 큰 이유일 것이다. 그렇다면 그들에게는 생사가 분명하게 존재하게 되고 그 생사보다 더 중요한 일은 없을 것이다. 죽으면 모든 것이 끝나고 살아 있을 때만 일체의 의미가 있기 때문이다. 그러한 생(生)이란 부모에게서 육신을 받고 나는 것을 말함이고, 사(死)란 육신이 사라져 모든 것이 끝나는 상황이다.

만약 육신이 없어져도 끝나지 않는 것이 있다면 그것은 마음일 텐데 마음이 살아 있다면 죽었다는 것을 알 것이고 아는 것이 있다면 죽은 것이 아니다. 그러므로 살아 있을 때도 마음이 살았다고 생각한다면 죽음이란 결코 있을 수 없다. 단지 육신만 바꾸는 의미로서의 생사가 될 것이다.

그러나 그렇지 않고 육신과 함께 마음도 사라지는 것이라면 단멸하여 생명이 완전하게 끊어질 것이고, 이렇게 생사가 분명하다면 절대로 살생해서는 안 된다. 왜냐하면 생사는 견해와 믿음의 차이일 뿐이기 때문이다. 물질과 마음과 허공은 이미 셋이 아님을 보았지 않은가. 그래도 생사가 있는 것이라고 생각하기에 스스로의 삶에 항상 죽음의 공포가 잠시도 떨어지지 않고 따라다닌다. 심지어는 꿈에서도 죽음은 가장 큰 공포로 자리잡고 있다. 그리고 죽음을 가까이 느끼게 되면 악독해지는 것은 시간 문제다. 처절한 불안함으로 무엇이든 불사한다. 물에 빠진 사람을 건지다 함께 익사하는 것은 물에 빠진 사람이 건져주려는 사람을 잡아 당기며 자기가 밖으로 나오려고 하기 때문이다. 자기만 살려는 이 악독한 마음은 어디에서 온 것인가. 바로 죽음 앞에서 드러난 마음이다. 스스로의 죽음은 그토록 두려우면서도 짐승의 생명은 하찮게 여겨 장난 삼아 죽이고 먹는다. 어떠한 양심의 가책도 느끼지 못하는 극악한 이기주의이자 교만이다.

강아지도 자기 새끼를 보호하고 거둔다. 어떤 미물이라 할지라도 모두 다를 바 없다. 모든 중생이 몸을 받게 되는 방법은 부모의 음욕에 의한 것이다. 짐승이나 사람이나 모두 같다. 그리고 음욕은 사랑에서 비롯된다. 그러니 짐승에게는 어찌 사랑의 마음이 없겠는가. 또한 사랑의 마음이 있고 스스로의 몸이 있다면 생명에 대한 간절함은 다 같을 수밖에 없다. 닭장에서 낳은 계란을 꺼내가면 어미닭의 행동이 거칠어진다. 단지 포기할 뿐이다. 만일 품어서 병아리가 되었다면 그 병아리에게는 손도 대지 못하게 한다. 그렇게 길길이 날뛰는 모습을 보며 어찌 부모와 자식의 정이 미물에게는 없다고 하겠는가.

병아리의 재질이나 인간의 재질이나 모두 같다. 생사가 있다고 믿는 자에게는 '살[처]'이라고 보일 것이고, 물질이 공하므로 생사의 의미가 부질없다고 하는 자라면 '공(空)'이라고 할 것이다. 오직 견해의 세계이고 정신의 세계지만 이 정신은 물질과 마음으로 나뉘게 된다. 그 가운데 과연 무엇을 자기로 선택하는가가 견해의 차이가 될 뿐이다. 그러나 현명한 자라면 절대 선택하지 않을 것이다. 그 둘이 이미 '정신'으로써 '일여(一如)'이기 때문이다.

세상의 중생은 이상하리만치 모순을 자연스러워한다. 어떤 판단을 할 때 결과적 행위를 미리 상정하고 거기에서 잘잘못[是非]을 논한다. 예를 들면 '닭고기를 먹었다고 치자. 그것은 악인가 아닌가?'라는 식이다. 닭이나 사람이나 아니면 먹는다거나 죽인다거나 하는 것들의 실체를 먼저 보아야 하는데 그렇지 않다. 생각이 너무도 거칠다는 말이다. 그렇기에 극단적인 독선이 되고 더 발전되면 전쟁으로 이어진다.

일체의 본성은 공하므로 죄도 공하다는 말을 들으면 마구 훔치고 죽이고 간음해도 된다는 말이냐고 반박한다. 이것은 일체라는 것에서 자기를 빼기도 하고 넣기도 하면서 두 번이나 일관성 없는 생각을 한 것이다. 일체가 공하다고 했다면 자타가 모두 공함을 알아야 하고 자타가 공하다면 행위를 일으키는 자와 행위를 당하는 자가 모두 없다고 생각해야 하지만 그렇지 않다. 자기의 행은 없다고 생각하지만 훔칠 것이나 죽일 것, 간음의 대상은 다시 있는 것으로 보아 스스로의 행을 합리화하려고 한다. 반대로 훔칠 것도 공이고 생명도 공이고 간음의 대상도 공이지만 그것들을 아무렇게나 해도 괜찮은 자기는 공이 아닌 것으로 남겨놓으며 스스로를 합리화시키려고 한다. 이런 생각이 거친 사고(思考)에서 비롯되는 극단적인 생각이고 독선적인 생각이다. 그러므로 분쟁과 전쟁이 있게 된다는 말이다.

스스로의 생사에 깊은 의미가 있거나 두려움이 있다면 절대 살생하지 말아야 한다. 스스로의 업을 위해서, 또 생사의 의미를 가진 이들의 분노를 일으키지 않게 하기 위해서다. 생사에 의미가 깊은 자들과의 악연은 반드시 원한으로 얼룩지게 된다. 죽음보다 더 의미심장한 일은 없기 때문에 누구든 양보하지 못한다. 옷 벗고 사는 나라에 가면 옷을 입은 자가 범법자가 되고 옷을 입고 사는 나라에 가면 옷을 벗은 자가 범법자가 되는 것과 같이 생사가 없는 자들끼리는 생사 없음이 법이고 생사가 있는 자들끼리는 생사 있음이 법이다. 그러므로 어느 것이 옳은가를 얻으려는 그 생각이 이미 극단적이고 독선적인 발상인 것이다.

선(善)을 행하여 천상계나 인간계에 다시 나려고 한다면 무엇이든 내 의지대로 하려고 억지 부리지도 말고 시시비비(是是非非)도 말라. 옳고 그름을 가르거나 자기의 의지를 관철시키려는 것이 곧 '하려는 마음'이다. 즉 하려는 마음인 '욕심(欲心)'이다. 선행(善行)을 실천하려면 사랑의 허망함을 보아야 한다. 사랑에 의한 욕구가 윤회를 빚어내는 가장 큰 원인이기 때문이다. 꿈이면 그저 꿈이라는 견해를 깊이 얻으면 그만이다. 의미심장함이 있고 그것을 사랑하여 생겨나는 욕심에서 윤회가 있게 되는 것이라는 말이다. 이 욕심은 사랑에서 나오는 것이고 사랑의 근원은 목숨을 사랑함이다. 그리고 목숨을 사랑함은 목숨이 있게 된 데서 나오는 것이고, 목숨이 공하지 않고 있게 된 것은 물질이 있다고 보아 그것을 아끼고 얻으려는 욕심에서 나오게 된 것이다. 그러니 물질이 있다고 믿는 무명이 모든 악의 근원이고 악은 죄를 지어내게 되는 것이지만 무명도 있는 것은 아니다.

멸도(滅道)

집착이 없어진다면 고통도 없을 것이고, 고통이 없어진다면 걱정도 없어질 것이다. 걱정이 없어진다면 두려움도 없고, 가져도 좋고, 잃어도 그만이면 원한이나 원망이 남을 일이 없다. 그러므로 그곳에는 '죄'라는 것이 있을 수도 없다.

이렇게 일체의 고통이 사라지게 되면 이 사람을 이름하여 성인의 흐름에 들었다고 한다. 이 사람은 그 흐름, 즉 길[道]에 들어섰기 때문에 허망한 세월을 보내지 않게 되고 허망하지 않기 때문에 진실한 삶을 보게 되는 지혜가 얻어진다. 지혜가 얻어지면 일체의 진리를 얻게 되고 자유로이 지혜를 구사하여 영원한 길에 오르게 되니 도인(道人)이라고 한다. 이렇게 누구에게든 평등하게 주어진 길이고, 누구나 깨달아야 할 이치이기에 도리(道理)라고 하고, 진리의 등불이 되기에 성인(聖人)이라 하는 것이다.

윤회의 주체

오늘은 지수화풍 사대에 대한 큰스님의 법문을 들었습니다. 몸이 죽으면 흙은 흙으로, 물은 물로 다시 돌아간다는 말씀을 하시는 순간 왠지 모를 기쁨이 솟아오르고 마음이 가벼워졌습니다. 이어서 세상이 모두 내 의식의 드러남이고 오직 지금 여기에서만 노닐고 있을 뿐 실제로 차지하는 공간이 없다는 말씀은 의심의 여지가 없었습니다. 그런데 시공간을 만들어내며 윤회하는 것은 무엇일까 하는 생각이 들었습니다. 세상을 느끼는 의식? 마음? 기억? 기억의 모임에서 나오는 평균적 기분? 한참을 헤매다 문득 답을 찾은 것 같습니다. 모든 것이 본래 왔던 곳으로 간다면 그곳은 허공이며 나아가 진공입니다. 아니, 오고 갈 것도 없이 애초부터 허공이고 진공입니다. 그러므로 윤회하는 주체가 없었습니다. 윤회하는 것은 그야말로 실체 없는 허깨비였고, 상상이며 환상, 꿈같은 일이었음을 알았습니다.

엄청나게 소중하고 의미심장하던 '나'는 무겁고도 무거웠는데 의미 없는 '나'는 참으로 가볍습니다.

불가사의 열반경계(涅槃境界)

돌아간다는 것은 헛것이 본모습으로 간다는 것이다. 지수화풍도 역시 헛것이지만 산하대지를 드러나게 하는 원각(圓覺) 속의 요소다. 원각을 깨달을 수 있게 하는 헛것이라는 말이다. 맑은 유리를 인지할 수 없을 때 펜으로 '유리주의'를 쓰는 것처럼 관념적으로 느낄 수밖에 없는, 맑고 투명한 원각을 깨닫게 하는 것이 사대(四大)인 것이다. 원각이란 일체를 드러내는 근원이기에 일체 가운데의 하나가 될 수 없으므로 드러남[出現]도 아니다. 그러므로 절대인식적 사의(思議)로는 알 수 없는 불가사의(不可思議)함이지만 산하대지인 물질과 산하대지가 비추어지는 거울, 그리고 그 사이에서 드러나는 찰나적 인식에 의하여 불가사의함을 깨달을 수 있게 되는 것이다.

일체 모두라고 할 수 있는 십팔계는 찰나마다 드러나고 찰나마다 사라진다. 드러나고 사라지는 것이 생멸이고 이것의 반복이 윤회지만 생멸이라 할 것이 없음을 깨달으면 반복도 윤회도 사라지게 된다. 찰나마다 사라진다는 것은 항상 남음이 없다는 것이다. 십팔계는 항상 남음이 없이 떠나간다. 앞에서 말했듯이 산하대지와 일체중생은 항상 남음이 없다. 단지 환상의 그림자[幻影]만이 여운으로 남을 뿐이다. 그러나 그것도 항상 사라진다. 그렇다면 본래부터 무시이래로 무엇만이 남아 있었던 것인가. 생멸하지 않는 법. 상주법(常住法)만 남는다.

'나'란 두 가지로 보아야 한다. '대(大)로써의 아(我)'와 '승(乘)으로써의 아(我)'를 말한다. 대아(大我)를 유아(唯我) 또는 무아(無我)라고 할 수 있고 승아(乘我)를 개아(個我) 또는 유아(有我)라고 할 수 있다. 그러니 아(我)라는 말에는 본래의 유일한 나와 갈라지고 작아진 모두 중의 내가 있음을 알 수 있다. 여기서 대아가 축소된 나를 승이라고 한다. 그러니 승이란 대아의 축소판이다. 그 축소판에 들어간 것은 무엇이겠는가. 바로 대아가 축소된 것이니 대아가 들어 있을 수밖에 없다. 그러나 대아가 승을 보며 그것을 자기로 삼으면 승으로서의 내가 될 수밖에 없게 된다. 승과 승 속으로 들어간 대아 말고는 내가 존재하지 않기 때문이다. 그러므로 스승을 찾는 것이다. 마치 내가 수렁에 빠지면 나를 구할 내가 남아 있지 않기에 남의 도움을 청할 수밖에 없듯 수승한 대체적 나인 스승을 얻어야 스승을 통해 승에서 벗어나게 되기 때문이다.

이렇게 대아가 승이 되어 버린 것을 소승(小乘)이라고 한다. 그리고 승의 찰나적 생멸을 깨닫고 일체의 존재성이 깨지게 되면 남는 것은 오직 대아만 남게 되는데 그 대아에는 이미 본래부터 남아 있는 것이 없었음을 깨닫게 된다. 그러므로 '무(無)'와 '무를 깨닫는 놈'만이 남게 되는데 무를 깨닫는 놈도 항상 사라지는 것이므로 결국은 무만 항상하고 그 무를 깨닫는 깨달음은 무상하게 항상함을 스치며 유(有)로서 무를 알려주고 있을 뿐임이 드러난다. 이것이 열반경계(涅槃境界)다. 상락아정(常樂我淨)의 사덕(四德)을 만약 사의(思議)나 인식(認識)으로 알려고 한다면 수천 억겁을 지나도 불가할 것이다. 하물며 이러한 깊은 사유도 없이 다리 꼬고 앉아 면벽하여 열반경계를 얻었다면 이 어찌 황당하다 하지 않을 수 있겠는가. 지혜 없이는 아무리 고요해져도 단지 삼승(三乘)에 이를 뿐 성스러운 경계도 아니고 성불한 것도 아니다. 지혜롭다면 본래 움직인 적도 없고 오간 적도 없었음을 깨닫게 될 것이나 그 깨달음마저 이미 멸했다.

너와 내가 하나라는 말씀

나라는 정신의 실체가 없어 머무를 곳이 없으니 너도 없고, 나도 없다. 즉 너와 나의 본질이 같으니 너와 나는 하나라는 것으로 '자타불이'라는 법문을 이해하였습니다. 하지만 내 정신도 있고, 남의 정신도 있는 것처럼 느껴져 마치 하나가 아닌 것 같은 느낌만 듭니다. 제대로 이해하지 못해 이치대로 느끼지 못하는 것일까요?

자타불이(自他不二)

 정신이란 물질이 아니다. 단지 물질이라고 이름하는 것들과 이런저런 생각이 구르는 것 때문에 정신도 있는 것처럼 느껴지는 것일 뿐이다. 물질이라는 것에 대해서는 여러 차례 언급했으니 간단히 설명하겠다. 물질은 찰나에 생멸하는 전자의 파장이다. 그리고 생하고 멸하는 시간은 오직 지금이니 지금이라는 한 찰나에 생하고 멸하는 것이라고 말했다. 또한 한 찰나에 생과 멸이라는 두 가지 일이 생겨난다는 것은 이치에 맞지 않으니 사실 생하고 멸하는 것도 아니며 단지 관념에서만 일어나는 일이라고 했다. 즉 물질이라고 할 것도 본래는 없었고 오직 원각의 작용임을 설명했다.

중생의 눈으로 전자(電子)의 생멸을 볼 수는 없다. 아주 미세하고 찰나적이기 때문이다. 그러나 물질로 느껴지는 이유는 전자의 파장이 생멸하고 남은 '여파(餘波)'라는 것이 있기 때문이다. 메아리와 같은 개념으로 생각하면 된다. 깊은 산에 가서 소리를 치면 뒤따라 물결을 이루듯 메아리가 일어난다. 모든 전자의 생멸은 이처럼 여파를 남기기에 이 여파가 마저 사라지기 전에 다시 전자가 생멸하면 마치 전자가 지속되고 있는 것처럼 느껴지게 된다. 영사기의 필름이 연속해서 돌아가기에 화상이 자연스럽게 움직이는 것처럼 느껴지는 것과 다름 없다. 이것이 물질을 인식하게 되는 이치다. 그러므로 사실 중생의 눈에 비추어진 물질이란 잔상일 뿐이다. 이미 생멸하고 남은 잔상을 보는 것이라는 말이다. 잔상은 헛것이다. 실제의 전자는 이미 사라졌으니 느껴지는 것은 실제가 아니라 환상을 보는 것이라는 말이다. 하나의 원각에 갖추어진 상즉법에서 일어나는 작은 깨달음이 물질적으로 말하면 '전자의 생멸'이고 정신적으로 말하면 '인식능력'이다. 결론은 원각이라는 '우주적 깨달음' 속에 본래 갖추어진 음양이라는 능력이 있는데 이 두 능력이 나누어진 것이 아니라 서로 섞여서 녹아 있듯이 융화된 채 서로 작용한다. 같은 성질이 만나면 밀고 다른 성질이 만나면 합해지며 작용과 반작용으로 작은 깨달음을 만드는 것이다. 이것이 세상과 삶이고 생활이며 물질이고 인식능력이다.

생각이란 물질이라고 하던 환상을 인식하는 능력에 의하여 헤아리게 되는 정신능력이다. 즉 인식한 것이 없다면 잠이 든 것과 같아서 생각도 사라지게 된다. 이미 앞에서 거론된 일이지만 물질은 물질 스스로 존재하는 것이 아니라 인식에 의하여 존재를 인정받게 되는 것이니 물질 속에는 이미 인식능력이 포함되어 있다고 보아야 한다. 그러므로 물질이란 이미 인식한 것이고 인식에는 이미 물질이 있으며 그 가운데서 생각이 일어난다는 말이다.

앞에서 물질을 인식하고 있을 때 인식되는 것은 이미 생멸하고 난 나머지 즉 여파를 인식하는 것이라고 말했다. 그렇다면 생각이란 과연 무엇을 바탕으로 움직이는 정신인가. 인식을 바탕으로 일어나는 것이고 인식은 지나간 환영을 인식하는 것이니 역시 생각도 지나간 환영을 바탕으로 일어나는 것임이 확연해진다. 그러니 이미 지나가 영원히 돌아올 수 없는 일을 기억속에서 끌어다 반추하는 것이 곧 생각임을 알 수 있다. 얼마나 허망한 일인가. 이것이 인생이고, 삶이었다.

삶이란 물질과 정신의 만남을 말한다. 그러나 물질은 환영이었고 정신은 생각에 의하여 있는 듯이 느껴지는 비(非)물질이되 생각의 바탕이 되어주는 것은 기억일 뿐이었으니 모두가 벌써 사라진 환상을 가지고 처절하게 얻으려 하고 버리려 하던 것이었음을 볼 수 있다. 몸을 물질이라고 해야 하지만 역시 여파를 느끼는 환영이고, 마음을 정신이라고 해야 하지만 과거의 기억을 끌어다 쓰는 것이며 열심히 기억을 가져다 써도 그 생각마저 즉시 사라져 기억에만 남을 뿐이다. 그렇지 않은 생각은 없다. 그런데 어찌 고정된 몸이나 마음을 얻을 수 있으며 '나'를 얻을 수 있겠는가. 그러므로 심신(心身)만이 아니라 실제로 남는 이 세상은 절대로 있을 수 없는 것이다. 생겨나자마자 사라지니 사실 생겨나거나 사라지는 것도 단지 기억이나 여파를 보고 하는 생각일 뿐 모두가 꿈속에서 살아가고 있었음을 어찌 부정할 수 있겠는가. 이것은 과학적인 사고로써 증명하는 일이지 기존에 생각하던 종교적인 기적이 아니다. 그리고 이 말들은 모두 불경에 나온 말씀이지 소승이 지어내는 말들이 아님을 밝혀둔다.

이러함 가운데 어찌 나와 남을 말할 수 있겠는가. '나'라고 하는 몸과 마음이 모두 실체가 없는 환영일 뿐이고 환영일 뿐이라는 사실도 생각에 의하여 알게 되지만 이 생각도 역시 즉시 사라져 그 자취가 남지 않는데 무엇이 남아 있어 나와 남을 말하는가. 단지 그러한 생각이 남아 있는 것은 기억이 서로 다르기 때문이다. 남과 다르다고 느끼는 나는 기억의 차이밖에 없다. 사라진 기억 말고는 아무것도 남음이 없는 것이 세상 아닌가. 그러므로 이런 말을 듣고도 아직 '나와 남'이 느껴지는 현상은 오직 '기억의 차이'일 뿐임을 깨달으면 된다.

그러나 기억은 이미 사라진 것이다. 물론 기억을 이루기 전에도 찰나의 생멸만 있었고 생멸법이란 오직 깨달음의 법칙이 드러내는 음양의 조화일 뿐이었기에 실질적으로 생멸한 것은 없었음을 깨달아야 한다. 음양이란 전기의 플러스(+), 마이너스(-)와 같은 것이다. 전기는 전기선에서 나오는 것이 아니다. 음양이 합해지고 나뉘면서 발생하는 기운이 전기선을 타고 보이지 않게 흐르는 것이다. 그러다 서로 합해지면 불꽃이 튄다. 이것이 우주공간인 원각의 영향을 받아 그대로 축소된 '깨달음[覺]'인 것이다. 물질적 음양이든 정신적 음양이든 역시 이와 똑같은 이치다. 여기에 '지혜'라는 것이 밝게 갖추어져 있다. 원각의 양성(陽性)을 물질계의 근원이라고 한다면 음성(陰性)은 정신계의 근원이라고 해야 할 것이다. 이것이 지혜의 구조다.

나와 남을 인식하는 것은 나와 남이 아니다. 기억을 보는 것은 기억이 아니다. 눈알이라고 하는 육안(肉眼)을 보는 것은 눈알이 아니다. 이 모든 것을 바라보는 것은 모든 것이 아니다. 생멸법을 바라보는 것은 항상[常] 변함없는 것이다. 고통을 바라보는 것은 고통이 아니다[樂]. 생멸변화하며 늙어가는 나를 보는 나는 '늙지 않는 나[唯我]'다. 사라지는 지금을 바라보는 것은 '고정[定]된 지금'이다. 이것이 지혜. 지혜는 스스로를 나라고 하지 않는다. 지혜에게는 스스로 말고는 없기 때문이다. 지혜는 나를 우주법계로 삼는다.

286

여래의 뜻을 알고 싶습니다

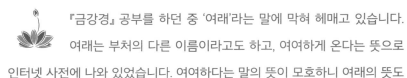 『금강경』 공부를 하던 중 '여래'라는 말에 막혀 헤매고 있습니다. 여래는 부처의 다른 이름이라고도 하고, 여여하게 온다는 뜻으로 인터넷 사전에 나와 있었습니다. 여여하다는 말의 뜻이 모호하니 여래의 뜻도 유추하기 어렵습니다. 여래가 무슨 뜻인지 알고 싶습니다.

여래와 부처

여(如)는 같다는 말이고 래(來)는 온다는 말이니 '같은 것이 온다'는 뜻이다. 여는 같다는 말이고 시는 '이것'이라는 말이니 '이와 같다'는 뜻이다. 여는 '그렇다'라고 인정하는 말이고 시는 '이것'이라는 말이니 '이것이 그렇고 그것이 이렇다'라는 뜻이다. 여기서 '같은 것이 온다'는 말은 둘이 서로 같은데 그 '같은 것'이 다가온다는 말이니 법칙을 말하는 것이고 '이와 같다'는 말은 '어떤 것이 되었든 모두가 결국은 이것이다'라는 결과를 말하는 것이다. 그리고 '이것이 그렇고 그것이 이렇다'라는 말은 이것과 그것이 서로 같다는 말이니 법칙과 결과도 같다는 말이 된다. 이것은 글자로만 표현한 것이지만 과연 이러한 상황과 같은 것이 무엇이겠는가를 생각해보라.

눈의 망막에 산이 들어와 있다면 눈앞에는 무엇이 있겠는가. 산이 있는 것은 당연한 일일 것이다. 그렇다고 망막의 상과 눈앞의 상이 둘로 보이지도 않는다. 눈앞의 세상과 망막에 맺힌 세상의 모습이 다를 수도 없고 둘일 수도 없다는 말이다. 그렇다면 이러한 상황을 어떻게 표현할 것인가. 눈 밖의 상과 눈 안의 상은 같으니 '여'라고 해야 할 것이고 그 같은 상이 '느낌'으로 느껴져 오니 '래'라고 해야 할 것이다. 이것이 곧 여래라는 법칙을 말하는 것이다. 소리도 그렇고 냄새, 맛, 감촉, 뜻도 그러하다.

즉 여래란 물질과 정신의 관계를 말하는 것이다. 여를 물질의 특성인 육진, 즉 색온이라고 한다면 시를 정신의 특징인 사온(四蘊), 즉 수온

(受蘊), 상온(想蘊), 행온(行蘊), 식온(識蘊)이라고 해야 한다는 말이다. 그러므로 여래를 다른 말로 하면 오온(五蘊)이라고 해야 하고 오온을 다시 말하면 세계라고 하며 법계(法界)라고 해야 한다. 그러니 여래라는 법칙으로 여시라는 깨달음이 오게 되는 것이다.

이렇게 여래와 깨달음[覺], 즉 부처[佛]는 항상 같은 것으로 함께한다. 법칙과 그 법칙의 결과로써… 그러니 '그렇다'라는 것은 여래를 말하는 것이고 '이렇다'라는 것은 부처를 말하는 것이다. 이제 앞에서 언급한 '이것이 그렇고 그것이 이렇다'라는 말을 이해할 수 있을 것이다. 즉 여래와 부처는 다르지 않지만 이치와 결과로써 나뉠 뿐이다.

그리고 정신속에 느껴진 것과 정신 밖의 것과도 역시 다르지 않으니 정신이 우주고 우주가 정신이며 물질이 곧 마음이고 마음이 곧 물질이다. 그래서 이 전체를 원각이라고 표현한다.

하늘 위든 하늘 아래든 나[我]라고 하는 정신 밖에는 아무것도 없다. 물질이든 정신이든 모두가 정신에만 확인되고 정신에서만 느껴진다. 감각은 정신의 작용임을 부정하지는 않을 것이다. 그리고 물질의 본성은 원소라고 일컬어지지만 허공과 같은 것이며 모두 허공 속에 함유되어 있다는 것도 부정할 수 없을 것이다. 허공으로 된 물질을 과연 누가 물질이라고 인정하는가. 정신이 아니면 허공을 물질이라고 인정할 존재는 없다. 그러므로 일체는 정신에 들어 있되 서로 마주보는 입장으로 있게 된다. 색과 눈, 소리와 귀… 그러나 마주보는 이 둘은 결국 정신의 마주함이지 실제로 물질과 감각이 따로 존재하는 것은 아니다. 그러니 '같다'라고 하고 '여(如)'라고 한다. 그리고 '이렇다'고 깨닫기에 '시(是)'라고 한다.

정리하면 여래로 하여금 깨달아지고 깨달음으로 하여금 여래의 현상을 알아차릴 수 있게 되는 것이니 여래로 하여금 부처가 있고 부처로 하여금 여래의 존재를 알 수 있다는 말이다.

287

육안과 신통력의 눈이 같은 것인가요?

얼마 전 어떤 스님의 글을 보게 되었습니다. 부처님께서는 다섯 가지의 눈을 한 가지로 보셨다는 말씀이었습니다. 육안, 천안, 혜안, 법안, 불안 중에 육안은 우리가 가지고 있는 눈이고, 나머지 네 가지는 신통력의 눈이라고 하셨습니다. 그런데 부처님께서는 왜 육안과 신통력의 눈을 하나라고 말씀하셨을까요? 앞뒤가 맞춰지지 않아 내용을 이해하기 어렵습니다.

다섯 가지 눈[五眼]

육안(肉眼)이란 육신의 눈을 말하지만 더 정확한 의미에서의 육신이란 육진인 색, 성, 향, 미, 촉, 법이 가합된 몸을 말한다. 왜냐하면 만약 색진, 즉 색상만을 본다면 마치 무지개나 아지랑이를 볼 때처럼 허망한 느낌을 갖고 보겠지만 육신을 볼 때는 만져지고, 부딪치면 소리가 나며, 가까이 가면 냄새를 느낄 수 있으리라는 생각으로 보기 때문이다. 그러니 이러한 눈에는 이미 단순한 색깔만을 보는 것이 아니라 스스로의 육신이 갖고 있는 여섯 가지 특징을 기억하여 부딪침, 냄새, 맛, 감촉, 그리고 인간이라는 의미로부터 성별이나 나이 등등의 의미가 부여된 상태다. 물론 거리를 두고 떨어진 상태에서 단지 바라보기만 했음에도 말이다. 이러한 눈이라면 우선 스스로의 몸이나 남의 몸을 대했던 '기억을 보는 눈'이 포함된 것이고, 만지거나 냄새를 맡아 확인하지 않은 상태에서 '추측하는 눈'도 포함이 되었으며 나아가 동물이나 식물을 구분하는 '의미의 눈'과 그런 모든 눈이 작동하고 있는 상황이나 위치, 시간 등을 '통째로 느끼는 눈'도 이미 포함되었다는 말이 된다. 그러므로 명확한 육안이란 단지 색과 모습만을 느끼는 눈을 말하는 것이므로 기억이나 추측 등이 포함되기 이전… 사물을 찰나적으로 단순하게 인식하는 눈이라는 것을 알 수 있다. 다시 말해 무지개를 얻으려다 어느 기회로 무지개가 눈에만 보이는 허망한 것임을 깨닫고는 만지거나 가져오려 하는 마음을 버리고 단순하게 보기 시작하는 눈이 되는데 이러한 눈이 곧 육안이라는 것이다.

천안(天眼)이란 앞에서 이미 언급을 했듯이 사물을 보아 그것이 어떠한 것인지를 확인하거나 판단하려면 경험했던 기억이 필요하게 된다. 전생으로부터 지금까지 학습된 모든 정보를 순간적으로 살펴 눈앞에 드러난 대상을 판단하고 결정하여 다시 기억하게 되어야 보았다는 결과가 만들어지는 것이니 여기에 가장 먼저 필요한 눈이 있게 되는데 바로 기억된 정보를 시간적 순서로 나열하여 바라보는 눈이다.

기억이란 사라진 영상이다. 찰나적이며 의식으로만 느낄 뿐 실제적으로 붙들거나 얻을 수 있는 시간이 아닌 '지금'이라는 '깨달음'을 지나가 추억거리가 되는, 과거라는 곳으로 물러난 깨달음의 그림자 같은 것이 기억이라는 것이니 사실 존재하는 것이 아니고 정신에만 희미하게 있는 '희유(希有)'인 것이다. 이러한 희유를 바라보는 눈이 있어야 기억을 가져와 현재 상응(相應)되는 대상과 비교하며 분별해낼 수 있다. 이러한 눈, 즉 업장(業障)을 바라보는 눈을 말하며 현재에서 사라진 것을 보는 눈이기에 '하늘의 눈-천안'이라고 한다. 기억이란 육진이 존재하는 것이 아니라 단지 정신이라는 재료로 만들어진 것이며, 정신은 있거나 없는 것이 아니라 있고 없는 유와 무를 판단하는 것이기에 일체 육진에서 초월된 것이다. 그러므로 정신으로 저장된 기억도 역시 있는 것도 없는 것도 아닌 '초월된 법칙'이다. 공한 것이다. 이 공이야말로 명확하게 말하면 없는 것이 아닌가? 보통 중생이 말하는 '없음'의 의미는 '유'라고 생각하던 '어떤 것'이 없다는 말이다.

예를 들면 여러 가지 꽃이 있는 가운데 단지 장미가 없다면 모든 꽃은 있지만 장미는 없다는 뜻이므로 대상을 보는 스스로가 보려고 하는 것이 보이지 않는다면 그것을 '없다'라고 말한다는 것이다. 또한 허공을 보며 '없다'고 말한다면 '허공을 뺀 나머지 세상이 없다'는 뜻으로 말하고 있다는 것이니 어느새 세상을 보고 나서 허공에는 그 세상이 없다고 느낀 후 '없다'는 말을 하는 것이 중생의 '없음'이라는 말이다. 그러므로 중생에게는 초월된 '없음'이 없었다. 있고 없음을 판단하는 정신의 정체 말이다.

이 정신을 본다면 초월됨을 알고 진정한 없음도 알게 되며 이렇게 없는 정신으로 만들어진 기억이 얼마나 허망한 것인지도 알게 되지만 이를 보지 못한다면 기억이 곧 현실로 느껴지게 되는 것이다. 예를 들면 '아는 사람'이 있다면 이는 '기억(記憶)에 있는 사람'이라는 말이니 이 현실적인 사람의 실제 이름은 '기억된 사람' 즉 '기억에 있는 현실적 사람'인 것과 같이 '기억에 의한 현재의 대상'인 것이므로 기억을 현실로 느낀다고 하는 것이다. 그러므로 기억을 빼면 생활 자체가 되지 않는 오직 기억의 세상임에도 현실이라고 생각하며 심각하여 다투고 뺏고 빼앗기며 원한으로 고통을 초래하게 된다. 천안이란 지금까지 지나쳐옴으로써 없어진 모든 정보를 찰나마다 통째로 훑어보는 위대한 정신의 눈이지만 이 눈으로 하여금 꿈에 속고 없어진 기억에 속아 고통스러운 번뇌에 들게도 되니 너무도 원망스러운 눈이기도 하다. 그러나 결론적으로 본다면 기억도 없는 것이지만 기억을 보는 천안도 없는 것인데 과연 어떤 이유로, 누가 분노하고 고통스러워하며 투쟁의 삶을 만들어가는가를 본다면 그저 어이없는 일이 아닐 수 없다.

혜안(慧眼)이란 세상을 보는 자기도 없고 자기에게 보이는 세상 또한 기억에만 있으며 지금마저 잡을 수 없는 시간이기에 오직 기억에 의지한 생각에만 존재함에도 불구하고, 세상의 실체가 있을 것이라고 생각하게 되는 능력이다. 즉 착각을 일으키는 능력이면서 없음을 있음으로 보는 '추측의 눈'을 말하는 것이다. 기억이 없어진 것임을 알지만 대상을 보면서 기억에 있었던 상황을 반추하여 실제로 만져보지 않은 대상이 만져질 것이라고 가상하는 것과 같이, 연기가 피어나는 것을 보면서 불을 상상하는 것과 같이 추측하는 눈을 혜안이라고 한다. 즉 반추를 통해 추측하여 현실이라고 하는 지금의 대상을 판단할 수 있도록 하는 '없는 정신'의 한 '면'이며 하나의 '기능'이다. 그러니 보이지 않는 곳도 보고, 없는 것도 있게 하는 위대한 능력이면서도 이로써 착각 속에 빠지게 되니 이 또한 천안과 같이 필요악(必要惡)이라 해야 하겠지만 이 혜안이든 이 혜안으로 얻어진 착각이든 모두가 없는 정신으로 이루어지는 일이라면 악이라 할 것은 없다.

그러므로 석가모니부처님께서는 꿈이란 저절로 얻어지는 이익이라고 하신다. 정신이 자기라면 그저 정신과 이해력이 기본일 테니 그것으로부터 얻어지는 오해나 꿈은 이익이 아닌가라는 말씀이다. 또한 중생의 삶도 역시 기억만을 의지한 채 얻어지고 찰나에 사라지고 있으니 꿈과 다름없는 것이며 그러니 아무리 착각에 빠져 고통을 자처하는 어리석은 삶이라 할지라도 이 또한 이익이 아니라고 할 수 있겠는가? 즉 아무리 좋은 능력도 잘못 쓰면 해가 되고 악이 되지만 옳게 쓴다면 위대한 능력이 되고 결과를 이룬다는 말이다. 그러므로 스스로의 실체와 이 세상의 실체, 그리고 이 둘의 관계를 통달하지 못하고 살아간다면 이는 위대한 스스로를 버리고 너무도 아픈 길을 선택하는 것이니 가장 우선해야 하고 반드시 깨닫고 가야 하는 것이 영원한 정신에 드러나는 '나'와 '세상' 그리고 '이들의 관계'인 것이다.

이러함을 깊게 이해하여 모르는 것이 없는 상태에 들고 이로써 온 세상에 미심쩍은 면이 없는 확실한 믿음을 얻는 것, 이것을 깨달음이라고 한다. 세상의 주체와 대상의 실체, 그리고 이들의 관계를 모른 채 무작정 살아간다고 착각하여 달리는 삶이 얼마나 어리석은 행위인지 알 수 있으려면 깨달음을 얻어야 한다. 이 말은 나든 세상이든 이 둘의 관계든 모두가 깨달아지지 않고는 이해도 오해도 할 수 없는 것이 이치이니 이미 사용하고 있었던 것이 깨달음이었기에 오해(誤解)와 이해(理解), 그리고 고통과 어리석음이 있었다는 사실이다. 그러므로 '나'이면서 나의 '기능'인 '깨달음'이 어떠한 것인지를 통달한다면 이것이 곧 깨달음을 얻는 것이다.

법안(法眼)이란 이렇게 깨달음이 근본이고 이 근본을 얻어야만 어리석은 행로에서 벗어날 수 있다는 판단을 내리는 것에도 능력이 필요하다. 즉 판단하고 결정지어 결론을 내리는 정신의 기능이 있어야 행로도 결정이 되니 이 판단능력이 없다면 삶이 항상 갈팡질팡하여 한 발짝도 움직이지 못할 것이고 이로써 삶이 이루어지지도 않을 것이다. 또한 판단하고 결정지어야만 그 대상에 의미와 그 의미에 대한 이름을 붙일 수 있으니 만약 이 능력이 결여된다면 일체의 사물을 구분할 수도 없으며 나아가 존재의 기본인 있음과 없음[有無]마저 결정할 수 없다. 이렇게 판단하고 결정지어 의미적 이름을 붙이는 눈을 '의미의 눈'이라고 한다. 즉 '마음으로 구별되는 이름'을 말함이니 심법(心法)이라고도 하며 나와 대상과 그 관계가 마음에 저장되고 드러나는 것이기에 일체법(一切法)이라고도 한다. 이 일체에게 의미를 부여하고 이름을 구분하여 붙임으로써 유무로부터 자타, 이익과 손해, 선악, 정(正)과 사(邪), 과거와 미래, 그리고 현재 등을 나누어 뜻을 전하고 받으며 심정까지도 나눈다. 이렇게 이름을 붙이는 눈이 곧 법안이다. 그리고 모든 판단과 결정을 마음이 하니 '심법'이라고 하되 마음의 눈으로 나누어지는 이름인 법안이란 지나가서 사라진 기억의 모임으로 얻어지는 허망한 것이기에 헤아릴 수도 없어 무량(無量)이다. 나아가 절대 무너질 수 없는 투명한 정신을 바탕으로 드러나는 심법이기에 영원히 끝날 일도 없는 무변(無邊)이며 그러면서도 공하여 생기거나 사라지지 않으므로 불생불멸(不生不滅)이다.

물론 이렇게 무량무변하며 불생불멸한 심법을 드러냄에 있어 오직 법안만이 작동하는 것은 아니다. 육안에 이미 네 가지 눈을 포함하듯이 법안에도 이미 색상을 보는 눈, 기억의 눈과 추측의 눈, 그리고 상황의 눈이 함께 포함되어야만 이름이 정해지고 소통되는 것이다. 그러므로 모든 눈은 서로를 포함함으로써 존재하게 되고, 그렇기에 실제로 나눌 수는 없다. 즉 모든 눈을 합한 상황을 '깨달음의 눈'이라고 해야 하고 이 깨달음의 눈을 애써 나누면 다섯 가지 눈으로 볼 수 있다는 말이 된다. 깨달음은 하나[一]라고 하는 나와 모두[切]라고 하는 대상 또는 세상을 포함하며 이들의 관계와 세월 즉 과거, 현재, 미래 또한 포함한 것이기에 나를 중심으로 열 방향과 삼세(三世 : 과거·현재·미래)를 깨닫는 기능을 말하는 것이고 이 깨닫는 기능을 부처[佛]라고 하니 '깨달음의 눈'은 곧 '불안(佛眼)'이 되는 것이다.

따라서 불안이란 육안, 천안, 혜안, 법안이 어우러지면서 열 방향과 삼세, 즉 '시방삼세(十方三世)'를 깨닫는 정신을 말하는데 일체중생에게도 본래 갖추어져 있기에 삼세의 깨달음을 기반으로 하는 시간적 상황과 시방의 깨달음을 기반으로 하는 공간적 상황을 인지, 인식함으로써 세상과 삶을 만들고 무리를 이루며 살아왔던 것 아닌가? 그러나 각각의 기억인 업(業)에 의하여 좁거나 넓고, 낮거나 높게 차이를 내게 되니 이를 '구차제정(九次第定)'이라 하고 '구품연화대(九品蓮華臺)'라 하여 현생(現生)과 내생(來生)의 행과 불행, 그리고 귀하고 천한 신분이 결정되는 원리를 설명하였다. 아무것도 없는 정신이면서도 일체를 깨달아 스스로의 안에서 착각하고 이해하며 얻어내는 것이 미래의 신분이다. 그리고 미래의 신분이란 불안(佛眼)의 경치가 어떤 것인가로 하여금 결정되는 것이고, 지금의 기억으로 미래가 결정되는 줄을 안다면 지금의 불안(佛眼)을 불안답게 떠야 할 것이다.

288

마하가섭의 미소

석가모니부처님께서 영산회(靈山會)에서 연꽃 한 송이를 대중에게 보이자 마하가섭만이 그 뜻을 깨닫고 미소지었기 때문에 불교의 진리를 주셨다고 하는 이야기를 보았습니다. 이 이야기로 인해 말은 필요치 않고 마음에서 마음으로 이어지는 것이 불교라는 인식이 커진 것 같습니다. 이 일화에 대해서는 어떻게 생각하시는지 궁금합니다.

염화미소(拈華微笑)

불경은 깨달음의 구조와 이치를 설명한 것이니 깨달음과 다름없고 깨달음은 삶과 둘이 아니니 삶의 실체라고 할 것이다. 그러니 깨달음에서의 꽃[華]이란 삶을 오해하여 생과 사를 오가는 세간의 꽃[花]과는 의미를 달리한다. 세간의 꽃이란 중생 스스로의 감각을 몸으로 삼고 그 '몸이라는 감각' 밖에 사물이 실제로 존재한다고 생각하는 상태에서의 꽃을 말하고, 불경이나 깨달음에서의 꽃이란 정신 가운데 피어나는 일체 지혜를 말한다.

중생은 자기의 감각을 육신에 한정하고 있다. 그러므로 온 우주법계가 자기 밖에 있다고 생각한다. 그렇기에 우주법계와 육신의 비율만큼 작아진 마음으로 생사에 따른다. 그러나 그런 이치는 있을 수 없다. 만약 어떤 사람이 몸이 가렵다고 긁어달라고 하면서 그 위치를 알려주지 않는다면 과연 긁어주려는 사람이 그의 가려운 자리를 어떻게 알아차릴 수 있겠는가. 남의 몸은 나의 몸과 별개이기에 가려운 곳을 알 수 없지만 나의 몸에서 가려운 곳은 어느 곳이든 즉시 알아차릴 수 있다. 이것은 한 몸의 신경은 하나로 연결되었기 때문에 어느 장소든 위치를 느낄 수 있고, 남의 몸은 나의 몸과 하나로 연결된 신경이 아니기에 어디가 가려운지를 알 수 없는 이치다.

거미가 허공에 거미줄을 쳐놓는 것은 먹이를 잡으려는 의도도 있지만 그 거미줄의 범위만큼 넓은 감각을 갖고 넓은 공간을 알아차리기 위해서다. 거미줄은 아무리 작은 떨림일지라도 연결되어 있는 자리까지 전달한다. 그러므로 거미는 어느 쪽이든 하나의 거미줄 끝에 자리 잡고 거미줄이 떨리기를 기다리다 진동이 오면 보이지 않아도 그 자리까지 먹이를 잡으러 순식간에 갈 수 있다. 마치 누구든 자기의 몸이 가려울 때 그 자리를 금방 알아차리듯이… 이 두 가지 예에서 알 수 있는 것은 자기의 감각영역 안에 있을 때만 방향과 거리를 느낄 수 있고, 위치를 파악할 수 있게 된다는 사실이다.

일체 인간을 포함한 동물들은 자극되는 진동의 위치를 아는 능력이 있다. 즉 색깔이 있는 거리를 느끼고 소리가 나는 방향을 안다는 말이니 원근감과 방향감각으로 감각적 대상의 위치를 알게 되는 능력이 갖추어져 있다는 것이다. 빛에 의해 드러나는 모든 색깔은 사실 오직 눈 속의 망막에 비추어질 뿐이다. 평면인 망막에 비추어진 색깔의 모습을 시신경이 느끼게 됨으로써 대상을 인식하게 되는데 어찌하여 모든 모습이 눈 밖에 있는 것으로 깨닫게 되는 것인가. 망막은 눈 속에 있고 세상이라는 그림은 그 망막에 비추어진 영상이니 그 영상도 눈 안에 있는 것으로 느껴져야 할 것 아닌가.

허공에는 육진을 즉시에 전염(傳染)하여 육근에 전달하는 능력, 물질을 드러내고도 찰나에 머금는 능력, 그럼으로써 항상 고요함을 유지시키지만 시끄러움도 드러내는 등 상상할 수 없는 능력들이 공공연한 채 숨겨져 있다. 그 가운데 하나가 '나누기도 하지만 합하고 합하기도 하지만 나누는 상즉의 능력'이 있다. 이를 격별성(隔別成)과 일체성(一體性)이라고 한다.

꽃과 눈이 마주치면 그 사이에는 반드시 허공이 존재한다. 그 허공 자체는 끊어진 자리가 없다. 일체의 원소를 포함한 채 아주 정밀하게 하나로 융화되고 연결되어 있다. 그러므로 모든 사물과 사물을 연결시키고, 그렇기에 육진과 육근을 서로 통하게 하여 하나로 연결해줄 수도 있다. 즉 꽃과 눈을 연결시켜서 통하게 하고 하나로 이어주니 눈과 꽃과 그 사이의 허공이 하나가 된다는 말이다. 이것이 허공이 지니고 있는 일체성이다. 만약 그 사이에 허공이 아닌 것이 가로 막힌다면 꽃과 눈은 분리가 되어 서로 통하지 못하므로 꽃을 볼 수 없게 되니 서로를 인식하지 못하는 둘이 되고 만다. 그러나 그 허공의 간격에 의하여 꽃과 눈은 따로 떨어져 있는 것으로 느껴지기도 하니 이것이 바로 격별성이다. 그러므로 허공은 하나로 만들면서도 둘을 느끼게 하는 두 가지 능력을 가지고 있는 것이다.

눈과 허공이 만나면 허공은 즉시 눈과 하나가 되어줌으로써 거대한 눈을 이루게 된다. 거미가 자기 몸에 연결된 거미줄을 넓게 쳐놓고 그 거미줄 전체를 자기의 감각으로 쓰는 것과 다름없다. 그리고 그 허공으로 이루어진 거대한 눈 속에 있는 꽃을 느낀다. 또한 그 눈알과 꽃 사이의 허공에 의하여 거리를 느끼기도 한다. 눈을 뜨면 즉시 눈이 허공과 합해지면서 허공 자체가 눈이 되니 그 눈은 남이 아니라 바로 내 감각인 내 눈이 되고, 내 몸이 되니 거리를 느낄 수 있게 된다. 내 몸의 가려운 곳을 알아차리고 거미줄이 거미의 감각이 되는 것처럼 허공은 내 눈과 하나의 신경체가 되어준다는 말이다.

역시 소리도 마찬가지다. 우리는 앞에서 나는 소리와 뒤에서 부르는 소리의 위치를 즉시 알 수 있다. 그런데 소리를 감지하는 것은 귀의 고막이 아닌가. 그리고 고막은 항상 귀에 붙어 있으니 모든 소리가 귀 안에서 들려야 한다. 그러나 소리가 나는 방향을 알고 고개를 돌리는 이유는 무엇이겠는가. 소리가 허공을 울리고 전달되어 듣게 된다고 는 하지만 어떻게 그 소리의 위치를 알 수 있는가는 미궁이었다. 소리의 위치가 멀든 가깝든 고막에 도착한 소리는 결국 거리를 확인할 어떤 조건도 없이 모두 일률적으로 고막을 울릴 뿐이다. 크고 작은 소리로 거리를 알 수 있다고 생각하면 그것은 착각이다. 곁에서 들리는 벌레소리는 작지만 가깝다고 느끼고, 천둥소리는 커도 멀리서 왔음을 느낄 수 있기 때문이다.

이 이치도 역시 눈의 이치와 같이 허공이 고막과 붙어 있음으로써 거대한 고막의 역할을 하는 것이고, 허공으로 이루어진 거대한 고막 속에 있는 소리들은 하나의 신경 속에 있는 것이 되기에 내 몸의 가려운 곳을 알듯 소리의 발생지를 깨닫게 해주는 것이다. 역시 허공의 일체성과 격별성의 역할이다.

이렇게 볼 때 허공이란 감각이 깨어 있을 때는 거대한 몸이 되어주고 잠이 들었을 때는 육신의 감각과는 상관 없는 것이 되기도 하지만 수면 중에도 호흡은 끊어지지 않으니 오장육부와는 상관을 이루고 있는 것이라고 보아야 한다. 이 호흡마저 끊어진다면 본래의 상태로 돌아가고 만다. 즉 거미줄을 허공의 능력이라고 한다면 거미는 허공의 능력이 모여든 작은 허공이다. 그리고 그 작은 허공은 다시 거미줄이라는 거대한 허공과 연결되어 거대한 자기의 감각을 사용하고 있었던 것이므로 거미에서 허공이 빠져 나오면 곧 거대한 허공이 된다는 말이다.

이렇게 본다면 분명히 감각의 능력은 허공임을 알 수 있다. 그러므로 공한 감각을 근(根)이라고 표현하고 투명하다고 표현하는 것이다. 이제 일체의 세상을 이루는 육진은 허공 안에 들고, 허공은 '나'의 감각이니 모두가 내안에 들었다. 그러니 몸도 정신의 안에 들어 있으나 정신이 그 작은 육신 속에 다시 들어가면서 생명이 생겨난 것으로 느끼는 것일 뿐 나가면 바로 다시 허공과 하나가 된다. 육신이란 절대 정신의 밖에 있는 것이 아니고 정신은 정신속에 든 환상적 육신에 스며들 수도 있지만 그 이치가 모두 정신의 능력임을 모르면 중생을 이룰 수밖에 없다.

물질이란 찰나에 생겨나고 사라지는 빛과 같다. 그 성분이 공한 원소이기 때문이고 물질이 존재하는 찰나란 결국 관념일 뿐 실제로 멈추어 있는 시간이 아니기 때문이다. 그러니 물질을 실제로 존재한다고 생각하는 것은 어리석은 감각을 믿고 있는 것일 뿐 이치를 본 지혜는 아니다. 말초적 감각만을 믿는 우매한 중생이다.

이러한 허망한 물질과 허공과 눈이 하나가 되면 비로소 '꽃이 보인다'라는 생각을 하게 되니 실제의 꽃은 생각일 뿐임을 알아야 한다. 생각이란 육진과 육근이 허공을 통해서 만나 이루어지는 육식을 근본으로 일어나는 정신의 움직임이기 때문이다. 그렇기에 이러한 모든 이치를 깨달은 자는 꽃이 정신의 밖에 있는 존재라고 볼 수 없다. 모두가 육진과 육근이 허공을 통해 만나서 이루어진 육식이고 이 십팔계에 의하여 이루어지는 지혜의 작용이다.

이렇게 볼 때 육진과 육근이 만나는 과정을 이름하여 '집는다[拈]' 또는 '집어 든다'라고 표현하는 것임을 알 수 있다. 귀와 소리가 만나는 것. 냄새와 코가 만나는 것. 이 모든 것은 두 손가락이 만나서 가운데 무엇을 집어 드는 것과 같기 때문이다. 보이고 들리고 냄새나는 모든 것은 육진이라는 엄지손가락과 육근이라는 집게손가락이 만나는 것이고 그 사이에서 '꽃이라는 생각', '소리라는 생각'이 드러나게 된다. 그러므로 '염화(拈華)'라는 말은 육진(엄지-색온)과 육근(검지-수온)이 만나 그 사이에 생각(꽃-상온)이 집히게 되었다는 말이다.

일체의 물질이 없다는 것을 누누이 설명했고 과학이라는 것에서도 증명하였다. 그러니 실제로는 꽃이 있을 수 없는데 어찌 실다운 꽃이 보이고 어찌 육신으로 이루어진 손가락이 있어 그 꽃을 집어 들겠는가. 모두가 정신작용이라는 것을 믿는다면 당연히 오온(五蘊) 가운데의 색온(色蘊)과 수온(受蘊)의 화합으로 인하여 상온(想蘊)이 생겨난 것일 뿐이라는 사실을 당연히 인정하게 될 것이다. 그러나 아직 물질을 느끼는 우매한 육신의 감각만을 믿고 꽃이 감각의 밖에 있거나 자기의 밖에 존재한다고 생각한다면 중생심을 벗어나지 못한 것이다. 그래도 '진리에 의한 진실'은 '실제로 존재하지 않는 시간' 속에 있는 것이므로 모두가 환각임이 지당하니 중생이 아무리 모든 것을 얻으려 해도 얻지 못하고 윤회하게 되는 것이다.

그리고 이렇게 상온(생각)이라는 꽃이 집어졌다 해도 멈추어 있는 시간이란 관념일 뿐 실제로는 즉시 과거(기억)로 사라지는 것이다. '미소(微笑)'라는 글자의 '미(微)'자는 아주 미세하여 희미하다는 뜻이 있고 은밀하다는 뜻도 있으며 숨겨졌다는 뜻도 있다. 결국 기억으로 흘러간 생각을 말한다.

이러한 말들은 지금 지어내거나 가정하는 것이 아니다. 지금 당장의 자기 생각을 보라. 그리고 일 초도 멈추지 않고 늙어가는 모습을 상상해보라. 모든 사물이 산화하여 변화하고 사라져 감을 지혜로 똑바로 보라. 아무것도 사라지지 않고 있는 것은 없다.

그러니 집어든 꽃은 어디에 있겠는가. 즉시 기억으로 사라져 은밀하게 숨겨진다는 것을 어찌 인정하지 않겠는가. 그리고 이러함을 깨닫고 나면 도대체 무슨 말을 할 것인가. 만약 남에게 욕을 먹었다고 느꼈다면 욕하는 소리와 귀라는 두 손가락이 '욕을 먹었다'라는 꽃을 집어 들게 되지만 어느새 사라져 기억에만 있을 뿐 다시 가져올 수도 없고, 이미 사라진 것이니 버릴 수도 없다. 가져온다 해도 기억을 가져오는 것이지 욕하는 소리를 다시 가져오는 것이 아니다. 아니 처음부터 내 안에 있는 허상이었을 뿐 내 밖에 있던 것이 아니었으니 욕을 먹은 것도 아니고 '나'란 곧 감각이니 맑은 허공과 같은 육근이므로 실제로 어느 것도 있을 수 없는 것이 아니었는가. 움직였어도 움직인 적이 없는 지혜의 놀음이고 열반의 즐거움일 뿐이니 이 깨달음을 이름하여 '소리 없는 웃음'인 미소(微笑)라고 하는 것이다.

염화미소(拈華微笑), 즉 '아무래도 아무렇지도 않으며 이미 아무럴 것도 없는 열반의 원각'만이 지금이라는 찰나에 환각으로 드러남을 보는 것이 석가모니부처님의 뜻을 얻은 것이다. 그러나 이러한 설명이 없는 염화미소를 전하려 한다면 깨달음 없는 '불립문자(不立文

字)'요 지혜가 없는 '이심전심(以心傳心)'이니 이 글을 읽은 자라면 반드시 이치[理]와 사실[事]을 들어 설명하고 전법(傳法)해야 할 것이다.

IMMORTALITY 불멸3

무(無)

자(自)와 타(他)의 가려진 일체성(一體性)이 드러나면

무(無)를 깨닫게 되고

그 경치가 각인된다면 무념(無念)에 달한다.

일체란 화합상일 뿐이며,

공(空) 스스로에게 있는

'무상하게 변화하는 능력' 가운데

여여(如如)하게 흐르는 현상이다.

그러므로 세속적 안목에서의 진실은

실제적 안목에서의 견해로 본다면 허상이며,

실제적 안목에서의 진실은

허상 자체를 곧 진실로 보는 견해인 것이다.

허상은 유(有)가 아니다.

그러나 무(無)도 역시 아니다.

만약 유가 실제라면 유를 말할 필요가 없다.

또한 무가 실제라면 무를 구태여 말할 필요도 없다.

일체가 꿈과 같음을 안다면

그것이 무(無)를 깨닫는 것이고,

유념(有念)에서 벗어나 여여에 들게 되는 것이다.